Die braunschweigische Linie

Antoinette Amalia
von Braunschweig-Wolfenbüttel
* 1696   † 1762

3.
Elisabeth Christine
* 1715   † 1797
∞ König Friedrich II.,
d. Großen, v. Preußen

4.
Ludwig Ernst
* 1718   † 1788

7.
Luise Amalie
* 1722   † 1780
∞ Prinz August Wilhelm
v. Preußen

8.
Sophie Antoinette
* 1724   † 1802
∞ Ernst Friedrich
von Sachsen-Saalfeld

11.
Therese
* 1728   † 1778

12.
Juliane Marie
* 1729   † 1796
∞ Friedrich V. von Dänemark

15.
Prinz
tot geb. 1733

Paul Noack

Elisabeth Christine und Friedrich der Grosse

Ein Frauenleben in Preussen

Klett-Cotta

Klett-Cotta

© J. G. Cotta'sche Buchhandlung Nachfolger GmbH, gegr. 1659,

Stuttgart 2001

Alle Rechte vorbehalten

Fotomechanische Wiedergabe nur mit Genehmigung des Verlags

Printed in Germany

Umschlaggestaltung: Klett-Cotta-Design unter Verwendung

des Porträts Elisabeth Christines von Pesne

© Stiftung Preußische Schlösser und Gärten Berlin-Brandenburg

Gesetzt aus der Minion von Dörlemann Satz, Lemförde

Auf säure- und holzfreiem Werkdruckpapier gedruckt und gebunden

von Kösel, Kempten

ISBN 3-608-94292-0

Dritte Auflage, 2003

Bibliographische Information Der Deutschen Bibliothek

Die Deutsche Bibliothek verzeichnet diese Publikation

in der Deutschen Nationalbibliographie; detaillierte bibliographische

Daten sind im Internet über <http://dnb.ddb.de> abrufbar.

Offenbar bin ich im Hinblick auf diese Elisabeth Christine, die spätere Königin von Preussen, einem Vorurteil gefolgt. Sie wird gern als kümmerliche Randfigur behandelt – doch wenn ein Partner bei der Begegnung versagt hat, war es nicht sie, sondern Friedrich, der sie immerhin mit Respekt behandelte …

Jedenfalls blieb dieser Fürstin das ihr Gemässe und ihr Zukommende versagt. Sie zählt zu jenen Frauen, die, weil sie im Schatten eines Grossen gestanden, nicht nur zu Lebzeiten die Launen und Absonderlichkeiten eines Genies, sondern auch den ungerechten Nachruf durch die Historiker zu erdulden haben.

> Ernst Jünger

Inhalt

Die Jugend

Die Mitte des Lebens

INHALT

DAS ALTER

DIE JUGEND

Einleitung:
Das Leben einer Königin

Diese Geschichte nimmt ihren Anfang in einer kleinen deutschen Stadt. Sie bezieht ihren Ruhm nicht zuletzt daraus, daß sie nach der Mitte des 18. Jahrhunderts den größten deutschen Intellektuellen seiner Zeit beherbergt hat. 1770 schrieb er hier *Nathan der Weise*, das bedeutendste Drama der deutschen Aufklärung. Hier hat er elf Jahre lang gelebt, hat die Bibliothek seines Landesherrn betreut und sich Sorgen um seine Frau gemacht. Hier hat Gotthold Ephraim Lessing seine Frau betrauert. Die Rede ist von Wolfenbüttel, Sitz des Geschlechts derer von Braunschweig-Lüneburg, das im Jahre 1753 seinen Regierungssitz von Wolfenbüttel nach Braunschweig verlegt hat. Das Schloß von Wolfenbüttel am Rande der Stadt, ein früher wehrhaft, heute eher gemütlich anmutender Fachwerkbau, prägt noch immer deren Physiognomie. Hier wurde Elisabeth Christine, die Ehefrau Friedrichs des Großen, im Jahre 1715 geboren.

Es war ein schöngeistiges regierendes Geschlecht, das hier, in der Mitte Deutschlands, residierte. Als Heiratsreservoir hatte es lange Zeit eine nicht zu unterschätzende Bedeutung. Ihm entstammten sowohl Elisabeth Christine, die Mutter der österreichischen Kaiserin Maria Theresia, als auch die kluge Anna Amalia von Sachsen-Weimar, die Schutzherrin der Goethezeit. Königinnen von Schweden, Dänemark, Belgien und Portugal, Zarinnen von Rußland kamen aus dieser kleinen Stadt. Und eben diese Elisabeth Christine, die Ehefrau des preußischen Königs Friedrich II., den die Geschichte schon früh mit dem Beinamen »der Große« auszeichnete.

11

Als am 12. Juni 1733 die Ehe dieser beiden in Salzdahlum, einem Lustschloß nach Versailler Vorbild, drei Kilometer nördlich von Wolfenbüttel gelegen, geschlossen wurde, begann vielleicht nicht die erregendste, wohl aber eine der bizarrsten Ehegeschichten des europäischen Hochadels. Zwei Partner trafen aufeinander, die sich in allem unähnlich waren, nur in einem nicht: Sie sind ohne eigenen Willen, ja durch Zwang aneinandergekettet worden, und sie haben daraus so unterschiedliche Konsequenzen gezogen wie kaum jemand vor und nach ihnen.

Vom ersten Augenblick an strebten sie auseinander. Sie litt darunter, er konnte nicht anders: Er, der Erbe eines Staates, der sich in diesem Augenblick anschickte, Europas wohlaustarierte Balance aus dem Gleichgewicht zu bringen, sie die Tochter eines Geschlechts, das es sich bis dahin zur Ehre anrechnete, vor allem den habsburgischen Kaisern auf dem Schlachtfeld zu dienen. Er, der jede Liebe verkümmern ließ, weil sie nicht mit seinem Machtstreben vereinbar war, sie, die es in ihrer Güte verstand, die unerwiderte Liebe über einen Zeitraum von fünfzig Jahren unangetastet zu bewahren. Er, der aufgeklärte Herrscher, dem die Religion im Wege stand, wenn es darum ging, neue Fundamente für den noch immer absolutistischen Staat zu schaffen; sie, deren ungekünstelte lutherische Religiosität sie schließlich davor bewahrte, sich in Klagen über ihr Schicksal zu ergehen. Er, der »Philosoph von Sanssouci«, immerfort bemüht, sein Genie der Tat intellektuell zu unterfüttern, sie, die ihm stets zu Diensten war, doch sich in Dienstbarkeit nie ganz verlor, eine Ängstliche, die es verstand, ihre Würde zu bewahren.

Von beiden handelt diese Biographie – mehr allerdings, das sollte nie vergessen werden – von ihr als von ihm. Ein Mann, dem schon vor weit über zwei Jahrhunderten der Beiname »Der Große« verliehen wurde, muß sich weder um die Geschichte seines Lebens noch um seinen Nachruhm sorgen. Wie Elisabeth Christine – die es nicht verstanden hätte, wenn man sie zur Rebellion gegen das Leben hätte aufrufen wollen, das Friedrich ihr aufzwang – ihre eigene, stille Würde in dem Duett der Gegensätze bewahrte, das ist aufregend und deprimierend zugleich. In diesem Lebensbild geht es nicht zuerst um gewonnene Schlachten, nicht um Land- und Machtgewinn, nicht um die europäische Balance, nicht einmal um die intellektuelle Brillanz Friedrichs. Worum es geht, ist die Harmonie zwischen zwei Menschen verschiedener Valeurs, die sich nie eingestellt hat. Es geht um die Ehe eines Mannes, der sich in seiner politischen Karriere vor allem gegen drei Frauen durchzusetzen hatte. Alle drei waren, jede auf ihre Art, höchst ernstzunehmende Gegnerinnen: Maria Theresia von Österreich, fünf Jahre jünger als Elisabeth Christine, Madame Pompadour, die geheime Regentin Frankreichs, Mätresse am Hofe Ludwig XV., sechs Jahre jünger, und Katharina von Rußland, auch »Die Große« genannt, vierzehn Jahre jünger. Aber das ist eine andere Geschichte.

GEBURT UND FRÜHE JAHRE

HART AN DER STADTGRENZE LIEGT … DAS GROSSE VIERECK DES BAROCKEN RESIDENZSCHLOSSES DER REGIERENDEN WOLFENBÜTTELER HERZÖGE … ES GIBT PRÄCHTIGERE SEINESGLEICHEN IN DEUTSCHEN RESIDENZEN, ALS DIESE SCHLICHTE FÜRSTENWOHNUNG AUS FACHWERK, WO DIE SÄULEN IM INNEREN HOF NACH ALTER VÄTER SITTE AUS ROHBEARBEITETEM HOLZE SIND UND DIE KRÄFTIGEN TRAGENDEN HOLZBALKEN DES FACHWERKVERBANDES SICH NICHT IM GERINGSTEN SCHEUEN, IHR VORHANDENSEIN ZU VERRATEN. DOCH ES SIND WENIGE UNTER DEN PRÄCHTIGEREN, DIE SOVIEL GEMÜTLICHKEIT UND STRAHLENDE, LEBENSBEJAHENDE HEITERKEIT MITTEILEN, WIE DIESE.

> ERNST POSECK 1941

13

Am 9. November 1715 trägt Ferdinand Albrecht von Braunschweig-Bevern, ein Mann von hünenhafter Gestalt (er sei, sagte man, der »längste Fürst« im deutschen Reich gewesen), wie aus gleichem Anlaß schon zweimal zuvor, den folgenden Vermerk in die Bibel seines Hauses ein: »Im Jahre Christi 1715, den achten Novembris, morgens 6 à 7 Minuten vor acht Uhr genass meine Hertzgeliebte Frau Gemahlin Liebd einer jungen Prinzessin auf unserm Fürstl. Hause zu Wolfenbüttel, welcher noch selbigen Tages, nachmittags zwischen 3 und 4 Uhr, die Namen Elisabeth Christine, nach der Regierenden Kaiserin Majestät, geborene Herzogin zu Braunschweig und Lüneburg, in der Heyl. Taufe beigelegt wurden.«

Das Mädchen, das damals nach zwei Söhnen geboren wird, ist 25 Jahre später Königin von Preußen. Zwölf weitere Geschwister folgen ihr bis 1733. 19 Jahre alt ist die Mutter, die mit 17 Jahren ihr erstes Kind zur Welt gebracht hatte, bei der Geburt Elisabeth Christines; ihr Vater 35. Drei Jahre zuvor hat der Ehemann, früher Kaiserlicher Flügeladjutant, unter Prinz Eugen Kaiserlicher Feldmarschall, doch nun schon im Ruhestand, der sechzehn Jahre jüngeren Kusine aus der Linie Braunschweig-Blankenburg sein Jawort gegeben. Es wird eine rundum glückliche Ehe. Das junge Ehepaar hatte zuerst im »Kleinen Mosthof« in Braunschweig gewohnt, doch dann haben es Nachfolge-Pflichten in die Nähe des Wolfenbütteler Schlosses geführt. Ihre Mutter ist die Schwester der habsburgischen Kaiserin gleichen Namens (1691–1750). Sie ist das erste der Bevernschen Kinder, das im »Prinzenhof« in Wolfenbüttel geboren wird. Im Jahre 1712 war die ehemalige »Ritterakademie«, die nicht so recht florieren wollte, von dem regierenden Herzog Anton Ulrich dem Neffen aus der Neben-

Abb. 1 Herzog Ferdinand Albrecht II. als kaiserlicher General, um 1712.

linie der Braunschweig-Bevern, der einem kleinen Duodez-Fürstentum an der Weser vorstand, geschenkt worden. Das hatte seinen familienpolitischen Grund: Weder die Hauptlinie der Braunschweig-Wolfenbüttel noch die in der Erbfolge an erster Stelle stehende Linie der Braunschweig-Blankenburg – auch sie mit einem Mini-Fürstentum von sieben Quadratkilometern Fläche am Rande des Harzes bedacht – können mit erbberechtigten Nachkommen rechnen. Also würde Elisabeths Vater Ferdinand Albrecht zum Erben der Stammlinie in Wolfenbüttel aufsteigen, wenn erst einmal der regierende Herzog Ludwig Rudolf die Augen schlösse. Dies vor Augen, konnte der Mann aus Bevern nicht zurückstehen. Somit gibt schon die Patenliste seines 1713 geborenen ersten Sohnes und Erbprinzen Karl einen Hinweis auf die merkwürdige Mischung von kleinstädtischem Charme und großer Politik, innerhalb derer sich die braunschweigische Politik

ABB. 2 Das Nachfolgegebäude des ehemaligen Prinzenhofes in Nachbarschaft des Schlosses Wolfenbüttel, das »Kleine Schloß«.

aller Linien und Nebenlinien bewegt: Als Paten fungieren der Habsburger Kaiser Karl VI., der damals gefürchtete schwedische König Karl XII. sowie der russische Zarewitsch Alexis neben seinem Onkel, dem Schwiegervater aus Blankenburg.

Diese Erberwartung macht aus Elisabeths Vater schon im Jahre 1715, dem Geburtsjahr Elisabeth Christines, eine ansehnliche Partie, die er sonst nicht gewesen wäre. Gute Partien sind die Blankenburger, an ihrer Spitze die vor Ehrgeiz sprühende Herzogin Christiane Luise, schon lange gewohnt. Wenn ihnen das Schicksal schon keine männlichen Erben zugedacht hat, dann versorge man eben soviele Königshöfe wie möglich mit dem eigenen weiblichen Nachwuchs. Um lukrative Ehen zu schließen, wechselt man nach Bedarf sogar die Religion. So ist es mit ihrer ersten Tochter Elisabeth Christine geschehen, als sie 1708 dem späteren Kaiser Karl VI. und Vater von Maria Theresia, der großen Gegenspielerin Friedrich II., angetraut wird. Das schreckliche Los von Elisabeth Christines älterem Bruder ist damals nicht einmal eine Denkmöglichkeit. Er heiratet 1739 die Kronprätendentin Anna Leopoldowna. Beide stehen nach einer Palastrevolution in St. Petersburg vor einem in diesen Jahren unabsehbaren Schicksal, denn sie sterben in der russischen Verbannung – er 1775, sie schon 1746.

Abb. 3 Herzogin Christiane Luise von Braunschweig-Blankenburg, um 1733.

Das Leben der dritten Blankenburg-Tochter, Antoinette Amalie, einer nach allgemeinem Urteil ebenso ansehnlichen wie anschmiegsamen und anmutigen Frau, nimmt sich in der Folge wie ein Gegenentwurf zum Lebenslauf ihrer Schwestern aus. Ihr Mittelpunkt ist und bleibt immer die eigene Familie in Wolfenbüttel. Sie zieht mit ihrem Mann, der ja ihr Vetter ist, erst einmal von Blankenburg nach Braunschweig, dann vor die Mauern des Schlosses von Wolfenbüttel und schließlich – wenn auch nur für kurze Zeit – als regierende Herzogin in das Schloß. Ob vorher oder ob später im Schloß: Beide leben in einer musterhaften, ruhigen Ehe. Er ist ein Haus- und Kindervater, der mit der Bevernschen Apanage und der kaiserlichen Pension von 12000 Talern auszukommen sucht. Sie ist eine fürsorgliche, wenn auch strenge Mutter ohne die Marotten, wie sie von ihrer Blankenburger Schwägerin bekannt sind.

ABB. 4 Herzogin
Antoinette Amalie
von Braunschweig-
Wolfenbüttel-Bevern,
die Mutter Elisabeth
Christines, um 1730.

Ferdinand Albrechts einziges Hobby war und ist sein kleines
Musterregiment, mit dem der Soldat von Geblüt vor den Toren
der Stadt exerziert. Seine 16 Jahre jüngere Frau hat den großen
Vorzug, daß sie sich schnell mit den Gegebenheiten arrangiert.
Herzogin wie Herzog verfügen beide nur über Zwei-Zimmer-
Appartements im Prinzenhof; doch entwickelt sich auf dieser
bescheidenen Grundlage ein Lebensstil, in dem die Kinder eine
beherrschende Rolle spielen. Der Mann ist stolz auf seine Frau
und spricht mit ebensolchem Stolz von ihr. Sie schätzt an ihm
seine Gradlinigkeit und Aufrichtigkeit, die keine Verstellung
kennt. Eine Episode, die Elisabeth Christine – wir wollen von
nun an das Christine streichen, weil sie selbst nur mit Elisabeth

ABB. 5
Das
Schloß
Wolfen-
büttel.

unterschrieb – später gern erzählt, spielt sich aus Anlaß der Geburt des vierten Kindes ab. Da sei ihr Vater in das Kinderzimmer
getreten und habe gesagt: »Kinder, eure Mutter ist sehr krank.
Betet mit mir, daß Gott sie stärken und uns erhalten wolle.«
Dann sei er niedergekniet und habe mit ihnen ein Gebet gesprochen. Einige Stunden später sei er wiedergekommen und habe
ihnen voller Dank berichtet, daß sie einen weiteren Bruder bekommen hätten.

Es ist solche Selbstverständlichkeit des Beisammenseins nicht
nur mit den älteren Brüdern, sondern auch mit den jüngeren
Geschwistern, insbesondere Ferdinand und Louise Amalie, die
später ihr Schicksal in Berlin teilen, die Elisabeth die späteren
schweren Jahre erträglich gemacht haben. Die ungekünstelte
Natürlichkeit ihres Zusammenlebens hat zweifellos den Charakter Elisabeths geprägt. Sie hat ihr an dem von der Aufklärung
dominierten Berliner Hof, wo sie von Anfang an um ihre Selbstbehauptung ringen muß, den Ruf einer nicht zu übersehenden
geistigen Schlichtheit eingebracht.

Doch noch ist es nicht soweit. Familiäre Ausflüge nach Braunschweig, Einladungen nach Salzdahlum in das barocke groß-
väterliche Lustschloß, aber auch nach Blankenburg zu den Eltern
der Mutter, werden ohne zeremonielle Steifheit absolviert. Es

Abb. 6 Dieses Haus gehört zu dem heute verbliebenen Teil des 1813/1815 abgerissenen Lustschlosses Salzdahlum.

sind Zerstreuungen, wie sie andere Kinder in ihrem Alter auch kennen. Nicht zu Musterkindern werden »die Beverns« geformt, sondern in wohldosierter Freiheit erzogen, was damals keine Selbstverständlichkeit ist. Je älter Elisabeth wird und je stärker sie die Fesseln ihres Berliner Lebens zu spüren bekommt, desto mehr erinnert sie sich an eine Jugend, in der sie bedeutungslos, sicher aber glücklicher war.

Wie immer man die Braunschweiger Idylle beurteilen mag – ohne Zweifel stellt sie das absolute Gegenteil zum preußischen Hof dar. Friedrich II., genannt Fritz, ist in einem höfischen Mikrokosmos aufgewachsen, innerhalb dessen die Unvereinbarkeit herrschsüchtiger Charaktere dominierte. Reibereien und Eifersüchteleien über die Geschlechter und Generationen hinweg sind an der Tagesordnung. Die Selbstverständlichkeit kindlichen Lebens hat Friedrich nie erlebt. Von dem noch nicht Zehnjährigen schreibt seine Lieblingsschwester Wilhelmine, er sei von »sehr zarter Konstitution« gewesen, und: »Er war geistreich, seine Gemütsart war finster. Er dachte lange nach, bevor er antwortete, aber dafür antwortete er richtig … Man erwartete, daß er einmal mehr Verstand als Geist an den Tag legen würde.« Die Instruktionen, die sein Vater Friedrich Wilhelm I.

für den Jungen formuliert, stehen zwar unter dem Leitsatz, man solle ihn lehren, seinen Vater für seinen besten Freund zu halten. Aber dieser Vater lehrte ihn nicht das, was ein Junge in seinem Alter lernen kann, sondern ausschließlich nur das, was der Vater für richtig hielt: Das war vor allem die Achtung vor militärischer Disziplin, vor Preußens Ruhm und Ehre. So sollte sich der aufgeweckte Junge hüten vor den »Schwarzscheißern«, den Intellektuellen. Solch erzieherische Starrheit ist ein sicheres Mittel, die Einbildungskraft eines eigensinnigen Sohnes in die vom Vater abgelehnte Richtung zu drängen. Die Forderung nach Arbeitsfreude und Schlichtheit sind dann einem jungen Menschen seiner Art als Erziehungsziel nur schwer zu vermitteln. Wenn die Mutter der anti-intellektualistischen Haltung des Gemahls nur wenig Neigung entgegenbringt und sie darüber hinaus die Schwester des englischen Königs ist, den wiederum der preußische König haßt, dann muß das in einem Kinde Brüche hervorrufen, die so leicht nicht zu heilen sind.

Da nutzt es wenig, wenn Friedrich von einer ungeheuren Aneignungsfähigkeit ist. »Bevor er sein fünftes Jahr vollendet hatte, kannte Fritzchen die ganzen vierundfünfzig Regeln des preußischen Drills und hatte angefangen, den deutschen Katechismus sowie die Grundregeln der Arithmetik zu lernen«, schreibt Edith Simon. Bis in seine frühe Jünglingszeit hinein, bis in die Zeit also, in der sich der Mensch eigene Gedanken zu machen beginnt, ist erst einmal nicht zu erkennen, bis zu welch selbstmörderischer Schärfe sich der Vater-Sohn-Konflikt im preußischen Hause zuspitzen sollte. Aber ein Vater, der unter dem Zimmer seines Sohnes allmorgendlich eine Kanone abfeuern läßt, um ihn zu wecken, muß schon eine absonderliche Vorstellung von dem haben, was einem Sohne dienlich ist. Und es wundert nicht, daß aus der kleinen intellektuellen Enklave, die seine Mutter Sophie Dorothea aus ihrem Schloß Monbijou geformt hat, jener oppositionelle Zirkel entsteht, der sich an England

ABB. 7 Friedrich der Große als zweijähriger Prinz und seine ältere Schwester Wilhelmine.

halten will, während der König weiterhin dem kaiserlichen Reich die Treue hält.

Kurz gesagt: Der spätere Friedrich II., Friedrich Wilhelms »Fritzchen«, ist von früher Jugend an nicht der typische, auf militärische Disziplin eingeschworene Repräsentant einer preußischen Größe, die sich vor Mitte des 18. Jahrhunderts sichtbar entfaltet. Entweder wird er in Rollen gedrängt, oder er muß sich ihnen entziehen. Überläßt er sich dem Einfluß seiner Mutter, so gerät er mit dem Vater in Konflikt. Jeder will etwas aus ihm machen, nichts darf er sein. Elisabeth dagegen darf so lange die sein, die sie ist, nämlich Tochter aus kleinstaatlichem Herrscherhause, solange sie nicht in Berlin weilt. Der Vater hat in Wolfenbüttel die Erziehung der Söhne übernommen, für sie arbeitet er lange Arbeitsprogramme aus. In die Erziehung der Töchter redet er seiner Frau nicht hinein. Die Mutter wählt die Lehrer aus, auch den »Informator«, der Elisabeth im lutherischen Glauben unterrichtet. Der Lehrer im Schönschreiben hat ihr – übrigens der von Friedrich auch nicht – weder das Schön- noch das Rechtschreiben beigebracht. Auch dem französischen Sprachmeister mißlingt das. Aber das ist nicht wichtig; man legt Wert auf das geläufige Parlieren. Der korrekte schriftliche Ausdruck ist ihr stets fremd geblieben, obwohl sie ihre Einsamkeit später mit vielen Briefen verdeckt. Was die Tanzkunst anbetrifft, die damals wichtig genommen wurde, so kann es bei ihr auch mit dieser Fertigkeit, schenkt man den späteren hämischen Berliner Kommentaren Glauben, nicht allzu weit hergewesen sein. Vielleicht ist sie, um graziös zu wirken – Tochter des »größten« deutschen Fürsten –, ein wenig zu groß geraten. Dagegen hat sie, das zeigen ihre Zeichnungen und Selbstbildnisse, Talent zur Malerei. Musik ist ihr, die an einem musikalischen Hof aufgewachsen ist, vertraut, ihre Stimme geschult. Immerhin wirkt Carl Heinrich Graun, den Friedrich später zu sich herüberzieht, seit 1725 als Kapellmeister am braunschweigischen Hofe. Sie schätzt und sie versteht etwas von Musik; eine Instrumentalistin, die mit ihrem Mann hätte wetteifern können, ist sie leider nicht.

So bleiben die drei ältesten Kinder der Bevernschen Familie, Karl, Anton Ulrich und Elisabeth Christine, erst einmal ungetrennt zusammen. Dann werden die beiden Brüder als Sekondeleutnants nach Wien zur Ausbildung geschickt. Elisabeth wird zu Hause gebraucht und geht ihrer Mutter zur Hand; noch vermehrt sich die Zahl der herzoglichen Kinder fast Jahr für Jahr.

Die Vorgeschichte einer Ehe

Dieser Fritz sollte sich nach seines Vaters Muster – einem wohlmeinenden, ehrlichen Muster – bilden und tut es nicht. Ach, Eure Majestät, es kann nicht sein. Es ist die neue Generation, die nicht ganz so leben kann, wie die alte gelebt hat. Eine ständige Kontroverse im menschlichen Leben ... Dieser kleine Junge hätte der trefflichen väterlichen Majestät genaues Abbild sein sollen, in allen Stücken dem Vater gleichend wie ›ein kleiner Sechser einem grossen Taler‹, aber ... er kann es nicht. Dies ist eine neue Münze mit einer Sonderprägung: ein erstaunlicher Friedrichsdor; und mag sich wohl noch als gutes Stück bewähren, wird aber niemals der Taler sein, den Eure Majestät verlangt!

> Thomas Carlyle 1865

———

Bekannt ist eigentlich nur, daß der Kronprinz Friedrich wider seinen Willen mit seiner Braut verbunden wurde. Doch die Vorgeschichte einer bizarren Ehe fand bisher nur wenig Aufmerksamkeit. Der Entschluß, ihre Kinder miteinander zu verbinden, ist nämlich keineswegs der spontanen Idee zweier

Väter, des Königs Friedrich Wilhelm I. von Preußen und des Herzogs Ferdinand Albrecht von Braunschweig-Bevern, sondern Ereignissen zuzuschreiben, von denen einige mehr als ein Jahrzehnt zurückliegen. Da spielen Rivalitäten in den verschiedenen Braunschweiger Linien eine Rolle. So erinnert sich Friedrichs Vater daran, daß ihm sein Hannoveraner Vetter, Georg II., vor vielen Jahren eine Braut ausgespannt hatte, die eigentlich ihm zugedacht worden war. Da setzen sich das kaiserliche Wien und das welfische London, von Paris zu schweigen, in Positur, um Preußen, dem aufsteigenden Star auf der europäischen Szene, seine Grenzen zu zeigen und sich ihm zugleich zu verbinden. Man greift beinahe zu den Waffen, weil Braunschweig-Wolfenbüttel gegen Braunschweig-Blankenburg mit Hilfe Hannovers die Erbordnung verändern will, die Elisabeths Vater die Erbfolge sichert. Es sollte die Primogenitur außer Kraft gesetzt werden. Und etwas ganz Wichtiges geschieht, ohne daß sich die Zeitgenossen dessen bewußt werden, wie nebenbei: Der Glanz des kaiserlichen Hofes in Wien wird in diesen Jahren matter. Die kleineren deutschen Fürsten beginnen sich von Wien abzuwenden.

In der Zeit des Absolutismus, in der nicht das Volk, sondern nützliche Personen aus dem Kreise des Adels die Politik nach ihrem Gutdünken definieren, treten immer wieder Helfershelfer auf, die mit der Aufgabe betraut sind, den Stand der politischen Partie zu beobachten und deren Teilnehmer zu beeinflussen. Politik ist eine Sache von Profis. Das ist deshalb notwendig, weil Raum und Zeit noch eine unüberwindbare Schranke darstellen. Besser informiert zu sein als andere kann viel Geld wert sein. Nachrichten von gewonnenen oder verlorenen Schlachten brauchen einige Tage, bevor sie in die Hauptstädte gelangen. Schlachten werden geschlagen, ohne daß der Feldherr weiß, wie viele Truppen des Gegners ihm wo gegenüberstehen. Es geht deshalb nichts über intelligente Überläufer, und sie werden auch entsprechend bezahlt. Kriegführen ist damals eine Kunst mit vielen Unbekannten. Nicht einmal, wann der Feind aufgestanden ist, weiß der Feldherr sicher. Ähnlich geht es mit der Diplomatie. Diplomaten sind nicht nur lebenslange Repräsentanten eines einzigen Herrschers. Nicht selten wandern sie von einem zum andern. Schließlich ist nicht zu vergessen, daß es sich stets um ein Spiel im engsten Kreise handelt. Das gilt auch für Hochzeiten. Die Töchter von herrschaftlichen Linien sind vor allem Hochzeitsware. So ist Elisabeths Vater nicht nur der Vetter der regierenden Braunschweiger Linie, er ist auch der Neffe einer habsburgischen deutschen Kaiserin. Friedrich Wilhelm I. ist auch Schwiegersohn des Kurfürsten von Hannover und Königs von England, Georg I., den er nicht leiden mag. Wenn er gegen England Krieg führte, würde er dies gegen den Vater seiner Frau tun.

Braunschweig-Wolfenbüttel steht zur Zeit, als die in Frage stehenden Heiratspläne zwischen Braunschweig und Preußen reifen, zwischen Hannover-England und Preußen. Seine Herrscher haben Angst, daß es erdrückt werden könnte, wenn sich erst einmal die beiden Staaten gegen seine Interessen zusammentäten. Also arbeitet die jeweils regierende Linie erfolgreich darauf hin, durch verstärkte Blutsbande einem möglichen Erstickungstod entgegenzuwirken. Am Schluß dieser Biographie sind daher von den Braunschweigern nicht nur Elisabeth mit Friedrich verheiratet, sondern auch ihr Bruder, als regierender Herzog von Braunschweig-Wolfenbüttel Karl I., mit der Prinzessin Philippine Charlotte von Preußen und dessen Schwester, die Prinzessin Luise Amalie, mit Prinz August Wilhelm von Preußen. Dessen Sohn wird als Friedrich Wilhelm II. der Ahnherr des späteren deutschen Kaiserhauses.

Dies alles ist deshalb so, weil der Schwiegersohn der Blankenburger Linie, Ferdinand Albrecht von Braunschweig-Bevern, den besten Zugang zum preußischen Hof besitzt. Er hat in dem Fürsten von Anhalt-Dessau, Leopold I., dem erfahrenen Haudegen, bei Friedrichs Vater Friedrich Wilhelm, dessen Vorliebe für Lange Kerls und das burschikose Tabakskollegium er teilt, einen beredten Fürsprecher. In die Geschichte ist er als der »Alte Dessauer« eingegangen. Wichtiger für das künftige Schicksal Elisabeths aber werden zwei Männer, die ganz ausgeprägt das »Hilfspersonal« des Absolutismus der damaligen Zeit repräsentieren. Es sind Graf Friedrich Heinrich von Seckendorff, Abgesandter des Wiener Hofes in Berlin und zugleich Vertrauter des preußischen Königs, und Friedrich Wilhelm von Grumbkow, schon mit 35 Jahren Minister und zum Zeitpunkt der Brautwerbung um Elisabeth preußischer »Premierminister«. Sie vereinen in sich alle Eigenschaften von »Karrieristen« an einem Hof, der von Bestechung und Korruption durchzogen ist, was Friedrich Wilhelm – der vieles durchschaute – allem Anschein nach nicht störte. Prinzessin Wilhelmine, die scharfzüngige, drei Jahre ältere Schwester Friedrichs, hat von Grumbkow ein farbiges, in seinen gegensätzlichen Zügen sicher richtiges Bild, gegeben: »Herr von Grumbkow gehört wohl zu den befähigtsten Ministern, die es lange gegeben hat; er ist sehr höflich, geistreich und redegewandt; er ist gebildet und schweigsam ... Er weiß sich zugleich ernst und angenehm zu zeigen. All diese schönen Außenseiten verbergen ein eigennütziges und verräterisches Herz ... Sein ganzer Charakter ist ein Gewebe von Lastern, die ihn zum Abscheu aller anständigen Leute gemacht haben.« Dieser Mann ist in doppelter Hinsicht für Elisabeths Schicksal bestimmend geworden: Er hat zuerst Friedrich Wilhelm I. darin bestärkt, die von der welfischen Königin geförderte Beziehung Friedrichs zu einer englischen Prinzessin zu unterbinden, und er hat die Beziehung Preußen-Braunschweig angebahnt. Nach Friedrichs Fluchtversuch hat er 1730 den Kronprinzen veranlaßt, seine Aversion gegen die Brautwahl des Vaters nicht mehr öffentlich zu äußern. Ihm gegenüber freilich hat Friedrich sich stets unverhüllt und auch unflätig ablehnend geäußert.

Abb. 8 Friedrich Wilhelm von Grumbkow (1678–1739). Preußischer Staatsmann und Generalfeldmarschall, enger Vertrauter König Friedrich Wilhelms I.

Die Wahl der Kampfmittel macht Grumbkow und Seckendorff unvermutet zu Genossen im Geist. Sie sind die Architekten einer Hochzeit, die der jungen Frau zahlreiche Demütigungen einbringt, dem Preußen Grumbkow vor allem 40 000 Taler Vermittlungsgebühr vom Wiener Hof. Die beiden Kompagnons scheinen sich – will man einer zeitgenössischen Quelle trauen – sehr ähnlich gewesen zu sein. »Seckendorff, seinem Äußeren und seinem Auftreten nach ein biederer Landadeliger, war intelligent, verschlagen, ein tüchtiger Soldat und ein eifriger Protestant. Im Tabakskollegium, dessen ständiger Besucher er war, trank und rauchte er mit Todesverachtung, wußte dem König gegenüber über alles und jedes Bescheid, zitierte mit Friedrich Wilhelm Bibelsprüche und rühmte mit dem alten Dessauer die Vorzüge des Bajonetts mit Tülle.« Bei genauer Betrachtung sind beide nichts anderes als die Idealvorstellung von Männern in einem System, in dem jeder sich selbst der Nächste ist. Jeder schuf sich sein eigenes Beziehungsgeflecht.

Dem kaiserlichen Generalfeldmarschall Heinrich Reichsgraf von Seckendorff geht es darum, Hannover und Preußen zu »separieren«, damit sie nicht auf den Gedanken kommen, sich gegen Habsburg zu verbünden. Er forciert also die Heirat Elisabeths mit Friedrich bis zum bitteren Ende. Das alles wird in der »Tabagie« Friedrich Wilhelms gegen den Willen seiner Frau ausgeheckt. Sie hätte sich nichts Schöneres vorstellen können, als in einer Doppelhochzeit eine ihrer Töchter mit einem englischen Prinzen und den Kronprinzen dazu mit einer englischen Prinzessin zu verheiraten. Als das nicht klappt, muß Wilhelmine, um diese Tochter handelt es sich, in den sauren Apfel beißen und den Markgrafen von Ansbach-Bayreuth heiraten. Man greift nicht zu hoch, wenn man ihren relativ frühen Tod nicht zuletzt diesem Lebensumstand zuschreibt. Die »englischen Heiraten« mißlingen nach vielen Winkelzügen und Kehrtwenden, weil der König sie letztlich nicht will, weil Seckendorff und Grumbkow auf ihn einen zu großen Einfluß haben und weil sich die politische Lage im Laufe der Jahre verändert hat.

Nur so ist es zu verstehen, daß die unschuldige Figur Elisabeths in dem politischen Schachspiel schon genannt wird, als sie ganze 13 Jahre alt ist. Damals wie später hat sie weder gewußt noch geahnt, was mit ihr geschieht. Seckendorff hatte ihr den »nun bald dreißigjährigen Erbprinzen« von Gotha in einem Brief an ihre Mutter zugedacht. In der ränkevollen wie artistischen Art, die ihm zu eigen war, wollte er damit die kleinen thüringischen Höfe, die in Gefahr standen, sich Hannover zuzuwenden, näher an Preußen und damit an Habsburg heranführen. Das aber ging ihrer Mutter, insbesondere der Großmutter Christiane Luise, doch zu weit. Gotha war ihnen zu schäbig, was auch Seckendorff nicht verheimlichen konnte. So blieb Elisabeth diese Form von vorzeitiger Heirat erspart. Aber es war immerhin der erste Versuch gewesen, das kleine, unwissende Mädchen ohne Skrupel als Figur in einem politischen Schachspiel zu benutzen. Noch sollte es jedoch ein halbes Jahrzehnt dauern, bevor es zur Hochzeit mit dem hochrangigen Bräutigam kommen würde.

Zwischen Flucht und Wiederkehr

Sicherlich war es Wilhelmines und ihres Bruders gutes Recht, gegen die Machenschaften des Wiener Hofes Widerstand zu leisten. Es war auch ihr gutes Recht, Seckendorff und Grumbkow zu verachten und zu hassen. Aber sie begaben sich damit auf ein heikles Terrain. Da es sich um eine hochpolitische Angelegenheit handelte, mussten sie sich vor dem Eingriff in die Rechte der königlichen Majestät hüten, um die Gefahr des Abgleitens in den Hochverrat zu vermeiden. Unglücklicherweise war ihre Mutter nicht die Frau, die Maß halten konnte. Diese dicke Dame verlor, wenn sie die Eitelkeit stach, jede Zurückhaltung und ließ sich hemmungslos zu gefährlichen Schritten verleiten.

> Pierre Gaxotte 1973

Es ist hier nicht der Ort, das Lavieren Friedrich Wilhelms, Friedrichs Vater, zwischen Wien und London in allen Einzelheiten zu rekapitulieren. Auch soll nur am Rande erwähnt werden, daß ihn Kaiser Karl VI. wegen seiner Ansprüche auf die

Herzogtümer Berg und Jülich jahrelang hinhielt. Dennoch bleibt er immer reichstreu. Was im Gedächtnis bewahrt werden muß, ist dies: Es existieren zwischen Ende 1729 und 1732 – dem Datum der Verlobung von Friedrich und Elisabeth – zwei Fraktionen am preußischen Hof. Die eine – nennen wir sie die braunschweigische – ist unter der Führung des Alten Dessauers und des Ministers Grumbkow mit der virtuosen Unterstützung Seckendorffs im Tabakskollegium versammelt. Sie vertreten die kaiserlich habsburgische Linie und teilen die Abneigung des Vaters gegenüber dem unbotmäßigen Thronfolger mit seinen profranzösischen Neigungen. Wie sich so etwas abspielt, geht aus einem Brief des intriganten Seckendorff an Elisabeths Vater hervor, den er am 22. Oktober 1728 schreibt: »Seine Majestät hatte die Gnade, sich gestern mit mir zu unterhalten. Das Gespräch drehte sich unter anderem um die Heirat des Kronprinzen mit der Prinzessin [Elisabeth] von Bevern, die man sehr billigte. Es ist deshalb nun notwendig, Eure Hoheit zu bitten, mir durch einen guten Maler ein Porträt der Prinzessin anfertigen zu lassen. Damit ich meine Absicht besser verbergen kann, wird Eure Hoheit die Güte haben, eines von ihm und der Frau Herzogin sowie seiner Hoheit, des ältesten Prinzen, beizufügen.« Hier muß ergänzt werden, daß der braunschweigische Erbprinz Karl und Friedrichs Schwester Philippine Charlotte inzwischen einander versprochen sind. Die von der anderen Fraktion gewünschte englisch-preußische Doppelhochzeit wird auf diese Weise von einer preußisch-braunschweigischen Doppelhochzeit konterkariert.

Noch aber ist es nicht soweit: Denn die Interessen der anderen Fraktion vertritt die Königin. Sie will eingedenk ihres welfischen Herkommens ihre englisch-preußische Doppelhochzeit unter Dach und Fach bringen. Ihre älteste Tochter Wilhelmine soll mit dem ältesten Sohn des Prince of Wales verheiratet werden, ihr ältester Sohn Friedrich mit dessen Tochter, Prinzessin Amelia.

ABB. 9 Sophie Dorothea (1687–1757) Königin von Preußen, Gemahlin Friedrich Wilhelms I.

Beide Königskinder sind schon deshalb mit von der Partie, weil sie langsam ins heiratsfähige Alter gekommen sind und auf persönliche Befreiung durch Heirat hoffen. Inzwischen traktiert der König seinen ältesten Sohn derart, daß seinen Freunden auffällt, wie elend der aussieht. Seinen Waffenrock bezeichnet er nur noch als »Totenkittel«. Die Lieblingsbeschäftigungen des Königs, die Jagden in Wusterhausen und das Tabakskolleg, langweilen ihn tödlich. »Montags Parforcejagd, Dienstag Parforcejagd, Mittwoch Parforcejagd«, lautet sein ironischer Kommentar. Man hat ihn schon lesend statt jagend bei den Jagden angetroffen; der Vater tritt und schlägt ihn dann. Die Spannung zwischen Vater und Sohn ist selbst während diplomatischer Besuche offenkundig. Der Vater beklagt sich bei jedem, der es wissen, und auch bei jedem, der es nicht wissen will, über den frivolen Lebensstil des Sohnes. Friedrich scheint sich zu dieser

Zeit – wahrscheinlich während eines Besuchs in Dresden – eine nur schwer zu kaschierende Geschlechtskrankheit zugezogen zu haben, wogegen der Vater, was die Verführungen am Hof Augusts des Starken angeht, stolz vermelden kann: »Ich bin dankbar, sagen zu können, daß ich ebenso fortging wie ich kam.«

Wie auch immer: Nicht zu kaschieren ist die Abneigung des Thronfolgers, Lebensart und Lebensstil des Vaters zu kopieren. Friedrich versucht zwar immer wieder, ihn zu beruhigen, so etwa in einem Brief vom September 1728, in dem es heißt: »Ich bitte … meinen lieben Papa, mir gnädig zu sein und kann hierbei versichern, daß nach langem Nachdenken mein Gewissen mir nicht das mindeste gezeigt hat, worin ich mir etwas vorzuwerfen haben sollte. Hätte ich aber wider mein Wissen und Willen etwas getan, das meinen lieben Papa verdrossen hat, so bitte ich hiermit untertänigst um Vergebung und hoffe, daß mein lieber Papa den grausamen Haß, den ich aus allem seinen Tun genug habe wahrnehmen können, werde fahren lassen …« Der »liebe Papa« schreibt ihm postwendend, »daß ich keinen verweiblichten Kerl leiden kann, der keine menschlichen Inklinationen hat, der sich schämt, nicht reiten noch schießen kann und dabei malproper an seinem Leibe ist, seine Haare wie ein Narr sich frisiert. Ich habe das alles tausendmal beanstandet, aber alles umsonst und keine Besserung …« Zu diesem Zeitpunkt ist Friedrich 16 Jahre alt.

Nur ein Jahr später, 1729, hält Friedrich Wilhelm es für angezeigt, seinem Sohn, der schon lange seinem Einfluß entglitten ist, eine neue Instruktion zu oktroyieren, die er dem prinzlichen Gouverneur, dem Oberstleutnant von Rochow, aushändigt. Darin heißt es u.a., der Kronprinz sei ein Lump, ein »Damoiseau«. Ein Damoiseau sei ein »schurkischer Kerl, zu nichts nutz in dieser Welt als zu Nasenstübern«. Der Oberstleutnant solle ihm vorhalten, »daß alle effeminierten, lasziven, weiblichen Occupationes einem Mann höchst unanständig« seien. Er solle

Friedrich »lehren, wie man sich beim Reiten hält«, er solle »beim Gehen nicht tänzeln und beim Sprechen nicht grimassiren«, mit einem Wort, er solle ihm »die Schlafmütze aus dem Kopp vertreiben«. Sicher hatte der Vater einigen Anlaß, die Lebensart seines Sohnes, der mit seinem Geld nicht auskam und von überall Kredite, selbst vom König von England, erbettelte, die er auch bekam, bedenklich zu finden. Nur waren seine beiden Ältesten ihm bereits so stark entfremdet, daß die Frage der Angemessenheit und der Unangemessenheit seiner Maßnahmen sich gar nicht stellte.

Beide Königskinder, Friedrich wie Wilhelmine, warteten auf die englischen Hochzeiten wie auf eine Erlösung. Wilhelmine wäre möglicherweise auf die englische Insel zu verheiraten gewesen, doch Seckendorff und Grumbkow schürten bei Friedrich Wilhelm die Angst vor einem übermächtigen englischen Einfluß durch eine zweite Einheirat nach Berlin. Georg II. seinerseits will entweder beide Kinder verheiraten oder keines. Und so stirbt das englische Projekt.

Als es sich zerschlägt, macht sich der 18jährige Friedrich 1730 daran, dem Stocke seines Vaters zu entfliehen. Es ist der berühmte gescheiterte Fluchtversuch mit seinem Freund Hans Herrmann von Katte. Er endet mit dessen Enthauptung in Küstrin. Wenige Monate zuvor hatte er – ein Innenbild seines Zustandes – an seine Mutter geschrieben: »Der König hat völlig vergessen, daß ich sein Sohn bin ... Ich habe zuviel Ehrgefühl, um eine solche Behandlung ertragen zu können und bin entschlossen, dem auf die eine oder andere Art ein Ende zu bereiten.« Sein Vater aber macht ihm die Unentrinnbarkeit seiner Situation dadurch deutlich, daß er ihm sagt: »Jeder Offizier kann seinen Dienst quittieren, aber nicht der Sohn des Königs.« 1729 ist er 17 Jahre alt und noch immer öffentlich von seinem Vater verprügelt worden ...

Damit war das Maß ertragbarer Demütigung für Friedrich

überschritten. Er setzte seinen Fluchtplan mit Katte, dem Abkömmling eines alten Offiziersgeschlechtes, von Frankreich über Holland nach England in die Tat um. Zusammen hatten sie geweint, wenn sie an das schwere Los des Kronprinzen dachten. Als es indessen soweit ist, darin sind sich die Historiker einig, entwickelt Friedrich eine geradezu frivole Tollkühnheit, die fast alle notwendigen Vorsichtsmaßnahmen außer acht läßt. So kommt es, wie es kommen muß: Der Plan scheitert, weil einige der Mitverschworenen dem Druck nicht gewachsen sind, unter dem sie stehen. Friedrich wird von Rochow nach Wesel gebracht. Dort findet eine Aussprache zwischen Vater und Sohn statt, deren Beginn so lautet: Der König: »Warum wollte er desertieren?« Der Prinz: »Weil Sie mich nicht wie einen Sohn, sondern wie einen Sklaven behandelt haben.« Mutter und Schwester, die in Friedrichs Plan eingeweiht sind, werden von Friedrich Wilhelm ebenfalls wie Verbrecherinnen behandelt. Wilhelmine hat in ihren Memoiren davon berichtet: »»Infame Canaille‹, sagte er zu mir, ›… Geh, leiste dem Schurken von einem Bruder Gesellschaft.‹ Bei diesen Worten packte er mich mit der einen Hand und versetzte mir mit der anderen mehrere Faustschläge ins Gesicht … Ich lag besinnungslos.« 185 Fragen enthält zwei Wochen später die Vernehmungsliste des Königs, der sich aus Friedrichs Flucht einen Mordanschlag der Engländer konstruiert hatte. Friedrich bricht zusammen, als man ihm Kattes Verhaftung in Berlin mitteilt.

Die europäische Öffentlichkeit ist aufgestört, die Sympathie für den Kronprinzen durchwegs groß. Als das Kriegsgericht in Küstrin sein Urteil verkündet, nimmt der König zwar das Urteil gegen seinen Sohn an – das Gericht fühlt sich überfordert und überläßt den Kronprinzen seiner Gnade –, aber er verschärft die Strafe Kattes von lebenslänglicher Haft zu einem Todesurteil. Am 6. November 1730 wird Katte in Küstrin hingerichtet. Friedrich muß der Hinrichtung auf Befehl seines Vaters zusehen. Sein

 **ABB. 10** Hans
Hermann von Katte
(1704–1730).

Freund beschließt sein Leben mit dem Satz: »La mort est douce
pour un si aimable prince« – »Süß ist es, für einen so liebenswer-
ten Prinzen zu sterben.« Friedrich selbst, der sein Leben gegen
das Kattes tauschen will, fällt ins Delirium, aus dem er erst am
nächsten Morgen wieder erwacht …

Diesen Fall ins existentielle Nichts hat Friedrich nie vergessen,
wenn auch kaum je darüber gesprochen. Wer sich aber mit seiner
Ehe beschäftigt, kann nicht auf diese Vorgeschichte verzichten,
darf nicht außer acht lassen, was er Jahre zuvor durchgemacht
hat, weder seine Demütigungen noch den Akt auswegloser Verzweiflung, als der sich die Flucht darstellt. Es ist ihm klar, daß
er am Rand des Todes gestanden hat. Wenn er sich realistisch
Rechenschaft darüber ablegt, was ihn gerettet hat, dann weiß er
auch, daß es nicht sein eigenes Verdienst ist, das ihm den Tod er-
sparte. Es sind die mannigfaltigen Bekundungen von Sympathie

für einen Sohn, der mit der Flucht überreagiert haben mochte, dessen intellektuelle Fähigkeiten und grundsätzliche Integrität jedoch von den Bürgern wie vom Adel nicht in Zweifel gezogen werden. Noch in der Haftanstalt Küstrin wird solches Vertrauen sichtbar. Man steckt ihm Briefe zu, die er nicht haben dürfte. Also macht er sich – submissest – daran, sich wieder seinem Vater zu nähern: Er will erneut als Sohn akzeptiert werden. Dem Vater gegenüber hat er seit dem Tode Kattes öffentlich niemals zu erkennen gegeben, in welch geistiger Distanz zu ihm er sich weiterhin verhielt. Er hatte erkannt, daß er nur dann überleben würde, wenn er sich so schlau wie ein Fuchs bewegte. Selbst eine ungeliebte Braut wird danach von ihm in der Öffentlichkeit nicht mehr angefochten. Schizophrenie wird zum Lebensstil.

Die Wahl seiner Braut (mit der er nichts zu tun hatte), seine Verlobung und seine Heirat haben also einen untrennbaren Bezug zu Friedrichs Entwicklungsgeschichte. Wer immer die Braut gewesen wäre, die man ihm zuführte – die englische Prinzessin Amelia vielleicht ausgenommen –, sie kann von ihm nicht anders verstanden werden als ein Relikt aus der Zeit seiner tiefsten Erniedrigung. Die Person, die er sich aufdrängen lassen muß, ist das Spätprodukt eines äußersten existentiellen Notstandes. Es ergibt wenig Sinn, in den Karikaturen, die er von ihr in den Briefen der Jahre zwischen 1730 und 1733 zeichnet, eine Ähnlichkeit mit Elisabeth erkennen zu wollen. Sie machen nur den Verlust an Freiheit kenntlich, dem er unterworfen ist. Niemand ist fähig, ihn das vergessen zu lassen. Aber er kann nicht ein weiteres Mal fliehen. Eine Aufhebung seiner babylonischen Gefangenschaft ist – im Gegenteil – von nun an nur noch dadurch zu erreichen, daß er bleibt, sich unterwirft. Um einem schlimmen Schicksal zu entgehen, verbindet er sich nun sogar mit den ärgsten seiner früheren Widersacher, mit Seckendorff und Grumbkow. Die Briefe, die aus der Zeit zwischen 1730 und 1733, dem Jahr der Hochzeit, erhalten sind, gehen zu einem großen Teil an sie. Von ihnen, die – Gipfel des Hohnes – ganz zum Schluß sogar noch einmal auf die »englische Linie« einschwenken, erhofft er, daß sie den eisernen Willen des Vaters zu lockern vermögen. Noch hat er nicht verstanden, daß sie zwar den habsburgischen Interessen dienen, vor allem aber den eigenen. Ihr Widerstand gegen seinen Widerstand macht ihm deutlich, daß er – die Mutter und die Schwester Wilhelmine sind ausgeschaltet – einen einsamen Kampf kämpft.

VON DER VERBANNUNG IN DIE BINDUNG

FRIEDRICHS WANDLUNG FÜHRTE NICHT ZU TOTALER AUS-LÖSCHUNG, SONDERN NUR ZU INNEREN VERSCHIEBUNGEN. DIE ›DISZIPLIN DES SCHRECKENS‹ (L. VON RANKE) HATTE NICHT EINE ›VOLLKOMMENE UMGESTALTUNG DER DENK-ART‹ ZUM ERGEBNIS, HÖCHSTENS DIE BISHERIGE EIN-SEITIGKEIT DER RICHTUNG GEBROCHEN. ES WAREN HAND-LUNGSANTRIEBE IN FRIEDRICH GEWECKT, DIE FRÜHER FEHLTEN ODER MINDESTENS ZURÜCKTRATEN. DAMIT WAR DER GRUND FÜR DIE RÄTSELHAFTE DOPPELNATUR FRIED-RICHS GELEGT: DAS OFT ÜBERGANGSLOSE NEBENEINANDER VON POLITISCHEM MACHIAVELLISMUS, SOLDATISCHER LE-BENSWEISE, PHILOSOPHISCH-MORALISCHER SPEKULATION UND SPIELERISCHEM, ABER AUCH ERNSTEM UMGANG MIT DEN KÜNSTEN.

> THEODOR SCHIEDER 1983

Was Friedrich Wilhelm im Jahre 1730 angerichtet hat, ist eine tabula rasa, ist verbrannte Erde. Das vielleicht nicht sinnlose, bestimmt aber maßlose Wüten läßt in dem Jahr nach der Flucht des Sohnes, der Exekution von dessen Freund und des folgenden, nur sehr bedingten Pardons seines Sohnes erst ein-

Abb. 11
Friedrich
Wilhelm I.
(1688 bis
1740).

mal eine ausgedehnte Brache zwischen sich und denjenigen
entstehen, die Friedrich Wilhelms Herzen trotz allem am nächsten stehen. Auf der einen Seite ein Thronfolger, den man der
wichtigsten seiner »Lebensmittel« – seiner Bücher und seiner
Musikinstrumente – komplett beraubt hat, auf der anderen
Seite seine Frau und besonders Friedrichs geliebte Schwester
Wilhelmine, die der König behandelt, als ob sie Hochverrat
begangen hätten. Mögen Wilhelmines Berichte in der Tonlage

39

übertrieben sein, im Kern ist sicher zutreffend, wie sie die Lebensumstände beschreibt, bewirkt durch einen Vater, dessen Enttäuschung kein Maß kennt. Eine maliziöse Hofdame berichtet ihr: »Der König hat schreckliche Dinge vor; er will Sie nach dem Kloster – genannt vom Heiligen Grabe – schicken, wo Sie als Staatsgefangene behandelt werden sollen … Ich habe Ihren Verbannungsbefehl mit eigenen Augen gesehen. Und um Sie von der Wahrheit meiner Aussagen zu überzeugen, will ich Ihnen sagen, daß die arme Bülow vom Hofe verjagt und mit ihrer ganzen Familie des Landes verwiesen worden ist … Leutnant Spahn ist kassiert und nach Spandau [d.h. in Festungshaft, d. Verf.] geschickt. Eine Geliebte des Kronprinzen [Doris Ritter, d. Verf.] soll ausgepeitscht und verbannt werden. Duhan, der Hofmeister [und Erzieher, d. Verf.] ihres Bruders, wurde nach Memel geschickt; Jacques, der Bibliothekar des Kronprinzen erfuhr dasselbe Los; und Fräulein von Sonsfeld [eine Hofdame, d. Verf.] erginge es schlimmer als allen anderen, wäre sie nicht diesen Sommer bei der Königin in Ungnade gefallen.«

Gemildert werden die Wechselbäder, in die der König seine Umgebung stürzt, eigentlich nur dadurch, daß, wer immer in nähere Berührung mit dem Kronprinzen kommt, sich dem Zauber, der von seiner Person ausgeht, nicht entziehen kann. Das gilt für das Überwachungspersonal – immer wieder gelingt es ihm, Briefe aus der Festung Küstrin an seine Schwester und andere zu schmuggeln – wie wenig später für diejenigen, die ihn in die Prinzipien der Kameralistik einführen sollen, um seinen Kopf von den schöngeistigen Einbläsereien freizumachen. Insbesondere fällt der Kammerdirektor Hille durch seine vernünftige Art auf, mit der er sogar den intriganten Minister Grumbkow beeindruckt. Selbst dem König wird der Sohn durch Hilles gemäßigte Kommentare wieder nahegebracht. Insgesamt aber erkennt jeder Einsichtige, daß allein die Zeit bewirken kann, daß die allerorten geschlagenen Wunden vernarben.

Die Eheanbahnung ist also für den in Ungnade gefallenen Sohn nicht nur dynastische Brutpflege, sondern der wichtigste Teil des Weges, den Vater und Sohn aufeinander zugehen müssen, will Preußen wieder eine funktionierende Dynastie sein eigen nennen. Wenn man alles unterdrücken konnte – die Phantasie des Thronfolgers zu unterdrücken, gelingt nicht. Die regt sich mit dem ersten Tag, an dem er wieder in relativer Freiheit in Küstrin ist. Sogar eine Hochzeit mit der österreichischen Thronfolgerin Maria Theresia phantasiert er sich zusammen, so daß selbst Prinz Eugen, den sein Genie verlassen hat, bemerkt, man könne daran sehen, von welchem Kaliber der künftige Herrscher Preußens sei. Schon im Dezember 1730 hat aber dieser geschrieben: »Ich werde mich als Vierziger mit einer Prinzessin von fünfzehn Jahren, deren Schönheit noch im Zunehmen begriffen ist, verheiraten.« Keine seiner Phantasmagorien kommt der Wahrheit nahe.

Schließlich ist es das Duo Grumbkow/Seckendorff, zusammen mit Prinz Eugen in Wien, das nach heftigen Diskussionen im Tabakskollegium die Wünsche des Königs zielstrebig verfolgt und dem eigenen Vorteil nachjagt. Zur Tat schreiten kann man aber erst, nachdem der König am 17. November 1730 seinem alten Freund Bevern geschrieben hatte: »Sie werden nicht ungern hören, daß ich den Anfang gemacht habe, meinem ältesten Sohn zu verzeihen.« Vier Tage später nennt er ihn zum ersten Male wieder »den Kronprinzen«.

Von nun an können die vereinten adeligen Eheberater davon ausgehen, daß sie beim König auf entscheidungsbereite Ohren treffen, wenn von Heirat die Rede ist. So wird Mitte 1731 Elisabeth von Bevern ins Gespräch gebracht. Zumindest am 30. August weiß auch schon Friedrich davon, daß man etwas mit ihm in Richtung Bevern vorhat. Zuvor war es in Küstrin am Geburtstag des Königs zum Dramolett der Versöhnung gekommen. Der Sohn hatte sich seinem Vater zu Füßen geworfen und um Verzeihung gebeten. Neue Instruktoren erleichtern ihm danach sein Küstriner Alltagsleben. Auf Wunsch Wilhelmines wird er – in die Küstriner hechtgraue Geheimratsuniform gekleidet – wenigstens zum zweiten Tag ihrer Vermählung in Berlin mit dem Erbprinzen von Bayreuth eingeladen. Und noch im Rahmen dieser Feierlichkeit eröffnet Friedrich Wilhelm seinem Freund Bevern, daß er gedenke, seinen ältesten Sohn bei geeigneter Gelegenheit mit dessen Tochter Elisabeth zu verheiraten. Damit sind die Würfel gefallen.

Es hatte dieses Ereignisses bedurft, um die ersten Schatten, die über dem Haus Hohenzollern lagen, wegzuschieben. So fallen des Vaters Geburtstag, die Versöhnung und die Einverständniserklärung des Sohnes, daß über ihn in Heiratsfragen verfügt wird, auf einen Tag zusammen. Friedrich hat eingesehen, daß es keinen anderen Weg gibt, der »Galeere Küstrin« zu entkommen. Das hindert ihn allerdings nicht daran, glühende Gedichte an die schöne 23jährige Mutter von fünf Kindern, Eleonore von Wreech, auf Gut Tamsel in der Umgebung von Küstrin zu schreiben. Sie, die ihn auf Distanz hält, liebt er wirklich, während ihm von Grumbkow, der das Heiratsprojekt betreibt, eingeflüstert wird, die Auserwählte sei »häßlich und dumm«, ein Vorurteil, das Elisabeth von nun an am hohenzollerschen Hof anheften wird.

Unvereinbare Partner

Wenn sie vor ihrer Mutter erscheint, öffnet sie
nicht den Mund und errötet jedesmal, wenn man
mit ihr spricht. Das kommt daher, dass sie sehr
streng gehalten worden ist und keinerlei Freiheiten geniesst, nicht einmal die, Damen in ihrem Zimmer zu empfangen ... Ich, die ich die Ehre hatte, auf
den Redouten mit ihr zu sprechen, wo sie allein war
und ungestört, kann Ihnen versichern, dass es ihr
weder an Geist noch an Urteilsvermögen fehlt und
dass sie ganz vernünftig räsonniert, dass sie mitlei-
dig ist und ein sehr gutes Naturell zu haben scheint.

> Jette von Grumbkow an ihren Vater 1730

Friedrich ist ein Mann, der schon in seiner Jugend den Fortschritt des Jahrhunderts, fokussiert im Begriff der Aufklärung, in der ihm eigenen Ausprägung fassen möchte. Elisabeth
mag man dagegen als das Produkt einer noch patriarchalischen
Weltordnung begreifen. Der permanenten Getriebenheit des
Kronprinzen, seinen nicht enden wollenden Versuchen, das
Schicksal doch noch selbst in die Hand nehmen zu können,
steht zu diesem Zeitpunkt die völlige Ahnungslosigkeit der
Prinzessin gegenüber, die ihr Schicksal – immerhin ist sie erst
16 Jahre alt – als gottgegeben begreift. Sie ist, kurz bevor sie von
den Plänen erfährt, die beide Höfe für sie ausgeheckt haben, mit
ihrer Mutter zu ihrer ersten und einzigen »Bildungsreise« nach
Hamburg aufgebrochen. Danach werden beide Eheaspiranten
erst einmal krank: Friedrich liegt leber- und magenkrank in Kü-

strin; sie kommt von der Hamburger Reise durch die Blattern entstellt zurück.

Am 4. Februar 1732 geht ein Brief des Königs ab, in dem er seinen Sohn mit der harten Realität der Brautwahl auch formal bekanntmacht. Er beginnt mit dem Satz: »Ihr wißt, mein lieber Sohn, daß ich meine Kinder, wenn sie gehorsam sind, sehr lieb habe.« Und er fährt fort, daß er die in Frage kommenden Prinzessinen allesamt habe Revue passieren lassen. Seine Wahl sei auf die älteste Prinzessin von Bevern gefallen, »die wohl aufgezogen, modest und eingezogen ist: so müssen Frauen sein. Ihr sollt mir cito Euer Sentiment schreiben … Die Prinzessin ist nit häßlich, auch nicht schön. Wenn Ihr einen Sohn haben werdet, will ich Euch reisen lassen.« Das ist Zuckerbrot und Peitsche für den Sohn, dessen Vorlieben er zu kennen glaubt. Da vor dem Ende des nächsten Jahres keine Hochzeit stattfinden könne, werde er den beiden Brautleuten »Gelegenheit schaffen, daß Ihr Euch etliche Male in aller honneur seht, damit Ihr sie noch kennenlernt«. Was er von der Braut schreibt, ist kein Porträt aus erster Hand, sondern setzt die Beurteilung Grumbkows fort, der sie wiederum seiner spitzzüngigen Tochter Jette verdankt, die er zum Zwecke der »Examination« nach Wolfenbüttel geschickt hatte.

Friedrich bleibt dabei: Er will den Frieden mit dem Vater bewahren. So schreibt er trotz der »verfluchten Prinzessin von Bevern« am nächsten Tag an Grumbkow, daß er einverstanden sei, aber »dieses häßliche Geschöpf« sehen wolle, damit er selber urteilen könne, »ob sie mir zusagt oder nicht«. Das Cliché über sie ist geboren. Bemerkenswert ist jedenfalls, daß zu Beginn des Jahres 1732 schon alle Details besprochen sind, ohne daß die Beteiligten in Kenntnis gesetzt wurden. So trifft aus Berlin ein Brief von Friedrichs Schwester Philippine Charlotte, Braut von Elisabeths Bruder Karl, mit einer Einladung für die Herzogin Antoinette und ihre Tochter Elisabeth ein. Nach der eher privaten

Hamburg-Reise ist dies für Elisabeth die erste Fahrt in die »große weite Welt« – und nun gleich nach Berlin! Entsprechend aufgeregt ist sie. Über den Anlaß dieser Reise scheint sie sich keine präzisen Gedanken gemacht zu haben. Als beruhigend aber hat sie es jedenfalls empfunden, daß ihr älterer Bruder Karl, schon seit Juli 1732 verlobt, sich mit besagter Prinzessin Charlotte an ihrer Seite befindet.

In Berlin angekommen, ist Friedrich Wilhelm, der die von ihm Erwählte bisher noch nicht gesehen hatte, von seiner Fernwahl begeistert. Elisabeth dankt es ihm durch ihr zwar zurückhaltendes, aber ungekünsteltes Wesen. Und selbst Grumbkow, der bisher mit dem Prinzen unisono über Elisabeths physische Erscheinung hergefallen war, schreibt nun, »je öfter man sie sieht, desto vertrauter wird sie einem, um so hübscher findet man sie«.

Der Kronprinz allerdings ist in der Zeit zwischen Verlobung und Heirat noch immer nicht zu beruhigen. Das Dramatische ist ihm damals ein willkommenes Mittel seiner Selbstdarstellung. Zudem auch, das muß gesagt werden, ist es nicht einmal die Person, die er verabscheut, sondern der Verlust der ersehnten Freiheit, die er zu verlieren glaubt, bevor er sie überhaupt wiedergewonnen hat, der ihn zu seinen brieflichen Ergüssen treibt: »Möge der König«, schreibt er im Februar 1733, »wenigstens bedenken, daß nicht er sich verheiratet, sondern ich. Ihm selbst muß daraus der größte Kummer entstehen, wenn er zwei Menschen vereint, die sich hassen und in der unglücklichsten Ehe der Welt leben.« Er ist nun einmal, gegen jeden Augenschein, entschlossen, Elisabeth abscheulich zu finden. Was er damit bewirken will, ist, sein Opfer noch größer erscheinen zu lassen, als es tatsächlich ist. In der Intimität des Privatbriefes klingt alles etwas anders. Seiner Schwester in Bayreuth teilt er jedenfalls mit: »Was die Prinzessin angeht, hasse ich sie nicht derart, wie ich vorgebe. Ich gebe vor, daß ich sie nicht ausstehen könne, um dadurch meinem Gehorsam gegenüber dem König

das richtige Gewicht zu geben.« Und Seckendorff berichtet er
von einem etwas abgewogeneren Urteil: »Ich habe keinerlei
Aversion gegen die Prinzessin. Sie ist ein gutes Herz und ich will
ihr nichts Böses. Aber ich werde diese niemals lieben können.«

Allein das Auftreten Elisabeths brachte die Frauengesellschaft
um die Königin in Aufruhr und nahm diese gegen sie ein. Diese
gegen den König verschworene Gemeinschaft befürchtete, hier
würde ein fremdes Element eindringen, das nicht nur die familiäre Eintracht, sondern auch die Sonderstellung der Schwestern
gegenüber ihrem geliebten und bewunderten Bruder gefährden
könnte. Der Zusammenhalt zwischen den Geschwistern war
nach dem Tode Kattes und der Entfernung Friedrichs aus Berlin
noch mehr gewachsen. Nun deutete sich ein Element des Um-
schwungs an. Die Verlobung des Kronprinzen katapultierte die
Frauengesellschaft um die Königin aus dem Mittelpunkt seiner
Aufmerksamkeit. So jedenfalls muß man schließen, wenn man
die Reaktionen seiner Schwestern beobachtet: Sie wollten jetzt
und auch später dem Eindringling erst gar nicht die Möglichkeit
zur Entfaltung bieten. Mag man über die Verläßlichkeit der Memoiren seiner Schwester Wilhelmine zu Recht geteilter Meinung
sein – was die Schilderung des geballten Hasses angeht, der
Elisabeth von der weiblichen Seite der königlichen Familie ent-
gegenschlug, zeichnet sie die Ursprünge ihres Unglücks exakt
nach. Elisabeth bekam bei so viel Voreingenommenheit gar
keine Chance, sich positiv darzustellen. Noch bevor sie sich
wirklich bekanntmachen konnte, war das Urteil über sie gefällt.
Sie wird als störender Eindringling betrachtet, der sich einzig
und allein durch den Willen des Königs in die Familie und in die
Nähe des geliebten Bruders eingeschlichen hat. Die Zitate aus
den Erinnerungen Wilhelmines sprechen eine deutliche Sprache: »Die Königin lenkte bei Tische das Gespräch auf die künftige Kronprinzessin. ›Ihr Bruder‹ sagte sie zu mir, indem sie
mich ansah, ›ist trostlos über dieses Verlöbnis und nicht zu Un-

recht, denn sie ist strohdumm. Sie ist eine wahre Gans und weiß auf alles nur ›Nein‹ und ›Ja‹ zu antworten und dabei so albern zu lachen, daß einem übel wird.‹ ›Oh!‹, sagte meine Schwester Charlotte, ›Ew. Majestät kennen alle ihre Vorzüge noch nicht. Ich wohnte eines Morgens ihrer Toilette bei, und mir verging der Atem, denn sie roch ganz erbärmlich; sie muß zum mindesten zehn oder zwölf Fisteln haben, anders läßt es sich nicht erklären. Ich bemerkte auch, daß sie schief gewachsen ist; ihr Rock ist an einer Seite auswattiert, und eine Hüfte sitzt höher als die andere.‹ Ich war sehr erstaunt über diese Reden, die in Gegenwart der Dienerschaft und noch dazu vor meinem Bruder geführt wurden. Ich sah, daß er errötete und daß ihn die Worte sehr empfindlich trafen.«

Wenige Zeit später sucht Friedrich seine Schwester auf und berichtet ihr, daß die Königin untröstlich darüber sei, daß ihre englischen Pläne sich in Luft aufgelöst hätten. »Ihr Kummer macht sich dadurch Luft, daß sie die arme Prinzessin mit ihrem Haß verfolgt.« Und dann entwirft er vor Wilhelmine ein ganz anderes Bild von der für ihn Auserwählten als seine Mutter und seine Schwestern: »Sie ist hübsch, hat einen blühenden Teint und feine Züge, so daß ihr Gesicht schön zu nennen ist. Es fehlt ihr die Erziehung und sie kleidet sich sehr schlecht. Aber ich hoffe, daß Sie auf sie einwirken werden, wenn sie herkommt. Ich lege sie Ihnen ans Herz, teure Schwester, und ich hoffe, Sie werden sie unter Ihren Schutz nehmen.« Was zwar versprochen wurde, aber nicht geschah …

Von alldem bleibt Elisabeth unberührt. »Diese Prinzessin«, so Grumbkow, »weiß kein Wort von ihrem Geschick, und sie wird, glaube ich, so unbekümmert weggehen, wie sie gekommen ist.« Das »Corpus delicti« ist tatsächlich ohne Arg. Mit großen Augen beobachtet sie, was um sie herum vorgeht, ohne zu bemerken, wie scharf und zumeist auch mißgünstig die Blicke sind, die sich auf sie richten. Am 10. Februar 1732 sehen sich die Versprochenen schließlich im Zimmer des Königs. Die bis dahin Unbekannte ist nunmehr kein Gespenst mehr, dem man mit Gerüchten beikommen kann. Der Kronprinz ist einigermaßen zufrieden, wenn ihm Elisabeth auch zu still und unselbständig vorkommt. Schließlich haben die Küstriner Mädchen und die Berliner wie Dresdner Damen bis dahin sein Urteil geprägt. Vor allem aber, das sollte man bei seiner Eitelkeit nicht unterschätzen: Elisabeth ist ihm zu groß! Schließlich mißt er nur 1,63 m. Sie überragt ihn also und kränkt schon dadurch sein ausgeprägtes Selbstbewußtsein. Zugleich aber gibt er sich nach der Vorstellung als die verfeinerte Ausgabe seines bäurisch-pädagogischen Vaters zu erkennen. Wenn sie ihm auch zu still scheint, so meint er doch, das durch eine lebhafte Hofmeisterin und die Übung in höfischer Konversation beheben zu können. Seckendorff fügt hinzu, zwar sei auch ihre Garderobe der Wolfenbütteler, nicht der Berliner Fasson entsprechend. Doch sei das durch einen entsprechenden Schneider schnell zu ändern.

Was Elisabeths geistige Reife anbetrifft, meint der noch nicht zwanzigjährige Kronprinz, zu dessen Stärke die Geduld nicht gehört, noch am Abend des Kennenlernens abschließend urteilen zu dürfen. Nach einigen Gesprächsversuchen an der abendlichen Tafel findet er sie dumm, stumm und albern. Daß sie – die die Fremde bisher nicht gekannt hatte – von der Prachtentfaltung am königlichen Hof verschreckt sein könnte, auf diesen naheliegenden Gedanken kommt er nicht. Er gibt sich überhaupt wenig Mühe, Verständnis aufzubringen. Denn er hat genug mit sich selbst zu tun. Seine Bereitschaft, dem Willen des Vaters Folge zu leisten, läßt aber deswegen nicht nach. So werden die Beverns am 10. März in das Gemach des erkälteten Königs gerufen, um die Sache »fest« zu machen. Zuerst aber muß man diesem noch seinen Plan ausreden, daß Elisabeth von seiner Tochter Charlotte von dem Beschluß hören solle, der über sie gefällt worden ist. Erst die mit Standhaftigkeit vorgetragene

Ansicht des Herzogs von Bevern, seine Tochter habe das Recht, eine Entscheidung von einer Tragweite, wie sie ihre eigene Hochzeit nun einmal darstelle, von den Eltern selbst zu erfahren, stimmt ihn schließlich um. Man holt Elisabeth in des Königs Zimmer, wo sie erwartungsgemäß erklärt, daß sie mit allem einverstanden sein werde, was der König und die Eltern mit ihr vorhätten. Und des Königs inquisitorische Frage, ob ihr denn »Fritz« auch als Person gefalle, quittiert sie errötend mit einem »Ja«.

Damit sind die Vorbereitungen zu einem Hochzeitsprojekt beendet, dessen menschliche, dynastische und politische Voraussetzungen – es sei wiederholt – nicht unglücklicher und skurriler hätten sein können. Barocke Hochzeiten des Hochadels sind immer Staatsaktionen. Aber selten ballen sich die Konfliktanlässe so wie hier: Man hat einen Bräutigam mit einer Kontrahaltung zu seinem Vater, wie sie nicht schärfer vorstellbar ist; hat zwei Herrscherhäuser, wie sie in ihren personellen Repräsentanten und ihren politischen Ambitionen nicht unterschiedlicher sein können, und man steht absehbar vor Umbrüchen in der europäischen Politik. Ihnen hat sich eine Braut zu stellen, die alle Voraussetzungen für einen »normalen« Lebenslauf in sich vereint: aufgewachsen in Harmonie und Familienfrieden, von hübscher Figur und einer Schüchternheit, die sich nur dann beheben ließe, wenn man sich mit ihr befaßte, in Erwartung eines ruhigen Ehe- und Hoflebens, dem Wunsch nach Kindern und schon jetzt voll ehrlicher Bewunderung für den Mann, der ihr von Kräften zugeführt wurde, die sie als gerecht und weise empfindet. Wer weinen wollte, hätte weinen können.

EINE VERLOBUNG MALGRÉ TOUT

DIE JUNGE GEMAHLIN BESASS ZWAR WENIG ARTIKULIERTEN
GEIST, ABER EIN REDLICHES ARGLOSES HERZ UND BE-
TRÄCHTLICHEN UNARTIKULIERTEN MENSCHENVERSTAND,
UNTERLIESS AUCH NICHT, TAKT, GERADE HALTUNG, HIN-
LÄNGLICHE REDE ZU ERLERNEN UND VERMIED ... DAS
SCHMOLLEN, EINE VIEL GEFÄHRLICHERE KLIPPE FÜR SIE.

> THOMAS CARLYLE

Daß die Einfädelung der Verlobung vor allem ein Vorgang ist, der einerseits dem Veranlasser Friedrich Wilhelm aus außen- wie aus staatspolitischem Interesse angezeigt erscheint, seinem Sohn zugleich den Schritt in die Normalität kronprinzlichen Daseins ermöglicht, machen die Monate vor der Verlobung mehr als deutlich. Friedrich hat innerhalb von zwei Jahren, von seiner mißglückten Flucht im August und der Enthauptung Kattes im November 1730 bis zur Verlobung anderthalb Jahre später, von der real empfundenen Angst vor dem Schafott bis zur Wiederaufnahme in die väterliche Gunst, alle Höhen und Tiefen durchgemacht, die ein Mensch und nun gar der künftige Herrscher eines nicht unwichtigen Staates durchlaufen konnte.

Schon lange vor seiner Verlobung am 10. März 1732 war er in den mausgrauen Rock der Verwaltung von Küstrin gesteckt worden, bevor er als Ausdruck väterlicher Gnade wieder den bunten Rock des Obersten eines Infanterieregiments des preußischen Militärs tragen darf. Am 4. April schließlich reist er – nun voll rehabilitiert – zu seinem Regiment nach Ruppin ab. Was er sodann zwischen dem Verlobungstag und dem 12. Juni

1733, seinem Hochzeitstag, aufführt, kann man nicht anders als die hohe Kunst gelebter Komödie und inszenierten Als-Ob bezeichnen. Sein Lebenswandel unter Gleichaltrigen und Gleichgesinnten muß damals von zynischer Verzweiflung gefärbt gewesen sein. Er wirft seine Apanage mit vollen Händen für Vergnügungen aus dem Fenster, die nicht seinem Niveau entsprechen. Frauen sollen es gewesen sein, die ihn soviel kosteten, aber auch die zerbrochenen Scheiben nach nächtlichen Gelagen. Und das in einer Situation, in der er den zwar leidlich versöhnten, aber noch immer mißtrauischen Vater um Geld nicht angehen kann. So wendet er sich wieder an Seckendorff, der im Auftrag des Wiener Hofes noch immer um Friedrichs Schicksal und seine Stellung bemüht ist, und bittet ihn um die finanzielle Unterstützung des kaiserlichen Hofes, die ihm gewährt wird. Wenn es auch die Wünsche seines Vaters sind, die seinen Lebenslauf definieren, so ist es insbesondere das »teuflische Trio«, dem er sich nicht entziehen kann: die schon genannten Seckendorff, Grumbkow und dazu Prinz Eugen von Savoyen in Wien. Dieses Trio, schreibt der französische Biograph Lavisse, sei von einer »laideur vilaine«, »einer schurkenhaften Häßlichkeit«, gewesen. Das ist richtig, aber die Schurkenhaftigkeit, die sich der Korruption als bevorzugtes Handlungsmittel bedient, ist nichts anderes als gängige Ausdrucksform der damaligen, von Nationalstolz noch unberührten Diplomatie. So agierte man eben als Vertreter kaiserlicher Interessen am preußischen Hof gegen die Partei der Königin und ihres Sohnes.

Nun aber müssen sie gemeinsam alles daransetzen, daß Friedrich die Diskrepanz zwischen dem, was er will, und dem, was für ihn zu erreichen ist, aushalten kann. Niemals zuvor und auch nicht danach hat er sich wie im Jahr vor seiner Verlobung so widerborstig und zum Teil auch widerlich zur Person seiner künftigen Braut geäußert. Während er in den Briefen an den Vater seine bedingungslose Unterwerfung artikuliert, bricht sich sein

Zynismus, insbesondere in dem Brief an Grumbkow, ungehemmt Bahn. Von seiner »Dulcinea«, dem »Gezücht«, spricht er da, von seiner »Stummen«. »Man will mich mit Stockschlägen verliebt machen, aber unglücklicherweise habe ich keine Eselshaut.« Wie er andererseits mit den Gefühlen derjenigen jongliert, die zu heiraten er sich anschickt, zeigt sich, wenn er an den Vater schreibt: »Ich habe nun einmal mein Wort an meine liebe Prinzessin gegeben; ich lasse nicht von ihr bis in den Tod; es wird schon gut werden.« Jedes Wort von ihm ist taktisch gefärbt. Das ergibt sich nicht nur aus dem schon zitierten Brief an seine Schwester Wilhelmine. Aus ihm geht, nochmals sei es gesagt, hervor, daß Elisabeth nicht die häßliche Pute ist, als die man sie ihm vorgestellt hat. »Sie ist hübsch, ein Teint wie Lilien und Rosen, feine Züge, ganz und gar das Gesicht einer schönen Frau. Sie [Wilhelmine] werden die Güte haben, sie in die Hand zu nehmen. Ich empfehle sie Ihnen und bitte für sie um Ihren Schutz.« Die letzte Abrundung der Motive, warum Friedrich bereit ist, sich endgültig nicht mehr gegen den Willen seines Vaters zu stemmen, findet sich schließlich in einem Brief an seinen alten Freund/Feind Grumbkow vom Herbst 1732. In ihm definiert er seine Heirat als die letzte Phase der Emanzipation von seinem Vater: »Die Ehe macht großjährig und sobald ich das bin, werde ich Herr im Hause sein und meine Frau hat nichts zu befehlen ... Ich werde mein Wort halten. Ich werde heiraten. Aber sobald es geschehen ist, dann heißt es: ›Bonjour, Madame, et bon chemin.‹« Sicher ist vieles der Großspurigkeit eines 20jährigen zuzuschreiben. Aber das, was an Zukunftswillen dahinter steht, hat er sofort nach dem Tod seines Vaters verwirklicht.

Seit der Verlobung ist man am Hof in Wolfenbüttel unter der Anleitung Seckendorffs und Grumbkows beschäftigt, Elisabeth auf die Bedürfnisse Friedrichs und des Berliner Hofes zuzurichten. Nicht nur Haltung und Verhalten sollen verbessert werden.

Abb. 12
Kron-
prinzessin
Elisabeth
Christine,
1738.

Es ist auch der Hofstaat, den sie mit nach Berlin nehmen soll,
zu komplettieren. Schließlich war Elisabeth als eine Prinzessin
von Bevern nach Berlin aufgebrochen und ist als die künftige
Frau des preußischen Kronprinzen nach Wolfenbüttel zurück-
gekommen. Sie weiß jetzt, was die neue Familie in Berlin von
ihr erwartet. Schon auf ihrer Rückreise aus dem Preußischen
ins Braunschweigische hatte sie dem König ihren ersten Brief
geschrieben. In ihm drückt sie ihre Dankbarkeit dafür aus, im
Haus Hohenzollern aufgenommen zu werden. Friedrich Wilhelm seinerseits zeigt sich in seinem Verhalten ihr gegenüber
von äußerster Freundlichkeit und Zuvorkommenheit. Er sieht
das unkomplizierte Geschöpf gerne an der Seite seines kompli-

zierten Sohnes. Von ihrer fröhlichen Ausstrahlung erwartet er sich möglicherweise Wunder, die jedoch nicht eintreten. Und so antwortet er ihr sogleich: »Ich bin überzeugt, daß mein Sohn würdig ist, Ihr Herz mit dem seinen zu teilen, denn ich kann Ihnen mitteilen, daß ich mit seinem Benehmen hier in jeder Hinsicht zufrieden bin.«

Es ist nicht viel von dem bekannt geworden, was Elisabeth in den wenigen Monaten zwischen Verlobung und Hochzeit treibt; schließlich hatte sie allerhand zu tun mit dem »Training« für Berlin. Wohl aber weiß man, was Seckendorff und Grumbkow für die kaiserlichen Pläne taten, die immer wieder wechselten, was die braunschweigischen und preußischen Notariate ausarbeiteten, wie an den Eheverträgen gefeilt wurde und welche Sorgen sich der Herzog von Bevern zu machen hatte, der noch nicht weiß, wie er die Kosten für eine standesgemäße Hochzeit aufbringen soll. (Schließlich war bald danach auch der Erbprinz Karl mit der preußischen Prinzessin Charlotte zu verheiraten.) Von Elisabeth ist nirgendwo die Rede; nirgendwo wird – außer beim Ehevertrag – eine Unterschrift von ihr benötigt, obwohl es sich um die Verbindung mit einem Hause handelt, durch das Preußen mit Österreich und Rußland in verwandtschaftliche Beziehungen tritt. Eines allerdings steht fest: Sie hat seit dem ersten Treffen in Berlin eine tiefe und ernste Neigung zu Friedrich gefaßt, die bis zu ihrem Tode nicht erlischt. Die für ihre Verbindung notwendigen rechtlichen Schritte sind außerhalb ihrer Kompetenz – also interessieren sie auch nicht.

Seckendorff und Grumbkow hingegen sind inzwischen heftig bemüht, das »Corpus Delicti«, wie sich Grumbkow auszudrükken beliebt, in die richtige Form zu bringen, damit auch die letzten Beanstandungen, die von Friedrich und seiner Familie in Berlin geäußert werden, ausgeräumt werden. Die wohl mit Recht vielgerühmte Elisabeth von Katsch, Witwe eines braunschweigischen Ministers, wird zur Oberhofmeisterin der künftigen Kronprinzessin ernannt und soll ihr den Schliff geben, den man bisher zu vermissen glaubt. Auch soll sie ihr »einen etwas lustigen humeur« vermitteln. Sie ist eine gute Wahl und wird zur mütterlichen Freundin ihrer jungen Schutzbefohlenen. Der kaiserliche Hof macht zu diesem Zeitpunkt keine Schwierigkeiten. Noch ist eine neue »englische Option« nicht in Sicht. Dagegen wird der in Aussicht genommene Hofmeister ein Stein des Anstoßes, weil er hannoverscher Abstammung ist und englische Verwandte hat. Ein Tanzmeister, von den Berlinern engagiert, weil die Braut angeblich »wie eine Gans tanzt«, erscheint zwar in Wolfenbüttel, entwickelt sich aber dort nicht zu einem gern gesehenen Gast. Alles in allem hat es den Anschein, als werde Elisabeth nach einem Ideal geformt, das die fernen Lehrherren für sie wünschen.

Die Verhandlungen über den Ehevertrag, dessen Feinheiten nach zwei Jahrhunderten im Detail nicht mehr interessieren, gehen währenddessen ohne wesentliche Reibungen vonstatten. Zwanzig Personen soll Elisabeths Hofstaat umfassen. 25 000 Taler beträgt die Mitgift der Braut; der königliche Hof trägt nichts dazu bei, wohl aber zu einem monatlichen »täglichen Handpfennig«, mit dem die Braut ihre alltäglichen Ausgaben zu bestreiten hat. Das Hochzeitscollier von 238 Perlen ist schon ausgesucht und soll am Hochzeitstag von den Blankenburger Großeltern überreicht werden. Friedrich ist in seiner Korrespondenz mit der Braut noch immer nicht eifriger geworden. Er wisse nicht, was er einer Braut schreiben solle, beklagt er sich bei Grumbkow. Seinen Vater vertröstet er damit, daß die Post zwischen Ruppin und Wolfenbüttel so langsam laufe.

Am 4. Juni 1733 ist es trotz aller Quertreibereien von seiten des Bräutigams soweit: Der König unterschreibt den Ehepakt für seinen Sohn. In ihm, der »nach vollbrachtem ehelichen Beilager« in Kraft treten soll, wird unter anderem festgelegt:

»Ihrer Liebden Hofstaat solle bestehen aus:
Einer Hofmeisterin
2 adeligen Fräulein
1 Hofmeister
1 Kammerjunker
1 Secretario
2 Pagen
1 Kammerdiener
3 Lakayen vor die Kronprincessin
2 Kammer-Fräulein
1 Nähterin
1 Wäscherin
1 Lakay und
1 Magd vor die Hofmeisterin
1 Lakay und
1 Magd vor die Kammer-Fräulein.«

Erst von diesem Augenblick an ist die Hochzeit definitiv aus-
gemacht. Doch gerade da beginnt die große Politik noch einmal
zu spielen. Bis zum März 1733 war die kaiserliche und preußische Politik gemeinsam gegen England gerichtet. Doch nun
hatte sich die kaiserliche Politik gedreht, und es bestand ein Bei-
standspakt zwischen Wien und London, so daß man von nun an
einer Verbindung Preußens mit England deshalb den Vorrang
gegeben hätte, weil man sich gemeinsam gegen Frankreich richten wollte. Unverständlicherweise will Wien dem Preußenkönig
nun eine geradezu halsbrecherische Volte zumuten. Anscheinend glaubte man dort, es gehe Friedrich Wilhelm nach allem,
was vorgefallen war, vor allem darum, seinen Sohn ohne Auf-
sehen wieder in die Hauspolitik einbinden zu können, ohne viel
auf die Herkunft der Braut zu achten. Friedrich soll deshalb auf
die Hochzeit mit Elisabeth verzichten und dafür die einstmals
verehrte Amelia von Wales heiraten. Seckendorff muß auch in
diesem Fall widerwillig als kaiserlicher Nachrichtenübermittler

herhalten. Niemals, so schreibt er später, habe er den König so wütend gesehen, wie bei dieser Gelegenheit. Er habe ihn angeschrien: »Wenn ich ihn nicht so wohl kennte und wüßte, daß Er ein ehrlicher Mann ist, so glaubte ich, er träumte.« Durch keinen Vorteil der Welt werde er seiner Ehre einen solchen Schandfleck hinzufügen. Es war der Tag vor der feierlichen Vermählung.

So blieben die österreichischen wie englischen Versuche, durch geschickte Hauspolitik dem Allianzgefüge Europas ein neues Gesicht zu geben, nicht einmal am Hochzeitstag aus. Aber welch altmodischer Gedanke: dem Vormarsch Frankreichs durch eine neue Braut des preußischen Kronprinzen Einhalt zu gebieten! Die Isolation Englands sollte durch eine Verbindung mit der aufstrebenden Großmacht Preußen gemildert werden. Noch glaubte Wien in Überschätzung seiner Möglichkeiten, mit dem Emporkömmling Preußen spielen zu können. Noch einmal bekommt die Ehe Elisabeths von Bevern mit Friedrich, in erster Linie erdacht, um den tief beunruhigten Friedrich Wilhelm zu beruhigen, ein über die Verbindung hinausgehendes hochpolitisches Gewicht. Die Braut allerdings bemerkt nichts davon. Sie leidet wenig später nicht unter den politischen, sondern unter den menschlichen Bedingungen ihrer Heirat.

Auch der Parteigänger Elisabeths, der geneigt ist, sie und ihr Schicksal umwegslos als ein Produkt der Umstände und vor allem ihres stärkeren Mannes zu interpretieren, muß gestehen, daß dieser seine Umgebung gerade zwischen 1731 und 1733 – also in der Zeit, in der von den vielen, teilweise grotesken Heirats-»Variationen« nur die bevernische Prinzessin übrigblieb – nicht darüber im unklaren gelassen hat, was er zu tun gedenke, wenn er erst einmal ein Subjekt seines freien Willens sei. Er hat diese Grundgedanken nicht nur einmal wiederholt. Aber niemand nimmt damals ernst, was er sagt, weil er aus einer Situation tiefster Erniedrigung, Erbitterung und Ohnmacht heraus formuliert.

Dennoch: Er hat seinerzeit schon genau das Bild der ehelichen Zukunft vor Augen, wenn er – erstens – bei der Bevern-Prinzessin bleibt und wenn er – zweitens – seine Zukunft definitiv erst für den Fall plant, daß sein Vater tot sei. Für ihn geht es darum – und deshalb sondern wir diesen Punkt einmal ausdrücklich aus dem chronologischen Zusammenhang aus – seine Selbstbestimmung wiederzugewinnen. In diesem Prozeß hat Elisabeth nur für den Anfang eine Bedeutung. Sehr bald schon wird sie für ihn zu einer quantité négligeable. Es lohnte sich für ihn nicht, sich mit ihr über den Tod des Vaters hinaus zu beschäftigen. Deshalb geht es im Grunde gar nicht darum, wie schön oder weniger schön die ihm anzuverlobende Prinzessin ist – was er immer im Sinn behält, ist die Frage: Unter welchen Bedingungen unterwerfe ich mich einer Bindung, die mich nicht bindet. Auch wenn er in den zwei Jahren zwischen Verlöbnis und Verheiratung immer wieder beteuert, er werde den Willen seines Herrn Vaters nicht in Frage stellen – diese reservatio mentalis hat er in den Briefen mit Grumbkow und auch anderen nie aufgegeben.

Um zu dieser inneren Abgeklärtheit zu gelangen, bedarf es einiger weiterer Monate. Noch im Februar 1731 drohte er jedenfalls mit Selbstmord und mit der Warnung, er werde »sie [Elisabeth] niemals nehmen, mag kommen, was will«. Die eigentlich bildhaften Passagen seiner Zukunftsdeutung aber komponiert er erst – und das ist das Erstaunliche an ihnen – nach der Verlobung am 10. März 1732. Da entwickelt er aus der Einsicht, daß die folgende Hochzeit der Preis seiner Freiheit sei, nun schon Visionen, die fatal an das erinnern, was er nach seiner Thronbesteigung 1740 in Szene setzt: »Die Ehe macht majorenn und sobald ich das bin, bin ich auch Herr in meinem Hause und meine Frau hat nichts auszurichten. Bloß keine Frauen in der Regierung, um nichts in der Welt …« Das ist am 4. September 1732. Zwar heißt es wenig später: »Was meine Hochzeit angeht, so wird sie zustande kommen, wenn mein Vater lebt; wenn nicht, so werde ich mein Wort zwar langsam erfüllen, aber erfüllen werde ich es stets.« Doch schon im März 1733 – der Vater ist krank – klingt sein Ton um einiges kälter. »Ich bemühe mich nun, mein Projekt auszuführen: Zu erreichen, daß ich nach meiner Heirat meine Selbstbestimmung behalte und die Erlaubnis erhalte, die ›sposa‹ gelegentlich zu besuchen, wenn auch nicht allzu häufig.« Von den Kindern, die zumindest für den König der eigentliche Sinn dieser Ehe sind, ist nicht einmal andeutungsweise die Rede. Mit seiner Frau aufzutreten, das hat Friedrich bis zu seinem Tod im Jahre 1786 getan, und er hat sie vor den gröbsten Unbilden des Hofes geschützt, nicht mehr und nicht weniger. Man kann aber zumindest von dem jungen Friedrich nicht sagen, er habe seine Umgebung im unklaren darüber gelassen, was er vorhabe. Nur hat ihm anscheinend niemand geglaubt, daß er so konsequent sein würde …

DIE HOCHZEIT: FEIN ABER KLEIN

ICH KANN NICHT ANDERS ALS GLÜCKLICH ZU SEIN … UND
WENN ES SO BLEIBT ALS WIE DER ANFANG IST, SO WERDE ICH
ALLEZEIT VERGNÜGT SEIN. DER KÖNIG, DIE KÖNIGIN UND
DIE GANZE KÖNIGLICHE FAMILIE ERWEISEN MIR SO VIELE …
LIEBE UND FREUNDSCHAFT …

> BRIEF VON ELISABETH CHRISTINE, JUNI 1733

Was bis zum heutigen Tage nicht durch Quellen geklärt werden kann, ist die Frage, ob sich irgend jemand die Mühe gemacht hat, Elisabeth mit der Vergangenheit Friedrichs bekanntzumachen. Ob sie im Detail weiß, was hinter Friedrich liegt, auf welch ein Abenteuer sie sich einzulassen hat? Von ihrer

Mutter, die sie sonst so energisch beschützt hat, sollte man es annehmen, aber Zeugnisse darüber gibt es nicht. Wenigstens in einem Punkt hat sich Friedrich durchgesetzt. Er will – wie das in Gesprächen in seiner Umgebung angeklungen war – keine Hochzeit im geheimen, will sie nicht als eine Formsache, sondern als einen Staatsakt behandelt wissen. In diesem Sinne war die Angelegenheit verhandelt worden. Und so hatte man auch entschieden. Also findet die Hochzeit in dem pompösesten Gebäude, das der braunschweigisch-wolfenbüttelsche Hof zu bieten hatte, statt: im Lustschloß zu Salzdahlum, drei Kilometer nördlich von Wolfenbüttel gelegen, dem Lieblingsprojekt des Großvaters Anton Ulrich, erbaut nach dem Vorbild von Versailles. Was dann bei der Feier allerdings fehlt, sind die großen Fürsten der Zeit. Braunschweig und Preußen bleiben mehr oder weniger unter sich.

Noch immer wird das Hochzeitsprojekt, das Friedrich Wilhelm mit der Hilfe Seckendorffs und Grumbkows und der zähneknirschenden Duldung Friedrichs ausgearbeitet hat, nicht als Selbstverständlichkeit betrachtet. Schon beginnen die Gäste am 10. Juni zur Hochzeitsfeier im Schloß Salzdahlum einzutreffen. Am 9. Juni werden die Preußen, an ihrer Spitze der König und die Königin mit ihrem Sohn – 13 Personen von Rang und 62 Bedienstete zählen sie –, an der braunschweigischen Landesgrenze abgeholt. Der 11. Juni ist zum Ruhetag bestimmt worden, denn das Reisen auf den holprigen Straßen ist eine Tortur. An diesem Tag empfängt Seckendorff durch einen Sondergesandten einen Brief aus Wien. Er enthält den kaiserlichen Auftrag, die Hochzeit des nächsten Tages zu hintertreiben. Mit der Geschicklichkeit, die ihm zu eigen ist, versucht er, das Ansinnen loszuwerden. (Grumbkow hatte kühl erklärt, er wolle mit der Sache nichts zu tun haben.) Der König empfängt ihn sogar. So bringt er am Vorabend der Hochzeit seine letzte Botschaft vor: Friedrich Wilhelm solle das »braunschweigische Projekt« fallenlas-

Ihro Königl. Hoheit *Friderich*, Cron-Printz von Preußen, wurden
mit Ihro Durchl. *Elisabeth Christina*, Peinzeßin von Braunschweig-Bevern
vermählet in Saltz. Dahl. den 12. Junii 1733.
Himmel laß dies Hohe Paar unverruckt in Segen stehen
So wirds Brandenburg und Preußen samt den Zuckern weiergehen—

Abb. 13   Die Hochzeit in Salzdahlum. Kupferstich von Georg Friedrich
Schmidt, 1733.

sen. Friedrich solle nun doch eine englische Prinzessin heiraten. Der König läßt ihn ausreden, doch – wir haben es geschildert – er fühlt sich in seiner persönlichen Ehre getroffen. Damit
ist auch die letzte Mine, die England, vereint mit Österreich,
legen konnte, wirkungslos verpufft. Noch einmal belastet Friedrich Wilhelm seine Frau und natürlich auch seinen Sohn mit
dem Verdacht, sie stünden hinter dem verhaßten und absurden
Plan. Doch man kann ihn schließlich überzeugen, daß beide
davon nichts wissen. Er werde, so schwört Friedrich zum x-ten
Male, nicht von seiner Braut zu scheiden sein.

So ist das traditionelle Beilager der beiden Eheleute ebenso
wie der Austausch der Ehepakte am nächsten Tag zwar eine
prunkvolle höfische Veranstaltung, mit der sich die bescheidene

Wolfenbüttler Hofhaltung fast ruiniert – vergeblich hatte der Brautvater auf Subsidien aus der Schatulle der Wiener Kaiserin, Elisabeth Christines Tante, gehofft –, aber eine fröhliche, festliche und unbelastete Stimmung will bei einem großen Teil der Festgesellschaft nicht mehr so recht aufkommen.

Von der Stimmung ist wenig Detailliertes bekannt, jede Einzelheit dagegen von der Prachtentfaltung. Von vergoldeten Tellern ißt man; zwischen 19 und 36 Gedecke sind an den Haupttafeln errichtet. Kälber, Kapaune, Wildbret, Hummern, Krebse, Forellen, Lachse und Schollen, die aus Hamburg besorgt werden, schreiben die Direktiven des Herzogs Ferdinand Albrecht vor, sonst der sparsame Hausvater in Person. Dem Steckenpferd des Königs wird dadurch Rechnung getragen, daß man die braunschweigische Garde zu Fuß vor ihm exerzieren läßt. Für kultiviertere Gemüter sind Aufführungen von Händels *Parthenope* wie auch die von Mitgliedern der Hofgesellschaft eingeübte Komödie *Le Glorieux* von Destouches bestimmt. Das Beilager der beiden Verlobten, mit dem der offizielle Akt der Vermählung erst vollzogen ist, steht zwar im Mittelpunkt des Festes, nimmt aber nur wenig Zeit und Aufmerksamkeit in Anspruch. Friedrich erscheint ohne Spuren von Erregung schon nach einer halben Stunde aus dem Brautgemach und wendet sich sogleich einer der Hofdamen zu. Was damals geschah, darüber ist auch von der bis dahin jungfräulichen Elisabeth nie ein Wort verloren worden. Friedrich jedenfalls hatte am Vorabend der Hochzeit einen liebeskranken Schäfer spielen dürfen, dessen musische Fähigkeiten von Gott Apoll in allen Tönen gelobt wurden.

Die Tage vergehen mit Amüsement, Bällen und Ausfahrten. Am 15. Juni amüsiert sich die Kerntruppe im »Kleinen Schloß«, dessen neuer Ballsaal zu diesem Zweck erbaut worden war. Am 16. Juni hört sich die ganze Gesellschaft noch eine »singende Komödie«, *Lo specchio della fidelità*, von Carl Heinrich Graun an.

Dann trennt man sich, um sich in wenigen Tagen in Berlin wiederzusehen. Denn dort soll die Hochzeit von Friedrichs Schwester Charlotte mit dem Erbprinzen Karl von Braunschweig vollzogen werden. Von den Kosten dieser Doppelhochzeit hat sich der braunschweigische Hof lange Zeit nicht erholt.

Die Fahrt des jungen Paares durch die mecklenburgischen und brandenburgischen Dörfer und Städte wird dann ein befohlener Triumphzug. »Es lebe die Kronprinzessin von Preußen«, ruft das Volk, und wenn sie ihm aus ihrer Equipage zuwinkt, gewinnt die 17jährige mit ihrer frischen Mädchenhaftigkeit auch die Herzen. Gleiches ist von der Berliner Familie nicht zu sagen. Die Königin hatte die Hochzeit nie gewollt und macht aus ihrer Abneigung gegen die ungeliebte Schwiegertochter erst einmal keinen Hehl. Das gibt sich später in Maßen, weil sich Elisabeth bemühte, der schwierigen Schwiegermutter zu gefallen. Die Schwestern Friedrichs laden ihre Enttäuschungen auf sie ab: besonders die geistreiche Wilhelmine, die seit der Flucht Friedrichs lange in Acht und Bann ihres Vaters gestanden hatte und alsbald mit dem Markgrafen von Ansbach-Bayreuth verheiratet worden war, und die spitzzüngige, dickliche Amalie, für die kein Mann vorgesehen ist, weil ihr ein Leben als Gefährtin der späteren Königin-Witwe bestimmt ist. Niemals sind Elisabeth so viele negative Beurteilungen hinterbracht worden. Allem Anschein nach läßt sie alles stumm über sich ergehen und nimmt dazu in Kauf, daß man ihr Verstummen mit Dummheit gleichsetzt. Es ist nicht unwahrscheinlich, daß sie in einer Umgebung, in der die Spannungen so handgreiflich hervortreten und persönlicher Esprit nicht selten die Bitterkeit der persönlichen Zurücksetzung kompensiert, sehr bald an die »Gemütlichkeit« ihrer braunschweigischen Heimat, die sie nie mehr sehen sollte, zurückgedacht hat. Im Schloß Charlottenburg, in dem sie zuerst mit dem Kronprinzen lebt, ist sie jedenfalls unter Frauen, die allesamt etwas an ihrem Schicksal auszusetzen haben, sei es, daß der angeheiratete Gatte ihnen mißfällt, sei es, daß sie den Mann, der ihnen angetraut wird, nicht als gleichberechtigt empfinden, sei es, daß sie das Los der unverheirateten Frau als Demütigung ansehen, ohne dem Ausdruck geben zu können.

Die Tage gehen erst einmal dahin, bevor am 27. Juni 1733 eine große Truppenparade beginnt, die am Nachmittag mit der Einholung des Kronprinzenpaares durch sechzig sechsspännige Staatskarossen endet. An diesem Abend fungierte Elisabeth zum ersten Mal als Gastgeberin im Kronprinzen-Palais, das nur einige Meter vom königlichen Schloß entfernt liegt. Nun sind es nur noch wenige Tage – Elisabeth lernt inzwischen die Größenordnung Berliner Ausfahrten kennen –, bis für die junge Frau der Alltag beginnt, von dem man nicht weiß, ob sie ihn sich so vorgestellt hatte. Der Kronprinz verabschiedet sich für die nächsten Monate in seine Garnison in Ruppin und läßt es sich fern der väterlichen Fesseln gutgehen. Elisabeth bleibt – Eltern und Gäste sind abgereist – in ihrem Palais gegenüber dem Zeughaus gar nichts anderes übrig, als sich mit dem zufriedenzugeben, was sie vorfindet.

Von Friedrich jedenfalls ist nicht ein einziger Schritt bekannt, seine Frau in seiner Nähe zu behalten. Sicher, die kronprinzlichen Gebäude in Ruppin sind zu klein, um auch das Gefolge der Kronprinzessin aufzunehmen. Doch liegt schon in dieser ersten Entfernung der Keim zu dem, was auch Rheinsberg nicht mehr ganz aufheben kann: eine Entfremdung, die beginnt, bevor der Versuch einer Annäherung gemacht werden kann.

Zwischen Ruppin und Rheinsberg

Still beobachtend suchte Elisabeth ihren künftigen Standpunkt. Manches strebte in ihrer neuen Familie noch immer auseinander, da hieß es, wohl oder übel. Partei zu nehmen; es war schwer, denn niemand unterstützte sie. Der Kronprinz durfte sie nur selten besuchen, man lernte sich kaum flüchtig kennen, geschweige denn, sich zu verstehen. Sie suchte aber nach einer Aufgabe in der Ehe ... Von den Eltern geführt, ergriff Elisabeth die einzige Partei, die sie zu nehmen hatte, nämlich die des Kronprinzen. Mit dieser Entscheidung wichen manche Zweifel von ihr.

> Ernst Poseck 1941

E s ist heute üblich geworden, die vier Jahre von Rheinsberg an die Hochzeit des Jahres 1733 anzuschließen und die drei Jahre der Trennung, in denen Friedrich in Ruppin und Naila als Regimentskommandeur seine – durch Elisabeth gewonnene – neue Freiheit genoß, als unwesentlich zu betrachten. Dabei sind es gerade sie, in denen er sich nicht mit einer neuen Gebundenheit akkommodieren mußte und sich auch nicht die mindeste Mühe dazu gab. Gerade diese Jahre von 1733 bis zum Herbst 1736 (als die Innenausstattung des Schlosses von Rheinsberg so weit vollendet war, daß das Kronprinzenpaar dort einziehen konnte) sind es, die sich für das weitere Leben als prägend erweisen sollten. In diesen drei Jahren wohnt der Kronprinz mit seinem Hofstaat in den umgebauten Häusern zweier Obersten. Um das Gefolge der Kronprinzessin auf-

ABB. 14
Schloß
Rheins-
berg.

zunehmen, das immerhin 20 Personen umfaßt, sind sie zu
klein.

Die unvergleichliche Luise Eleonore von Wreech freilich, vier
Jahre älter als er, ist es nicht mehr, die ihn dort fesselt. Die
schöne, blonde Frau, die ihn allem Anschein nach anzog und
doch auf Distanz hielt, hatte er im August 1731 zum ersten Male
auf ihrem Gut Tamsel getroffen. Für ihn ist es zu diesem Zeitpunkt ein Coup de foudre. Schon damals hat die 23jährige fünf
Kinder. Sie, die bei seiner Verlobung anwesend sein wird und die
später offensichtlich nicht in Würde altern kann, muß zu seinen
ganz großen Seelenerlebnissen gehört haben. Verse, die er ihr
widmet, geben darüber Auskunft:

Ein Untertan kann größere Ehrfurcht nicht
Als ich für Dich in meinem Herzen tragen.

Die Frage ist, wie idealistisch der Thronfolger sich die Gefühle
eines »Untertanen« vorstellt. Als seine Schwester Wilhelmine 1731
in Berlin Hochzeit feierte, war er Ende des Jahres auch dort. So
ist die Vermutung aufgekommen, das sechste Kind der Frau von
Wreech, geboren im Mai 1732, sei sein Kind. Der König, dem das
zu Ohren kommt, sieht das ganz pragmatisch. Im August 1732

schreibt Grumbkow an Seckendorff: »Das macht ihm Spaß, denn der König hofft, daß der Kronprinz dasselbe der Bevern machen werde.« So war also auch hier schon Elisabeth im Spiel. Nach einem tränenreichen Abschied in Küstrin hat Friedrich *seine* Frau von Wreech dann nicht mehr unter vier Augen gesehen.

Die drei Jahre zwischen Hochzeit und Rheinsberg lassen sich von seiten Elisabeths als Jahre einer schmerzhaften Eingewöhnung charakterisieren. Friedrich kommt nur tage- und wochenweise aus dem vier Tagesetappen entfernten Küstrin nach Berlin herüber. Das winterliche Treiben der Redouten und Bälle hat nach der Hochzeit noch nicht begonnen. So bemüht sich die immer noch Schüchterne, sich nach ihrem Einzug in das Kronprinzenpalais dem Berliner Standard anzupassen. Die so völlig anders ambitionierten Töchter des Königs treten ihr weiterhin mit unverhohlener Abneigung entgegen. Möglicherweise fürchten sie – deren Vater seine Töchter vor allem als Versorgungsobjekte betrachtet – in ihr eine Konkurrenz. Denn Friedrich Wilhelm zeigt an seiner Schwiegertochter von Anfang an ein persönliches Interesse, das nach allen Erfahrungen ungewöhnlich ist. Insgesamt ist die Einordnung Ernst Posecks, eines Biographen, wohl zutreffend, der von einem Zusammenprall zwischen ihr und dem Geschwisterpaar Friedrich und Wilhelmine ein wenig pompös schreibt: »Zwei Welten sollten in Übereinstimmung gebracht werden, die von verschiedenen Gesetzen regiert werden, von kindlichem Zutrauen die eine, von bitterem Skeptizismus die andere, die nur eine kalte, fremde Grausamkeit kennt, zu deren Vollstrecker sich der Vater nach Meinung der Kinder gemacht hatte: den Willen seiner beiden Ältesten zu brechen ... In stummer Abwehr des Zwangs schlugen sie um sich, [waren] mißtrauisch gegen Liebe, die sich antrug, abwehrend gegen alles, was von Menschen kam.«

Was ihr bleibt, ist, die Damen der Berliner Gesellschaft in ihrem Palais zu empfangen, vor allem aber durch Einladung der jüngeren Mitglieder der neuen Familie die Pluspunkte zu sammeln, die sie nicht von vornherein hatte. Als Gastgeberin gewinnt sie auch die distanzierte und immer wieder schwankende Anerkennung der Königin, von der sie eigentlich Verständnis hätte erwarten dürfen. Deren Mutter, Sophia Dorothea d'Olbreuse, aus altem französischen Adel stammend, war von ihrem Mann, Georg von Hannover, im Alter von 28 Jahren verstoßen worden. 33 Jahre hatte sie danach, von ihren Kindern getrennt, in der Verbannung des Amtshauses von Ahlden in der Lüneburger Heide verbracht. Schließlich war es Elisabeth, die ohne eigenes Verschulden den ›englischen‹ Ehrgeiz der Königin zunichte gemacht hatte.

Soweit wie mit Sophia Dorothea wird es mit Elisabeth nicht kommen. Aber sie hat keine Aufgabe, deshalb Langeweile, leidet an Heimweh und an Schlaflosigkeit, schreibt bis zu drei Briefen täglich nach Hause. Ein Familienleben kennt sie vom ersten Augenblick ihres Berliner Daseins an nicht. Ihr Mann hält sich fern, soweit er nur kann; ihr Schwiegervater inspiziert seinen Staat, wenn er nicht seine Truppen Revue passieren läßt. Immerhin erweist er sich, als er im September 1732 nach Berlin zurückkehrt, als großzügig. Er greift einen Vorschlag seines Sohnes auf, Schloß und Amt Rheinsberg, abseits von Küstrin gelegen, für ihn zu kaufen. Das wäre dann das erste Mal, daß ihm eigener Grund gehörte. 75 000 Taler soll der Kauf kosten. Friedrich Wilhelm sagt zu, vielleicht auch, weil ihm Elisabeth zu einsam vorkommt und weil sie den schon ständig Kränkelnden mit Braunschweiger Rotwurst, Königslutterer Bier und Braunschweiger Mumme versorgt. Friedrich Wilhelm stellt nur eine Bedingung: 25 000 Taler sollen von der Mitgift Elisabeths bezahlt werden, den Rest von 50 000 Talern schießt der König zu. Kurz vor dem Weihnachtsfest 1732 wird der Kaufvertrag abgeschlossen – eigentlich ein verfrühtes Geschenk, denn gedacht ist Rheinsberg als Belohnung für einen Thronerben. Davon ist heute wie morgen keine Rede. Wohl aber rühren aus dem Kauf die ersten finanziellen Schwierigkeiten, in denen sich Elisabeth zeit ihres Lebens befinden wird. Ihr früher Urheber ist nicht zuletzt Friedrich. Davon wird später noch die Rede sein.

In dieser Zeit wird aber noch etwas anderes offenkundig: die Nützlichkeit der Kronprinzessin, sobald es darum geht, die Widerstände des Königs zugunsten der Wünsche ihres Mannes zu brechen. Später wird sie als Vermittlerin zwischen ihrem Bruder Karl, der dann als Karl I. die Geschicke des Hauses Braunschweig übernommen hat, und Friedrich fungieren. Sie ist bei solchen Gelegenheiten von einer furchtlosen Zähigkeit, entwickelt sich von einer konturenlosen jungen und unselbständigen Frau zu einer Person, mit der zu rechnen ist, wenn auch nicht zu einer Persönlichkeit, die man zu fürchten hätte. Für ihren Mann tut sie alles. Vor allem aber eignet sie sich mit ihrer Unaufgeregtheit zur Vermittlerin in einer Familie, in der die Wogen bei strittigen Fragen immer schnell hochgehen. Deutlich wird das schon im Jahre 1734, als sie trotz ihrer sonstigen Scheu den zögernden König dazu veranlassen kann, Friedrich »an die Front«, wenn man so sagen darf, zu schicken. Zum ersten, aber noch lange nicht letzten Mal beweist sie, daß sie in jeder Lage auf der Seite ihres Mannes steht. Im Polnischen Erbfolgekrieg, der im Herbst 1733 begonnen hatte, geht es um den Gegensatz von Österreich und Frankreich in der Frage der Thronfolge in Polen. Friedrich Wilhelm stellt aus alter Anhänglichkeit dem Kaiser noch einmal 10 000 Mann zur Verfügung. Das Interesse Rußlands, Österreichs, Sachsens und Preußens besteht darin, den von den Polen gewählten König Stanislaus Leszczynski zu verhindern und August III. von Sachsen zu installieren. Innerlich ist Friedrich Wilhelm gespalten: Er unterstützt die kaiserliche Position, doch zugleich alimentiert er den französischen Gegenkandidaten mit 300 Talern monatlich, solange der sich in Preußen befindet.

Elisabeth spürt diesen Vorbehalt nicht. Sie setzt sich uneingeschränkt für das ein, was ihr Mann wünscht. Und der wünscht einzig und allein, am Feldzug gegen die Franzosen teilzunehmen. Deshalb schreibt Elisabeth an ihren Schwiegervater: »Die größte Gnade, die Eure Majestät mir erweisen kann, ist, wenn Sie Ihre Gnade auch dem Kronprinzen erhalten, der mir sehr beunruhigt darüber geschrieben hat.« Einige Monate später, im Mai 1734, ist sie noch konkreter. Da bittet sie ihn ohne Umschweife, Friedrich die gnädige Erlaubnis zu gewähren, in den Feldzug ziehen zu dürfen. »Ich glaube, daß dies für ihn die größte aller Freuden wäre; denn es ist doch ganz natürlich, daß ein junger Mann sich so etwas gerne anschaut und nun gar der Kronprinz, der ehrgeizig und dessen Beruf der Krieg ist.« So zieht Friedrich denn im Juli 1734, noch immer versehen mit zwei Aufpassern und einer ellenlangen Instruktion, in den Krieg. Vor allem soll er, so steht darin, vorwiegend mit preußischen Offizieren Verkehr pflegen. Sie würden ihn Subordination lehren, die das wichtigste Fundament des Soldatenstandes sei.

Briefe, wie sie Elisabeth damals schreibt, setzen eheliche Kontakte und Gespräche – etwa beim Weihnachtsfest 1733 – voraus. In der Tat: Schon am 17. Dezember 1733 hatte Fritz von seinem Vater die Genehmigung erhalten, im nächsten Jahr an der Rheinfront eingesetzt zu werden. Auch Elisabeth wird bei gleicher Gelegenheit reich beschenkt – sie darf ihre Eltern in Wolfenbüttel besuchen. Im Januar 1735 tritt sie die Reise an. Es ist der erste und letzte Aufenthalt nach ihrer Hochzeit in ihrem Heimatort. Sie genießt erneut die Versponnenheit der kleinen Residenz. Vor allem ihre kranke Mutter freut sich über die Maßen. »Seit ihrer Anwesenheit«, schreibt sie damals, »empfinde ich ein Behagen, so daß meine Gesundheit zusehends in mich zurückströmt.«

Auch in diesem Halbjahr ist Elisabeth wieder unpäßlich. Also kommen erneut Gerüchte auf, sie sei schwanger, aber es bleiben Gerüchte. Daß sie überhaupt aufkommen, zeigt zumindest, daß das junge Paar einen Eindruck auf die Außenwelt macht, der

eine Schwangerschaft nicht ganz ausgeschlossen erscheinen
läßt. Offenbar wird sie auch nicht mehr nur als kleines Dumm-
chen wahrgenommen. Das läßt sich daraus entnehmen, daß es
ihr gelungen ist, für ihren gleichaltrigen Vetter, den Prinzen August Wilhelm von Bevern, die Erlaubnis zu erkämpfen, ebenfalls
an die Rheinfront zu ziehen. Sie legt ein gutes Wort für ihn ein,
sichert sich aber auch gegen die Verwandtschaft ab: »Sollten Sie
dennoch mit seiner Gesellschaft unzufrieden sein, so bitte ich
ehrerbietigst daran zu denken, daß er ein armer Teufel ist, der es
nicht besser machen kann, als er es macht.« Derartige Wünsche
haben auch einen zeitgeschichtlichen Bezug. Sie deuten an, daß
es allmählich eine größere Ehre zu werden beginnt, für Preußen
statt für den Kaiser ins Feld zu ziehen. Eine jugendliche Macht,
für die es sich zu kämpfen lohnt, setzt sich langsam an die Stelle
der vergreisenden.

Zu keiner Zeit war Elisabeth vom Kriegshandwerk ihres Mannes eingenommen. Zahlreich sind die Stellen in ihren Briefen, in
denen sie sich vor dem Krieg ängstigt. Den männlichen Herois-
mus – dulce et decorum est ... – vermag sie nicht zu teilen. Sie
sieht im Krieg vor allem die Gefahr, zu Tode zu kommen. Als die
Franzosen während des Polnischen Erbfolgekrieges Philippsburg genommen hatten, schreibt sie an den König mit aller
wünschenswerten Offenheit, daß sie über diese Niederlage der
Kaiserlichen froh sei: »Ich glaube gern, daß Eure Majestät nicht
so zufrieden sein werden, daß es zu einer Schlacht nicht mehr
kommt, doch was mich anbetrifft, so bin ich herzlich froh darüber. Eure Majestät werden es mir verzeihen: es ist ja nur deswegen, weil ich Sie außer Gefahr weiß.« Aber Friedrich Wilhelm
kehrt nicht nur todkrank aus dem Feldzug zurück – und ver-
schweigt erst einmal seiner Frau seinen Zustand –, er ist sich
ebenso wie sein Sohn darüber im klaren, daß die alliierten Heere
unter der Führung eines tattrig gewordenen Prinzen Eugen keine
militärische Zukunft mehr haben. Mit Friedrich, dessen Beneh-

men er tollkühn findet, hat sein Vater weiterhin seine Schwierigkeiten, so daß Elisabeth ihm immer wieder gut zureden muß. Berlin hört nur höchst sporadisch von dem, was sich an der Front abspielt. Außer Eilstaffetten, deren Übermittlung Tage dauerte, gab es in der Hauptstadt ja keinerlei Möglichkeiten, sich aus erster Hand zu informieren. Mitte August 1734 hat der König genug von den Unzulänglichkeiten, die er im alliierten Hauptquartier vorfindet. Er begibt sich auf seine oranischen Güter, wo er Ende des Monats zusammenbricht. Noch einen Tag vor seiner Rückkehr nach Potsdam, am 13. September, hatte er die Illusion, er sei wieder gesundet. Doch er ist schwer krank und ringt in den nächsten Wochen mit dem Tod.

Friedrich bleibt noch einen Monat auf dem Kriegsschauplatz. Dann ist auch er, der angesichts des Zustands seines Vaters einen Teil der Staatsgeschäfte übernehmen muß, gezwungen, nach Berlin zurückzukehren. Im Oktober 1734 trifft er wieder dort ein. Was er mitbringt, ist dies: Er hatte »die übliche Konfusion« erlebt, hatte die kaiserliche Macht im Niedergang gesehen. So erleben das auch die deutschen Fürsten. Das geht aus einem Brief des Vaters Elisabeths vom September 1734 hervor. In ihm spiegelt sich wider, daß für ihn die Ehe seiner Tochter eine neue Bedeutung gewonnen hat. Ferdinand Albrecht lobt seine Tochter für ihre bisher geübte Zurückhaltung und fährt dann fort: »Möge sie Ihnen die Richtschnur geben, um Ihren Einfluß zu festigen, d. h. sich immer nur soweit in [Friedrichs] Angelegenheiten zu mischen, als er es wünscht, alle Welt sich zu verpflichten, aber nie sich einer Partei anzuschließen und diese einer andern vorzuziehen, denn die großen Höfe sind immer den Parteien unterworfen.« Niemals dürfe sie der Königin ihr Ohr leihen: »Umso mehr als mir scheint, daß der künftige König nicht beabsichtigt, daß … seine Mutter großen Anteil an seiner Regierung nehmen soll.« Ferdinand Albrecht weiß, wovon er spricht; er ahnt die Regierungsmaxime Friedrichs voraus. Wenig später wird er Herzog in Wolfenbüttel, doch bleibt ihm nur ein halbes Jahr Regierungszeit. Er stirbt am 3. September 1735.

Noch etwas anderes zeichnet die Zeit von Rheinsberg aus: Die schwere Krankheit des Vaters beendet die Phase der Tändelei, in der sich Friedrich noch immer befindet. Er sieht den Tod des Vaters und die Zeit danach als Perspektive vor sich, und diese Möglichkeit wird von ihm nicht nur als Schrecken erlebt. Das Leben macht ernst mit ihm, und er ist bereit, sich diesem Ernst zu stellen. Ende 1739 schreibt er seiner Schwester Wilhelmine: »Mit dem König geht es zu Ende; er wird den Schluß dieses Jahres wohl nicht überleben … Wir müssen uns darauf vorbereiten, liebe Schwester und, obgleich mein Herz auf eine gewisse Art darunter leidet, so bin ich doch andererseits sehr froh, dann in der Lage zu sein, Ihnen zu helfen.«

Die Hoffnung ist nicht verfrüht. Friedrich Wilhelm stirbt ein Jahr später, Friedrich kann in Rheinsberg seine Reifezeit beenden, und Elisabeth findet an seiner Seite Jahre des Glücks.

Die doppelte Freiheit

Wahrlich, man kann sagen: Er ist der grösste Fürst unserer Zeit, nicht nur als Fürst, sondern als Zeitgenosse. Er ist Gelehrter, besitzt Geist, soviel man haben kann. Er ist gerecht, hilfsbereit, mag niemandem etwas Böses tun, ist grossmütig, mässig, liebt keine Ausschweifung, weder beim Wein noch sonstwo. Er hat das Herz auf dem rechten Fleck.

> Brief Elisabeth Christines an ihre Grossmutter, Christiane Luise von Braunschweig-Blankenburg 1736

Was nun folgt – so schildern es Elisabeth und Friedrich gleichermaßen –, ist die glücklichste Zeit in ihrem Leben, mögen beide auch unterschiedliche Akzente setzen. Das ist auch deshalb so – jedenfalls dringt es so nach außen –, weil in diesen vier Jahren die Politik am wenigsten in ihre Beziehungen hineinspielt. Rheinsberg ist Anfang und Ende des gemeinsamen Lebens. Friedrich hat sich mit den Umständen abgefunden und macht das Beste aus ihnen. Angesichts des angegriffenen Gesundheitszustandes seines Vaters ist seine Zeit als Kronprinz absehbar. Wenn man auch aus seinen Briefen an Wilhelmine in der damaligen Zeit nicht einmal erraten muß, mit welcher Ungeduld er erwartet, selbst Verantwortung zu übernehmen, so heißt es doch zugleich in Briefen an seine Frau: »Ich wünsche den Tod meines Vaters nicht. Gott bewahre mich davor. Ich glaube, sein Tod würde mich mehr betrüben, als viele andere, die vorgeben, ihn während seines Lebens anzubeten. Denn die Stimme der Natur spricht viel zu mächtig in mir und ich bin nicht roh genug, sie zum Schweigen zu bringen.«

Was aber wichtiger ist: Er hat im Polnischen Erbfolgekrieg die Verletzlichkeit der kaiserlichen Macht erfahren. Von nun an empfindet er deren Machtanspruch vor allem als Überheblichkeit. Also macht er sich daran, sich systematisch Kenntnisse in der Kriegskunst anzueignen. Er sagt niemandem, warum er Tag und Nacht lernt, doch wird er zwischen 1736 und 1740 nicht nur tanzen, musizieren und parlieren. Er wird sich mit seinem staatspolitischen Essay *Antimachiavell* auch um eine neue Begründung für »modernes« Herrschen bemühen. Wenn die anderen zu Bette gegangen sind, wird er sich noch mit der Kriegskunst befassen, die ihm sein Vater vor Jahren als Teil der Mathematik nahezubringen versucht hatte. Er hat, keine 30 Jahre alt, die innere Reife erlangt, die es ihm ermöglicht, Wissen nicht nur wahllos in sich hineinzuschaufeln, sondern davon auch systematisch Gebrauch zu machen.

Elisabeth glaubt jetzt wohl, die Lehrjahre einer Ehe, die sie schon einige Illusionen gekostet hatten, hinter sich gebracht zu haben. Noch haben ihre Bemerkungen über das Leben, das sie führt, nicht jenen bitteren Beigeschmack wie wenig später in den Zeiten ihrer »Verbannung« in Schönhausen. Sie hat, nicht viel über 20 Jahre alt, erkannt, daß sie außer Schwierigkeiten von ihrer angeheirateten Verwandtschaft nichts und von dem intriganten Hof nicht viel erwarten kann. Noch schwingt nur eine Ahnung mit, wenn sie schreibt: »Ich bin tausendmal glücklicher als Kronprinzessin, als ich glauben darf, es als Königin sein zu können. Denn dann werden tausend Dinge dazwischentreten, die zur Zufriedenheit nicht beitragen.« Sie habe nichts, fügt sie hinzu, von dem tollen Ehrgeiz in sich, der immer mehr von einem verlangt. Aber selbst wenn sie den besessen hätte – er hätte ihr nichts genutzt. Auch darin unterscheidet sie sich von ihrem Mann, der sich daran macht, der Landkarte Europas neue Umrisse zu geben.

Elisabeth schätzt ihre Umgebung richtig ein und macht sich keine Illusionen. »Ich habe«, schreibt sie, »hier mein Vergnügen daran, die Eifersucht [daß ihr Bruder Anton Ulrich 1739 die russische Thronerbin heiratete] zu beobachten, die man sich freilich wohl in acht nimmt, mir zu zeigen, die ich aber wohl bemerke.« Ein halbes Jahr später fügt sie dem, noch in Rheinsberg, hinzu: »Man macht mir nichts als Unannehmlichkeiten.« Noch wird sie aber von Friedrich Wilhelm gestützt. Mehr oder weniger unerträglich wird ihr Leben erst, als sie den Schutz des Schwiegervaters verliert und der Sohn sich daran macht, sein Mißachtungs-Programm, das er vor seiner Hochzeit skizziert hatte, in die Tat umzusetzen.

Noch ist Elisabeth optimistisch. Sie sieht das Unangenehme, vermag aber immer wieder, es abzuschütteln. Außerdem scheint es, als hätte sich mit dem Umzug nach Rheinsberg erst einmal ein Umdenken ihres Mannes angebahnt. Elisabeths unverwandte Sympathiebeweise scheinen selbst bei ihm ihre Wirkung nicht ganz zu verfehlen. Er liebt sie weiterhin nicht, aber allem Anschein nach beginnt er sie zu schätzen, weil sie ihm nützlich zu werden anfängt. Nie ist ihm seine Frau näher gekommen als in Rheinsberg. Dort ist sie tatsächlich ein Teil des graziösen geistigen und höfischen Lebens, das er sich nach eigenem Gusto aufbaut. Sie dringt nie ganz in diesen Kreis ein, und nie hat er ihr auch nur *eine* Zeile seiner unermüdlichen poetischen, nicht immer erstklassigen Produktion gewidmet, wie er das bei so mancher anderen Frau getan hat. Aber sie ist wie selbstverständlich dort, ist mehr als nur unwillig geduldet.

Etwas von dieser neuen Lockerheit muß auf ihn abgefärbt haben. »Ich freue mich auf Rheinsberg«, schreibt er ihr im Juli 1739, »und noch mehr auf das Vergnügen, Sie zu umarmen.« Und einige Tage später: »Ich erwarte mit großer Ungeduld den Augenblick, da ich Sie umarmen und Ihnen versichern kann, daß ich ganz der Ihre bin.« Wenn er auch vom intellektuellen Glanz seiner Frau nicht geblendet sein kann, so ist er doch von ihrer Liebe und Verläßlichkeit überzeugt. Es würde ihm so manche Information fehlen, wenn er sich nicht auf die Nachrichten verlassen könne, die sie ihm zukommen lasse, so hatte er ihr schon aus Philippsburg geschrieben. Und kurz vor seiner Übersiedlung nach Rheinsberg, so wird berichtet, habe er von Elisabeth gesagt: »Ich war niemals in sie verliebt, aber ich müßte der niedrigste Mensch sein, wenn ich sie nicht aufrichtig schätzen wollte, denn sie hat 1. ein sehr sanftes Gemüt, sie ist 2. so gelehrig, wie man es mehr nicht wünschen kann und 3. gefällig bis zum Übermaß und tut, was sie mir nur an den Augen absehen kann, um mir Freude zu machen.« Daraus spricht zwar auch

Überheblichkeit; aber die fundamentale Abneigung, die er gegen sie hegte, hatte sich bis zu diesem Jahr gelegt.

Die Beziehung Elisabeths zu Friedrich ist von ganz anderer Art. Eine Biographin spricht von einer »blinden Anbetung, die erst mit ihrem Leben erlöschen sollte«. Das ist – wenn man nur die Äußerungsformen, die bis zur Selbstverleugnung gehen, ins Auge faßt – in der Perspektive zutreffend. Aber ein solches Urteil erfaßt nicht den mentalen Grund, auf dem die »Anbetung« ruht. Und der ist schlichtweg die Bewunderung für das Genie des Königs, unter dessen Gespaltenheit und Widersprüchlichkeit sie leidet, dessen Größe sie aber fast vom ersten Augenblick an erkannt hat. Ihre Liebe gründet auf Bewunderung. Das allein macht es verständlich, daß sich in praktisch keinem ihrer Briefe ein Ausfall gegen ihren Mann findet, gegen die Verwandtschaft, wie schon gesehen, aber wohl. Lange bevor er der europäischen Welt Anlaß zum Staunen gibt, hat sie seinem Namen im stillen den Beinamen »Der Große« hinzugefügt. Schon sein noch nicht entfaltetes Ingenium veranlaßt sie dazu, ein Leben in seiner Nähe als eine gnädige Fügung Gottes zu betrachten. Eine psychologische Deutung ihrer Abhängigkeit ist jedenfalls dem Brief zu entnehmen, den sie – erst wenige Monate in Rheinsberg – im Oktober 1736 geschrieben hat: »Ich möchte sagen, daß er der Phönix unserer Zeit sein wird und daß ich ganz stolz darauf bin, das Glück zu haben, die Frau eines so großen Fürsten zu sein … selbst wenn ich seine Frau nicht wäre, würde ich ihn lieben, seiner guten Eigenschaften und seiner großen Gaben wegen, die er besitzt.« Damit hat sie die wichtigste Konstante in ihrem Leben angesprochen. Mit anderen Worten wird sie noch 1780 und später dasselbe sagen.

Jahre des Glücks (1736–1740)

Sie ist sehr hübsch; aber ich bin nie in sie verliebt
gewesen. Trotzdem müsste ich der verworfenste
Mensch sein, wenn ich sie nicht wirklich hoch-
schätzte; denn erstens ist sie von sehr sanfter
Gemütsart, zweitens so willfährig wie denkbar, und
drittens tut sie mir alles zu Gefallen. Sie kommt
mir … in allem entgegen, was mir nach ihrer Meinung Freude machen kann. Sie kann sich deshalb
auch nicht beklagen, dass ich sie vernachlässige.
Ich weiss also wirklich nicht, woran es liegt, dass
ich kein Kind habe.

> Friedrich der Grosse zu Graf Ernst Christoph
  Manteuffel 1736

Rheinsberg bekommt für Friedrich eine besondere, wenn auch andere Bedeutung als für Elisabeth. Für ihn verkörpert der Ort die erste Möglichkeit, wo es unabhängig von jeder Beeinflussung seine eigene Lebensform, die bisher stets ein Kontra-Entwurf zu den ihm aufgezwungenen Entwürfen war, verwirklichen kann. Für sie ist Rheinsberg dagegen die erste Möglichkeit, der Médisance der Familie zu entgehen, sich als Frau an erster Stelle an der Seite ihres Mannes zu plazieren. Berlin ist fern, und weder die Königin noch ihre herrschsüchtigen Schwägerinnen können ihr zuvorkommen. Zum ersten Male wird sie nicht von den starren Regeln des Hofzeremoniells beherrscht. Wenn jemand ihren Lebenslauf und ihren Tagesablauf definiert, dann ist es einzig und allein ihr Mann. Nichts anderes will sie, die ihn

ABB. 15 Friedrich II. der Große, 1739.

ABB. 16 Königin Elisabeth Christine, um 1740.

bewundert. Es mag schon sein, daß sie ursprünglich von ihrem Zusammenleben mehr erwartet hatte. Wie könnte das auch anders sein? Aber auch in der Rückschau haben beide Partner die Jahre in Rheinsberg als eine Folge von Glück und Harmonie empfunden.

Elisabeth hat nicht allein dadurch, daß sie ihre Mitgift einbrachte, schon vor der Renovierung des Schlosses den Traum beider erst ermöglicht. Schon Ende 1735 hatte sie Friedrich gebeten, seinem Freund Rohwedel die Verwaltung von Rheinsberg und dessen Gerichtsbarkeit zu überlassen. Denn nicht nur waren dessen Baulichkeiten marode, auch die Verwaltung lag im argen. Das Rheinsberger Amt, das 700 Einwohner umfaßte, war nicht genügend beaufsichtigt worden. Der Magistrat des kleinen Orts hatte sich Rechte angemaßt, die eigentlich dem Besitzer des Schlosses zukamen. Nun werden die Verantwortlichkeiten von Rohwedel wieder zurechtgerückt. Noch während des Umbaus zieht Ordnung in Ort und Schloß ein. Was bleibt, ist das chronische Defizit in der Kasse des Kronprinzen und der bis zur Thronfolge nie ganz geglückte Versuch, seine Ausgaben und Einnahmen auszugleichen. Auch Elisabeth hat darunter zu leiden. An anderer Stelle wird noch davon zu reden sein.

Währenddessen schafft Friedrich die Voraussetzungen dafür, daß intellektuelles Leben in Rheinsberg einziehen kann. Mit seinem älteren Freund Georg Wenzeslaus von Knobelsdorff gestaltet er das verfallene Rheinsberg zu einem Landschloß um, in dem die Eleganz der Zeit Eingang findet. Der eingeschossige Bau wird mit einem zweiten Turm versehen. Die barocke Patina verschwindet und macht der Leichtigkeit des Rokoko Platz. Zugleich hat es eine symbolische Bedeutung für die Zukunft, daß der erste Brief der neuen Ära, der am 8. August 1736 abgesandt wird, an den von Friedrich verehrten Voltaire geht. Eine Woche später erscheint Friedrich in Rheinsberg. Er flüchte, so schreibt er in gewolltem Understatement, auf sein »Gut«. Wenige Tage später folgt ihm Elisabeth. Als ihre Karosse mit den ihr vom König geschenkten neuen Pferden von Berlin kommend über die neue Holzbrücke mit ihren geschmückten Laternenpfählen auf das Schloß zufährt, wird sie dort von Friedrich mit seinen neuen und alten Freunden, die zum Teil erst Stunden zuvor eingetroffen sind, erwartet.

Vielen von ihnen ist Friedrichs Gemahlin noch eine Unbekannte. Schließlich hatte er ihr nie die Erlaubnis erteilt, sie in seiner Garnison in Ruppin zu besuchen. Nun wird sie von ihrem Mann und ihrem Hofstaat in ihr Appartement im ersten Stock des Schlosses geführt, das in die Zimmerflucht Friedrichs übergeht. Fünf durchgehende Gemächer in Weiß, Grün, Gelb und Silber sind ihr zugedacht. Das letzte, ein Meisterwerk leichten französischen Geschmacks, ist das Schlafzimmer. In dessen Mitte steht ein riesiges Prachtbett, ein Geschenk des Königs. »Es ist der gewaltigste, aber auch fremdartigste Gegenstand«, schreibt Ernst Poseck, der Verfasser der umfassendsten Biographie über Elisabeth. »Die kostbare Ruhestatt, das Menetekel eines besorgten Schwiegervaters, versank unter einem Vorhang aus blauem Atlas mit goldenen Tressen und einer Borte aus metallenen Fransen … Unweit dieses Kolosses stand, unscheinbar an die Wand geschmiegt, ein kleines Bett, das Elisabeth dann wirklich benutzte.« Von hier aus ging ihr Gemach in die sieben Räume ihres Mannes über. Elisabeth ist es zufrieden. Sie fühlt sich von dem, »den ich zärtlich liebe und für den ich mein Leben hingeben würde …«, endlich freundlich aufgenommen. Ihre Hoffnungen haben sich in diesem Augenblick erfüllt. Sie fühlt sich akzeptiert von dem, den sie einige Wochen später den »größten Fürsten unserer Zeit, nicht bloß Fürsten, nein Menschen unserer Zeit« nennt. Von nun an beginnt, was sie später so schmerzlich entbehren muß: das regelmäßige Zusammensein mit ihm.

Dieses regelmäßige Zusammensein fügt sich wie natürlich dem Zusammenleben mit seinen Freunden ein. Schon vor seinem Einzug in das Schloß, dessen endgültiger Ausbau bis 1739 dauert und das er dann zwei Jahre später verläßt, hatte er in Küstrin einen Kreis junger Gleichgesinnter um sich geschart, den er jetzt mit sich nimmt. Es sind alles Männer. Aber darüber hinaus bildet die Gesellschaft der Damen einen nicht wegzudenkenden Teil des Lebens, des Liebens und des Amüsements: »Die Frauen von Remusberg« zählt eine Biographie so auf: »Frau von Katsch, Frau von Kannenberg, Baronin Morrien, genannt ›Tourbillon‹, Frau von Brand, Frau von Troussel, Fräulein von Tetta, genannt ›Finette‹.« Zwar wird Rheinsberg von Männern dominiert. Aber die Frauen sind nicht ausgespart. »Die Frauen breiten einen unbeschreiblichen Reiz über den täglichen Verkehr aus«, meint selbst Friedrich in dieser Zeit. »Ganz abgesehen von den holden Minnediensten sind sie für die Gesellschaft unentbehrlich; ohne sie ist jede Unterhaltung öde.«

Friedrich weiß, was seine Männer, die er aus Ruppin mitgebracht hat, brauchen. Er fürchtet Abwanderung, wenn es bei ihnen an »Minnediensten« mangelt. Denn im Grunde ist die Stamm-Mannschaft von recht gemischter Herkunft. Ihr Kern gehört zu dem schöngeistigen Reservoir seiner Ruppiner Zeit. Dazu zählt der baltische Baron Dietrich von Keyserlingk, damals 38 Jahre alt, der mit allen Künsten verbandelt ist. Er gehört schon zu den Älteren. Quicklebendig, wie er war, nennt ihn Friedrich »Cäsarion«. Selbst gegen ihn ein alter Herr ist dagegen Johann Wilhelm Senning, der ihn in seiner Jugend die Kriegswissenschaften gelehrt hatte. Gleichaltrig und gleichgesinnt präsentieren sich Johann Jobst Heinrich von Buddenbrock und der Freiherr von Wylich als Vertreter einer »neuen« Offiziersgeneration, die beide auch die Sympathie Elisabeths erwerben. Von anderem, wilderen Temperament ist Franz Egmont de Chasot, den es aus dem Stab des Prinzen Eugen nach Berlin verschlagen hat. Und dann ist da noch, last but not least, der Liebling der Runde, der Hauptmann Heinrich-August de la Motte-Fouqué, der nicht immer in Rheinsberg sein kann, weil sein Dienstherr, der Alte Dessauer, ihn zuweilen auch bei sich haben will.

Sie alle und noch einige mehr bilden den Kern der »Akademie«, die sofort gegründet wird. Bei dem ersten Treffen fehlen einige Namen, die nicht unerwähnt bleiben dürfen: Charles Étienne Jordan, ein Gelehrter aus altem Hugenottengeschlecht, der Baumeister Georg Wenzeslaus von Knobelsdorff, meist kurz angebunden und mürrisch, der gerade in Italien weilt, und schließlich der Lustspieldichter Jean Baptiste Louis Gresset, der Friedrich Wilhelms cholerisches Temperament kennt und deshalb – wie Jordan – etwas später aus Berlin dazustößt.

Neben den »Kameraden« von einst und jetzt, allesamt äußerst redegewandt, spielen auch die Vertreter der schönen Künste eine bedeutende Rolle. Carl Heinrich Graun, der Komponist, ist Elisabeths Vater von Friedrich abgeworben worden. Auch der Flötist Johann Joachim Quantz ist schon da. An schönen Sommerabenden wird im Freien musiziert, oft auch zur Remusinsel, inmitten des Sees gelegen, übergesetzt. Die illustre Gesellschaft hat ein starkes Bedürfnis nach Selbst-Inszenierung und Mystifizierung. So gibt man Rheinsberg bald den Namen Remusberg. Mehr als fragwürdigen Forschungen zufolge soll hier der Zwillingsbruder des römischen Romulus seine Heimstatt gefunden haben. Die Affinität zum guten Alten drückte sich auch in der Gründung eines »Bayard-Ordens« aus, genannt nach dem französischen »Ritter ohne Furcht und Tadel«, der seine Protokolle in einem verschnörkelten Alt-Französisch verfaßt. Gegen Herbst nehmen die Theater-Aufführungen zu, in denen Graun die Regie führt und La Motte-Fouqué in den Hauptrollen glänzt. In den Wintermonaten treten die Maskeraden in den Vordergrund. Dort sieht sich Elisabeth, »verschönert und umgewandelt, immer gleichmäßig freundlich«, wie Pierre Gaxotte sie beschreibt, gerne als Schäferin, Friedrich als Domino in grünweißer Seide, das Haar zum Knoten gebunden. Es sei, schreibt die Biographin

Edith Simon, ein »immerwährendes ländliches Symposion« gewesen, das dort inszeniert worden sei, »im Rahmen einer lichten Szenerie, die … alle Züge der märkischen Landschaft vereinte, der Verzauberung wie der Beruhigung mächtig: Stilles Wasser, weicher Sand, Kiefern und Weideland, Haine voll Silberbirken, Buchen und Eichen«.

Diese träumerische Idylle entspricht sicher dem ruhigen Naturell Elisabeths. Hier muß sie sich nicht vordrängen, hier ist sie immer dabei. Ob sie eines Instrumentes mächtig war, läßt sich nicht mit Sicherheit sagen. Bei den musikalischen Darbietungen sitzt sie jedenfalls unter den Zuschauern, aber für tragende Rollen in den Singspielen ist ihre Stimme nicht stark genug. Dieudonné Thiébault, Mitglied der Berliner Akademie, hat das, was sie auszeichnete, später – als Lob gedacht – auf die Formel gebracht: »Das einzig dastehende und seltene Verdienst, niemals von sich reden zu machen, hat sich die Gemahlin Friedrichs während seiner ganzen Regierungszeit erworben.« Es erhebt sich die Frage, ob sie weniger von ihm zu erleiden gehabt hätte, wenn sie von dieser Gabe etwas weniger Gebrauch gemacht hätte.

Über das Wochenende wird Elisabeth mit ihren Hofdamen allein gelassen. Denn die meisten männlichen Mitglieder der Rheinsberger »Truppe« müssen dann nach Ruppin ziehen, um an dem sonntäglichen Kirchgang der Garnison teilzunehmen. Diesem Befehl seines Vaters hat Fritz nicht zu widersprechen gewagt, als es darum ging, die Küstriner Fesseln abzustreifen. Friedrich Wilhelm macht übrigens dem neuen Domizil des Sohnes schon bald nach dessen Einzug im September 1736 seine Aufwartung. Die psychologische Einfühlung des Sohnes wird erkennbar, wenn man sich das Programm der Visite anschaut. Hirschjagd, Angeln auf dem See und Taubenschießen sind vorgesehen – und abends wird geraucht. Deshalb verläuft diesmal alles planmäßig. Und wenn der Vater mit dem Lebensstil seines Sohnes, der in jedem Detail seines Schlosses erkennbar ist, nicht einverstanden gewesen sein sollte – er ließ es sich jedenfalls nicht anmerken. Daß er auch dieses Mal nach den Ausssichten für einen Thronfolger fragt, ist schon Routine. Elisabeth tröstet ihn: »Was ich dazu beitragen kann … wird gewiß geschehen. Doch alles kommt von Gott, man muß Geduld haben. Ich wünsche, Ihnen recht bald eine Nachricht geben zu können, die nach Ihrem Wunsch ist.« Das hört sich nicht unbedingt nach der so oft gemutmaßten rein platonischen Ehe an.

Friedrich hat von seinem Tagesablauf Schilderungen gegeben. Schon am Ende des ersten Jahres schreibt er: »Wir haben unsere Beschäftigungen in zwei Klassen, in nützliche und angenehme, eingeteilt. Zu den nützlichen zähle ich das Studium der Philosophie, der Geschichte und der Sprachen, die angenehmen sind die Musik, die Lust- und Trauerspiele, welche wir aufführen, die Maskeraden und die Schmausereien, die wir geben. Ernsthafte Beschäftigungen behalten indes den Vorzug, und ich darf wohl sagen, daß wir nur einen vernünftigen Gebrauch von den Vergnügungen machen.« Was Elisabeth in Berlin ermüdet hat, ist in Rheinsberg ein ungetrübtes Vergnügen. »Ich lege mich nie vor zwei Uhr hin«, schreibt sie, »und stehe um sieben auf; dabei fühle ich mich ausgezeichnet.« Ihre Tageseinteilung im Detail hat sie in einem Brief an ihren Bruder Karl so geschildert: »Ich verbringe meine Zeit so angenehm wie denkbar. Der Morgen bleibt dem Schreiben und der Lektüre gewidmet, um zwei Uhr essen wir, trinken dann Kaffee und was an Zeit übrigbleibt, gehört meinen guten Freunden. Abends von acht ab wird getanzt, Theater oder Karten gespielt …«

Vorbei ist die Zeit des häßlichen Entleins. Sie genießt es, daß ihr Mann nicht mehr vom Vater geschurigelt wird, und hat ihre Befangenheit abgelegt. Der Freiherr von Bielfeld, der seit 1739 in Rheinsberg zur ständigen Mannschaft gehört und von Friedrich geadelt wird, hat sie ein wenig überschwenglich – man darf allerdings sicher sein, daß er die im Rheinsberger Kreis vorherr-

ABB. 17
Elisabeth
Christine,
Selbst-
bildnis als
Schäferin,
1738 in
Rheins-
berg
gemalt.

schende Meinung wiedergibt – so charakterisiert: »Die Kronprinzessin ist groß und vollkommen wohl gewachsen. Ich habe
niemals eine in allen ihren Verhältnissen so regelmäßige Taille
gesehen. Ihre Brust, ihre Hände, ihre Füße können einem Maler
zum Muster dienen. Ihre Haare ... sind das schönste Aschgrau
der Welt ... Sie hat einen sehr zarten Teint und große blaue
Augen, in welchen Lebhaftigkeit und sanftes Wesen miteinander
um den Vorzug streiten, was ihrem Blick etwas sehr Geistreiches
gibt. Sie hat eine offene Stirn, wohlgesetzte Augenbrauen, eine
kleine und etwas spitzige, aber wohlgebildete Nase, einen angenehmen Mund, rote Lippen, und ihr Kinn ist, so wie ihr Hals,

reizend. Güte spricht aus ihrem Gesichte und man kann wohl sagen, daß ihre ganze Gestalt von den Händen der Grazien gebildet worden ist, um eine große Prinzessin zu schaffen.« Kein größerer Gegensatz zu den Karikaturen der Hohenzollern-Familie wäre denkbar. Es muß sich etwas geändert haben, in Elisabeth und in der Einstellung der Betrachter zu ihr. Deshalb der folgende Einschub. Er besagt: Ein Mensch ist nicht von der Wiege bis zur Bahre ein gleichbleibendes Objekt der Betrachtung. Da die Geschichte weiß, wie sich ein Lebensschicksal entwickelt hat, besteht immer die Gefahr, diese Schicksalsvariante als die einzige mögliche oder zumindest logische zu interpretieren. Zumindest im Falle Elisabeths wäre das zu kurz gegriffen. Es wäre falsch, ihr späteres Verstummen als die einzige Variation zu interpretieren, die aus den ihr aufgezwungenen Lebensverhältnissen hätten resultieren müssen. Auch die Reaktionen, die ihre Person hervorrufen, lassen darauf schließen, daß sie sich im Laufe der Jahrzehnte sehr verändert hat. Die zeitgenössischen Stimmen der vierziger und fünfziger Jahre des 18. Jahrhunderts scheinen sich auf eine ganz andere Person zu beziehen als diejenigen der späteren Jahre. Mögen sie auch zu einem großen Teil dem Geschwätz der Hofschranzen entnommen sein, so zeigt zumindest die Undeutlichkeit der Meinungs- und Willensbildung, daß man sich mit ihrem Schicksal beschäftigte. Dieses blieb so lange offen, wie Friedrichs Charakterbildung offen schien. Ihre Schwiegermutter Sophie Dorothea, die zeit ihres Lebens gebeutelt worden ist von der Matter-of-fact-Logik ihres trockenen Ehegatten, hat durchaus zu Recht angemerkt: »Wem der Geist frei und zufrieden bleibt, wem die Welt lacht, der kann die Dinge ganz anders ansehen, als wer beständig unter Druck lebt.« Friedrich war anders als sein Vater, doch »frei und zufrieden« zu sein erlaubte ihm sein Charakter nicht.

Dies im Sinne versteht man besser, daß die frühen Urteile über die Schwiegertochter Sophie Dorotheas sich von denen aus der späteren Zeit so unterscheiden, daß man zuweilen glaubt, es mit verschiedenen Menschen zu tun zu haben. Schon ein Jahr nach dem begeisterten Porträt Bielfelds wird dem Hofstaat erkennbar, daß Friedrich seine Frau vernachlässigt. Und schon heißt es: »Was die regierende Königin anbetrifft, so hat der König mit derselben wenig Umgang ... Diejenigen, so sie vorher gekannt, finden sie auch in ihrem Aussehen verändert.« So schreibt Freiherr von Münchhausen im Jahre 1740. Ebenfalls aus diesem Jahr datiert die fast gleichlautende Beobachtung des kursächsischen Hofrats König: »Der König bezeigt noch jederzeit soviel Respekt gegen seine Frau Mutter als Kaltsinnigkeit gegen seine Gemahlin, die weder nach Charlottenburg hat kommen dürfen noch das Vergnügen gehabt, daß er bei ihr in seinem Palast in Berlin ein einziges Mal über Nacht geblieben wäre.«

Nur wer solche frühen Eintragungen kennt, vermag Urteile zu würdigen, wie sie Lehndorff 17 Jahre später, im Jahre 1757, seinem Tagebuch anvertraut hat: »Die Königin ist im Grunde eine gute Frau; aber die Gemahlin des größten, des schätzenswertesten und liebenswürdigsten der Könige zu sein, dazu paßt sie ganz und gar nicht ... Es ist wirklich schade, daß diese Fürstin, die im Grunde soviel gute Eigenschaften besitzt, so oft sich zu einer Heftigkeit hinreißen läßt, die man im gewöhnlichen Leben Brutalität nennen würde und die ihr so viele Personen entfremdet, die ihr sonst von Herzen ergeben sein würden.« Mag dies auch die Äußerung eines zeitweilig beleidigten Höflings sein, der ihr später auch wieder freundlichere Bemerkungen widmet – sie weisen darauf hin, daß die Verletzungen des Schicksals den Charakter Elisabeths mehr als nur gestreift haben.

Vergessen ist die Zeit, in der man glaubte, sie habe Macht über das Herz des Königs. »Die königliche Prinzessin ist hübsch, umgänglich, wird mächtig.« Sie ist dies nie geworden, wollte es wohl auch nie werden. Aber daß man sie vor dem Jahr 1740 überhaupt mit dem Begriff der Macht in Beziehung setzt, läßt zumindest erahnen, warum die königliche Familie sie aus ihrem Kreis ausschloß. Sie galt in einer machthungrigen Familie als eine Konkurrentin um Macht und Einfluß.

Ganz anders steht es um Friedrich. Die Befreiung vom Vater ist für ihn die eine Seite der vier Rheinsberger Jahre. Die andere Seite ist die Vorbereitung auf das kommende Herrscheramt. Wäre es nach ihr gegangen, hätten die Jahre weiter so fließen können, für ihn sind sie Vorbereitung auf Kommendes. Dem wird er in den Stunden gerecht, die er einer systematischen Lektüre widmet und aus denen auch die ersten seiner ernst zu nehmenden Werke stammen. Es wäre – davon abgesehen – auch nicht falsch, sich die französisch dominierten Rheinsberger Jahre als eine Art propädeutischen Vorgriff auf die kommende Rokokozeit, die sich bereits in seinem Schloß zeigt, vorzustellen. Wir erleben die endgültige Ablösung des Barock mit seinen gemessenen Bewegungen und seinen Allongeperücken durch eine neue Zeit, die ihr natürliches Haar gelöst trägt und in ihren schimmernden, nicht mehr steifen Gewändern ihre lässige Fröhlichkeit hervorhebt. Adolph von Menzels populär gewordene Bilder haben solcher Interpretation Vorschub geleistet. Doch abgesehen von den Wandlungen im Tagesrhythmus entwickelt sich auch im Lebensrhythmus eine Dreiteilung, die von Friedrich so beschrieben wird: »Die Leser meiner künftigen Geschichtsschreiber werden nur drei Epochen unterscheiden brauchen: ›Exerzierzeit, Reifezeit und Rheinsberg.‹« Vom Feldherrn, Staatsmann und »Alten Fritz« ist hier noch nicht die Rede. Doch die Lektüre in Rheinsberg besteht auch nicht allein aus Voltaires Werken, aus Racines und Corneilles Dramen, aus Christian Wolffs Philosophie und französischen Romanen.

Wenn sich Friedrich aus der fröhlichen Runde zurückzieht, deren Mittelpunkt er immer bleibt, gilt seine Lektüre einzig und allein der Vervollkommnung seines Wissens. Erst jetzt steht ihm unabwendbar vor Augen, daß seine Bildung nicht nur durch die

Zwangsmaßnahmen seines Vaters blockiert worden ist, sondern ebenso durch seine Unfähigkeit zur Konzentration. So wird der Gang von seinem Arbeitszimmer zur Bibliothek, die er sich später in Sanssouci nachbauen läßt, zur wichtigsten Handlung des Tages. Diese Wendung zur zielgerichteten Ernsthaftigkeit, die nur wenig mit dem bunten Rheinsberger Treiben zu tun zu haben scheint, läßt sich an zwei oberflächlich betrachtet völlig unterschiedlichen Beschäftigungen nachvollziehen. Da ist zum einen sein Briefwechsel mit Friedrich Wilhelm von Grumbkow, dessen Votum für Rheinsberg bei seinem Vater eine wichtige Rolle gespielt hatte. Aus seinem Hauptwidersacher im »Tabagium« war nach einer erst einmal äußerlichen Aussöhnung bis zu seinem Tod im Jahre 1739 ein väterlicher Ratgeber geworden. Dieser Briefwechsel, geführt über die Vorgänge im europäischen Staatensystem, vollendet Friedrichs politische Bildung.

Der Tod des chamäleonhaft sich wandelnden Grumbkow nach einem Gelage bei August dem Starken ist nicht nur ein menschlicher wie politischer Verlust für den König, sondern auch für den Kronprinzen. In der Intimität von dessen Privatbriefen wird schon bald der unterschwellige Ehrgeiz erkennbar: »Es erschreckt mich, daß ich auf unserer Seite eine gewisse Erstarrung erblicke, durch die man von der Furcht vor unseren Waffen abgekommen ist in einer Zeit, wo man die Kühnheit so weit treibt, uns zu verachten.« Friedrich übt sich damals schon in der Prognose und in der Kunst der außenpolitischen Analyse. So entwirft er Handlungsanweisungen, wie man mit den Herzogtümern Jülich und Berg vorzugehen habe, die 1712 vom Kaiser für den Fall des Aussterbens der dortigen männlichen Linie Preußen zugesprochen worden waren. Es war ein Versprechen, das Wien nun nicht mehr einhalten will.

Erst wenige Wochen in Rheinsberg, schreibt er an Grumbkow: »Was ich in diesem Falle tun würde, wäre, mich vor allem auf guten Fuß mit dem Kaiser zu stellen ... und mittlerweile alle vierzig Eskadronen Dragoner mit dem Husarenschwadron nach dem Klever Land marschieren zu lassen … Die vierzig Eskadronen Dragoner würden Befehl erhalten, erforderlichenfalls in Jülich und Berg einzumarschieren und sich der beiden Herzogtümern zu bemächtigen. Wenn man sich dann zu Unterhandlungen bequemen will, so wird man uns höchstens veranlassen können, Jülich herauszugeben und wir werden Berg behalten. Wenn wir aber nur in Berg einfallen, so wird man uns zwingen, die Hälfte davon zurückzugeben.«

Selbst über die Zukunft Österreich-Ungarns hat er sich noch als Kronprinz Gedanken gemacht, die über die Gegenwart hinausreichen. Österreich ist nach seiner Analyse als Macht nötig gegen die Türken; aber in Deutschland braucht es nicht größer zu sein, als daß drei Kurfürsten ihm Paroli bieten können. »Ich weiß, es ist die Absicht sowohl Englands als auch Frankreichs, andere Fürsten in Obhut zu nehmen; ich aber will durch keinen von beiden geleitet werden.«

Mit einem Brief vom 8. August 1736 hat – wie schon angedeutet – fast gleichzeitig die Rheinsberger Zeit und sein Werben um Voltaire, den großen Intellektuellen der Aufklärung, begonnen, der ebenso einflußreich wie als Charakter fragwürdig ist. Die Korrespondenz der beiden bedeutet für Friedrich den gelungenen Versuch, als König von Preußen von dem König der Intellektuellen anerkannt zu werden. Voltaire ergeht sich in Schmeicheleien gegenüber einem jungen Fürsten, von dem er spürt, wie er mit aller Macht versucht, die Pose des absoluten Herrschers (die er allem Anschein zum Trotz in seinem Handeln nie verleugnet hat) mit dem zu vereinen, was sich seit einiger Zeit »Aufklärung« nennt. Der Ton der Briefe mit ihrer gegenseitigen Bewunderung und auch Lobhudelei ist für den heutigen Leser nur schwer erträglich. Aber sie lassen bereits die Stimme des sorgenden Landesvaters vernehmen, der sich seinen Untertanen gegenüber verantwortlich fühlt. Der »aufgeklärte Absolutismus« ist damit geboren.

Im März 1739, also nur ein Jahr vor dem Ende der Rheinsberger Episode, ist es soweit: Friedrich beginnt Voltaire von einem Werk zu berichten, das als *Antimachiavell* in die Geschichte eingegangen ist. Ein weiteres Jahr später, am 5. November, meldet er Voltaire Vollzug: »Die Widerlegung des Machiavell, für die Sie sich interessieren, ist beendet.« Er ist 27 Jahre alt und setzt sich als noch nicht gekröntes Haupt eines Staates, ohne daß er es ahnt, an die Spitze einer Bewegung, die einige Jahrzehnte später dem monarchischen Absolutismus ein Ende bereiten wird.

Elisabeth hat bei ihrem letzten Aufenthalt in Rheinsberg 1740 zum ersten Male Voltaires persönliche Bekanntschaft gemacht. »Er sieht wie das aus, was er ist«, hatte sie kurz und kryptisch über ihn, den Freigeist, geschrieben. Was damit gemeint ist, wird nicht ganz klar. Jedenfalls hat sie die Begeisterung ihres Mannes für ihn nie geteilt. In einer zeitgenössischen Schrift *Literarisches Preußen* meint der Verfasser, der katholische Abbé Denina, sie habe ihn zumindest in seiner Fragwürdigkeit erkannt: »Sie erkennt das Außergewöhnliche dieses Mannes an, dessen Bosheit und Schlechtigkeit sie ebenso anwidert, wie sein Geist sie entzückt.« Ob der Brief, den Voltaire ihr ein Jahr später schickt, sie in diesem Urteil hat wanken lassen, scheint mehr als fraglich. Immerhin suchte der ihr damals mit schmeichelnden Worten näherzukommen: »Es ist nicht erstaunlich, daß man keinen anderen Ehrgeiz verspürt, als den, Eurer Majestät zu gefallen, wenn man je das Glück gehabt hat, sich Ihnen nähern zu dürfen. Mein Eifer wird ebenso dauerhaft sein wie mein Bedauern. Berlin ist der Aufenthaltsort der Höflichkeit wie Schlesien [Friedrich befindet sich schon im Ersten Schlesischen Krieg – Anm. d. Verf.] der des Ruhmes. Möge Ihre Majestät noch für lange das Schmuckstück Deutschlands sein.« Briefe von ihr an Voltaire sind nicht überliefert. Sie hatte auch keinen Anlaß mehr dazu; denn seit 1740 haben sich die Wege des Ehepaares auf Friedrichs Wunsch unwiderruflich getrennt.

Familienbande

An den Höfen Europas war der König von Preussen (in den Jahren vor 1740) so etwas wie ein unfreiwilliger Hanswurst geworden, eine goldene Gans, die nicht aufhören durfte, lachhafte Anekdoten zu liefern. Die Gans reagierte unweigerlich produktiv auf Leckerbissen über Friedrich ... dennoch war der Ertrag nicht immer komisch. »Der geringste Fehltritt, die leiseste Unbedachtsamkeit, das kleinste aufgebauschte Nichts können mich zugrunde richten«, so beurteilte Friedrich nüchtern seine gefährdete Lage ... Auch Friedrich Wilhelm war nicht ganz blind: »Die Leute werden sagen: Gut, dass wir den alten Menschenschinder los sind! Aber sagt ihnen: Der, der nach mir kommt, wird sie alle zum Teufel jagen, das werden sie davon haben!«

> Edith Simon 1963

———•+•———

Rheinsberg bildet in vielfältiger Weise eine Klammer zwischen Gegenwart und Zukunft. Das folgende Kapitel, in dem Elisabeth eine wichtige, für ihr Wesen bezeichnende Rolle spielt, erstreckt sich zeitlich von Rheinsberg über den Tod des Königs bis hin zum Ersten Schlesischen Krieg. Daß Rheinsberg für Friedrich nicht eine Zeit reinster Idylle bedeutete, wurde gezeigt. Aber dies trifft auch für Elisabeth zu. Unabhängig von ihr ballen sich rund um Preußen Wolken zusammen. Es herrscht Ruhe vor dem Sturm. Aber gerade in diesen beschaulichen Jahren ist ihr hauspolitischer Einfluß nicht ohne Bedeutung.

Die politische Lage ist unübersichtlich wie noch nie in diesem Jahrhundert. In Rheinsberg scheint die Zeit in der Abfolge galanter und frivoler Divertissements stillzustehen. Doch draußen mehren sich die Zeichen einer Zeitenwende, die nach politischem Ausdruck sucht. Das letzte europäische Universalreich, das Deutsche Reich, zeigt unverkennbare Anzeichen der Schwäche. An seine Stelle tritt ein Kaleidoskop von Nationalstaaten, in dessen vielfältigen Brechungen Preußen seinen angemessenen Platz sucht. Friedrich Wilhelm I. hatte dafür die Voraussetzungen geschaffen. Friedrich II. festigt nun seinen Staat in den drei folgenden Kriegen, die mit seiner Thronbesteigung 1740 beginnen. Der Zufall der Geschichte will es, daß Kaiser Karl VI. im gleichen Jahr wie der Preußenkönig stirbt und daß mit Maria Theresia eine mannhafte weibliche Nachfolgerin an die Spitze des Riesenreiches tritt. Damit stehen Friedrich drei Frauen gegenüber, derer er sich durch Witz und Zynismus allein nicht entledigen kann: Maria Theresia, Katharina die Große in Rußland und Madame Pompadour in Frankreich.

In Preußen tritt die Generation ab, die Friedrich Wilhelm zur Seite stand und deshalb Friedrichs Schicksal mitbestimmte. Grumbkow stirbt noch vor Friedrich Wilhelm im Jahre 1739. Seckendorff ist vor Rheinsberg nach Wien zurückberufen worden, hatte seitdem nicht mehr die Fortüne, die ihm bis dahin lächelte. Er wird in Wien zuerst einmal verhaftet, dann unter Anklage gestellt, schließlich verbannt, bevor wieder günstigere Zeiten für ihn anbrechen. Österreich verliert 1736 mit Prinz Eugen von Savoyen den auch von Friedrich hochgeschätzten Organisator und Schlachtenlenker. Sein Ruhm im Krieg gegen die Türken hatte vergessen lassen, daß er in seinen letzten Lebensjahrzehnten nur noch ein Schatten seiner selbst gewesen war. Georg II. von England und Hannover, den Friedrich Wilhelm I. wenn möglich noch weniger schätzte als Georg I., der schon im Jahre 1727 gestorben war, erweist sich als ein nicht zu befriedigender Konkurrent in der deutschen Politik. Und schließlich hatte Europa dem Tod Augusts des Starken, dem seit 1733 sein Sohn August III. als König von Polen folgte, eine Epoche der Beunruhigung zu verdanken.

Trotz dieses Wirrwarrs wollen viele deutsche Fürstenhäuser noch nicht wahrhaben, daß sie mit dem Heraufkommen Preußens vor einem Umbruch stehen, der sie zu einer Neuorientierung ihrer Beziehungen zwingt. Das trifft auch auf das Haus Braunschweig zu. Dem Prinzen Ludwig Ernst hatte der kaiserliche Hof schon früh Offiziers-Offerten gemacht, bevor man in Berlin Wind davon erhielt. Noch einmal will das Haus Hohenzollern in seinem Werben um den herzoglichen Nachwuchs nicht den kürzeren ziehen. So bemüht sich Friedrich bereits in seiner Kronprinzenzeit sehr energisch um den jüngeren, 1721 geborenen Prinzen Ferdinand. Dies schon deswegen, um die traditionellen Bindungen nicht einrosten zu lassen. An ihrem Lebensende ist der eine von ihnen kaiserlicher, der andere preußischer Generalfeldmarschall.

Damit gewinnt Elisabeth in der zweiten Hälfte der Rheinsberger Zeit für eine Weile einen gewissen politischen Einfluß als geschickte Vermittlerin der Interessen zwischen beiden Häusern. Dies ist nur deshalb möglich, weil ihr Mann sie ins Vertrauen zieht, und das setzt voraus, daß er ihr vertrauen kann. Das wiederum heißt: Sie hat sich sein Vertrauen in den vergangenen Jahren erworben. Denn man kann ihm vieles nachsagen, doch das eine nicht: Friedrich sei vertrauensselig. Elisabeth setzt sich im Hin und Her um ihren Bruder Ferdinand von Anfang an dafür ein, ihm die Vorteile einer preußischen Karriere vor Augen zu führen. Das ist nicht so einfach, wie das auf den ersten Blick erscheint. Schließlich ist die Kaiserin gleichen Namens ihre Tante, schließlich war ihr unvergessener Vater Kaiserlicher Generalfeldmarschall, und schließlich haben die braunschweigischen Frauen und Witwen noch immer ein gleichsam ererbtes Faible für Wien.

Vor allem aber will der seit dem Tode seines Vaters im Jahre 1735 regierende Herzog Karl I. erst einmal wissen, was seinen jüngeren Bruder in Berlin erwartet. Schließlich sind die königlichen und kaiserlichen Höfe mehr und mehr zu Versorgungsanstalten des Adels geworden. So spielt sich die »Affäre Ferdinand« fast gleichzeitig mit dem Versuch des Königs ab, eine weitere preußisch-braunschweigische Hochzeit in die Wege zu leiten, um dieses Stützkorsett noch zu festigen. Und die Duodez-Politik weitet sich wieder einmal zu einer gesamteuropäischen Politik. Deshalb hat Elisabeth zwischen 1737 und 1740 so viele Briefe mit politischem Inhalt geschrieben wie nie zuvor und nie danach. Immer wieder sucht sie ihrem Bruder und ihrer Mutter klarzumachen, daß die Interessen ihres Hauses wie auch die Ferdinands darin lägen, sich den Wünschen des preußischen Königs und seines Kronprinzen zu fügen. Ihre Schreiben lassen an Klarheit nichts zu wünschen übrig. In einem Brief an Karl heißt es unmißverständlich: »Da Sie mich gebeten haben, Sie davon zu benachrichtigen, wie Sie dem Kronprinzen eine Freude machen können, so teile ich Ihnen mit, daß er wieder mit mir über meinen Bruder Ferdinand gesprochen hat, den er gern hier in den Dienst treten sähe. Für den Fall, daß er hier der Herr sein wird, verspricht er, ihm alle Sorgfalt angedeihen zu lassen. Er will ihm vor allem ein Regiment geben und ihm alle nur möglichen Vorteile zugestehen … Der Kronprinz würde es übel nehmen, wenn ihm dieser Wunsch abgelehnt würde …«

Friedrich plant also – wie erwähnt – über den Tod seines Vaters hinaus, und Elisabeth leiht ihm in diesen Jahren die Feder, die seine Wünsche in ihren Briefen formuliert. Währenddessen bemüht sich der sterbende König mit letzter Kraft, die bisher schon doppelt gefestigte Beziehung zwischen Preußen und Braunschweig – Elisabeth mit Friedrich, Karl mit Philippine Charlotte – durch eine dritte Heirat zu verstärken. Auf eine fast groteske Art ähnelt das Procedere dem, was schon vorher erfolgreich gewesen ist: Ein Späher, der französische Gesandte in Berlin De la Chétardie, wird zur Brautschau nach Wolfenbüttel geschickt, um die dort verbliebenen heiratsfähigen Töchter auf ihre Verwendbarkeit zu überprüfen. In Berlin widersetzt sich die Königin – wiederum ohne Erfolg – den Wünschen ihres Mannes. Auch die mütterliche Stimme von Antoinette erhebt sich in Wolfenbüttel, ohne gehört zu werden. Die Königin versteinert, und der König wird von Koliken und Wutanfällen heimgesucht. Er hat Erfolg – doch er erlebt ihn nicht mehr. Denn Prinz August Wilhelm heiratet erst im Jahre 1742 die dann zwanzigjährige, jüngere Schwester Elisabeths, Luise Amalie. Mit dieser Heirat hat die preußische Dynastie – zumindest was die Kinder angeht – Glück. Friedrich erhebt deshalb, selbst erst 29jährig, August Wilhelm 1744 zu seinem Thronfolger. Die Träume des Königs sind endgültig ausgeträumt: Seine Ehe wird kinderlos bleiben. Und wenn die Ehe Wilhelms auch unglücklich verlief – sie sicherte den Hohenzollern männliche Nachkommen bis auf den heutigen Tag.

Elisabeth hat auch in diesem Falle getan, was ihr vorgeschrieben wird. Sie hat es aber nicht nur um des Gehorsams des Weibes willen getan, sondern um der Liebe und der Eintracht willen. In erster Linie wohl um der Liebe willen, die sie für ihren Mann hegt. Wenn sie etwas nicht ausstehen kann, dann Zwietracht und Intrige. Schon deshalb muß sie an diesem Hof ins Hintertreffen geraten. Das Bedürfnis nach Harmonie unterscheidet sie grundsätzlich von ihrem Mann. Zwischen den Fronten zu stehen, ohne die Möglichkeit zu haben, die Fronten aufzuheben, macht sie auf die Dauer physisch krank. In diesem Falle setzt sich allerdings der gemeinsame Wille durch: Ferdinand bleibt bis zu seinem Ende ein hochgeachteter General in der preußischen Armee.

Von einem zweiten Fall ist zu berichten, in dem sie sich zwischen ihrem Mann und ihrem Bruder Karl bewegt. Als sie sich bei diesem für Friedrichs Pläne einsetzt, steht sie plötzlich zwischen den Lagern. »Sie können sich vorstellen, daß die Lage, in der ich mich befinde«, schreibt sie Karl am 9. April 1740, »nicht sehr angenehm ist. Denn ich stehe zwischen Ihnen und dem Prinzen. Zwischen Ihnen, mein Bruder, den ich so zärtlich liebe und ihm, der mir diese Aufträge gibt.« Der Auftrag, um den es 1740 geht, berührt nun schon die kommenden Kriege: Friedrich will, daß ihm der Herzog ein Regiment zu seiner Verfügung stellt, das im Braunschweigischen stationiert wird und später von Elisabeths Bruder Ferdinand kommandiert werden soll. Der Herzog sieht sich dazu außerstande, da sein Vorgänger, d. h. sein Vater, ihm leere Kassen hinterlassen hat, was nicht zuletzt den vorangegangenen Hochzeiten zuzuschreiben ist. Deshalb bittet er seine Berliner Schwester, es so einzurichten, daß die Anstellung Ferdinands und weiterer Brüder den Staatsetat, das heißt ihn, nicht allzu sehr belastet. Friedrich nimmt diese Weigerung höchst ungnädig auf und interpretiert sie als reinen Unwillen. Im Hintergrund seines Verdachts, der mit handfesten Drohungen garniert ist, lauert das Mißtrauen, daß der Herzog immer noch zu stark mit dem kaiserlichen Hof verbandelt sei, um wirklich frei handeln zu können. Elisabeth, die immer wieder eingreift, weil sie von ihrem Mann dazu aufgefordert wird, leidet unter dem Zwist. Das Regiment der Brüder koste nichts oder nur wenig, behaupte der Kronprinz, heißt es bei ihr. Karl wolle sich nicht gefällig zeigen; er, Friedrich, wisse jedenfalls, was er in Zukunft zu tun habe. Er werde sich von nun an um die Familie Elisabeths nicht mehr kümmern. Er täte nichts für die, »die für ihn nichts tun wollten«. Dennoch bringt sie den Mut auf, die Partei der Königin von Österreich und der späteren Kaiserin, ihrer Tante, zu ergreifen, die sich »in reeller Weise« um das Wohl ihrer Familie kümmerte. Anfang Mai 1740 muß sie dann aber schreiben, Friedrich habe ihr »befohlen«, dem Bruder mitzuteilen, daß es gar nicht um den Unterhalt eines Regiments gehe, sondern nur »um die Aushebung der dafür notwendigen 1300 Mann«. Er wundere sich, wie ein derartig kleiner Liebesdienst seinen Schwager soviel Nachdenken koste. Schließlich sei er bereit, selbst 4000 oder 5000 Taler für die Kosten des neuen Regiments zuzuschießen.

Die Kontroverse ist noch nicht ausgestanden, als der König am 31. Mai 1740 stirbt. Sie geht danach weiter, wie die Briefe an ihren Bruder zeigen, denn Friedrich ist unerbittlich: »Sie ahnen nicht, was ich zu leiden habe, Gott weiß es, und kann mir allein helfen. Sie schieben mir Unannehmlichkeiten zu und machen mich unglücklich.« Im Juli schreibt sie davon, daß Friedrich schon den Befehl erteilt habe, »Sie in Ihrem Lande nach Möglichkeit zu belästigen«, so wie sie ihm schon zwei Wochen vorher mitgeteilt hatte, der neue König habe Befehl gegeben, »Sie zu schikanieren«. Schließlich droht er sogar, die geplante Hochzeit zwischen Prinz August Wilhelm und ihrer Schwester Luise Amalie platzen zu lassen. Mit Zuckerbrot und Peitsche geht er vor, indem er zugleich vor Elisabeth die Fata Morgana aufbaut, er werde ihre Schulden zahlen, wenn ihr Bruder das Regiment stelle. Die Angelegenheit ist dann wohl Anfang August 1740 bei einem Besuch Karls in Berlin, um den Friedrich gebeten hatte, beigelegt worden.

Möglicherweise ist es etwas weit hergeholt, wenn man die nach der Thronbesteigung abrupt einsetzende Entfremdung zwischen den Ehepartnern auch mit der Eifersucht auf die »liaisons dangereuses« der Braunschweiger mit den Habsburgern begründet. Aber zweifellos könnte man in Friedrichs aufsteigendem preußischen Nationalismus, der kein Verständnis für die Lebensphilosophie eines regierenden Hauses aufbringt, das angesichts der Rivalität von zwei großen Häusern Europas um sein Überleben kämpft, eine der Ursachen für die so plötzlich absterbende Neigung gegenüber einer Tochter dieses Hauses suchen. Auch später haben sich warmherziges Lob und kühle Distanz gegenüber den Braunschweigern abgelöst. Wenn Elisabeth, die ihre Mutter gerne bei sich zu Besuch gehabt hätte, dem König vorbeugend davon spricht, »er braucht keine ›Intrige‹ davon zu fürchten«, dann hat eine solche Bemerkung noch Jahre danach einen Bezug zur Errichtung des braunschweigischen Regiments. Sie selbst jedoch bleibt sich in allen Wechselfällen treu: Sie bewundert den Mann, dem sie angetraut worden war. Aber zugleich läßt sie nichts auf ihre Familie kommen. Die wird ihr in den schweren Jahren, die auf Rheinsberg folgen, eine Stütze, die sie alle Erniedrigungen überstehen läßt. So erlebt sie mit, wie alle Welt in ihrer Umgebung vom kommenden Krieg spricht. Aber sie macht sich keine Gedanken darüber, was das für ihre eigene Zukunft bedeuten könnte.

.

DIE MITTE DES LEBENS

1740: DAS SCHICKSALSJAHR

FRIEDRICH II. VON PREUSSEN IST IN SEINEM VERHALTEN
ZU ANDEREN MENSCHEN VON JENER MERKWÜRDIGEN
GESPALTENHEIT, DIE IHN AUCH SONST CHARAKTERISIERT.
ER SUCHTE DEN UMGANG MIT MENSCHEN UND FLOH
SIE GLEICHZEITIG. ER FÜHLTE ZUNEIGUNG ZU ANDEREN,
STIESS ABER AUCH DURCH MENSCHENVERACHTUNG, JA
MENSCHENHASS AB.

> THEODOR SCHIEDER 1983

Aus alledem, was über die Rheinsberger Jahre bekanntgeworden ist, läßt sich mit Sicherheit vor allem eines herausdestillieren: Der Wechsel von einem König zum anderen ging nicht so abrupt vonstatten, wie es den Anschein hat. Friedrich Wilhelm bleibt zum Schluß gar nichts anderes übrig, als seinem schwierigen Sohn Platz zu machen. Das Volk jubelt, weitgehend zu Unrecht, als sein Tod bekannt wird. Hof und Verwaltung aber haben sich schon lange vorher damit vertraut gemacht, daß ein neuer absoluter Fürst auf den alten folgen würde. Nur, was der im Schilde führt, das wissen sie nicht. Was allerdings jedermann ahnt, ist dies: Wie die Welt den Kronprinzen bisher kennengelernt hat, ist es keine Überraschung mehr, daß das, was Friedrich mit sich bringt, mehr ist als nur eine Fortsetzung der Politik Friedrich Wilhelms I.

So ist das Jahr 1740 zu einem der großen Schicksalsjahre in der Geschichte Europas geworden: Friedrich Wilhelm I. stirbt und mit ihm der erste preußische König, der die Voraussetzungen für eine Großmacht geschaffen hat. Sein Sohn besteigt als Fried-

rich II. den Thron und schafft die Voraussetzung für die Gleich-
rangigkeit Preußens im Kontext der Großmächte. Kaiser Karl VI.
stirbt, mit ihm bricht der unangefochtene Anspruch zusammen,
der Österreich-Ungarn mit dem Reich gleichsetzt. Ihm folgt
seine Tochter Maria Theresia. Sie wehrt die endgültige Arron-
dierung Preußens so weit ab, daß ihr Staat nach einigen Umwegen noch einmal den deutschen Kaiser stellt. Den Verlust Schlesiens kann sie nicht verhindern.

Friedrich Wilhelm hatte sich von den Strapazen des Polnischen Erbfolgekrieges, die ihn schon 1734 an den Rand des Todes
brachten, nie mehr ganz erholt. Schließlich stirbt er in Würde.
Vier Tage vor seinem Tod schickt er Friedrich einen Brief, der als
erster und einziger die Anrede »Mein lieber Sohn« trägt. Zuvor
hatte er sich seinen Sarg neben das Bett stellen lassen, damit er
bereitstehe, wenn es notwendig sei. Doch als der Sohn, durch
alarmierende Nachrichten aus Ruppin herbeigeeilt, in Berlin
ankommt, findet er ihn am 28. Mai nicht im Bett, sondern auf
der Baustelle für einen neuen Marstall vor. Aber nicht diese An-
strengung überfordert den Vater, sondern der Abschied von seinem Nachfolger. Seine Stunden sind gezählt, als er – fast zu
schwach, um zu sprechen – mit Friedrich noch eine lange Unter-
redung hat. Als sie zu Ende ist, empfängt er das herbeigerufene
Gefolge mit den Worten: »Tut Gott mir nicht viel Gnade, daß er
mir einen so braven und würdigen Sohn gegeben hat?« Vermut-
lich hat er danach an seine Schwiegertochter, die mit ihm den
letzten Pfeiler ihres Lebens, dem sie unbedingt vertrauen konnte,
in Berlin verlor, diesen Brief diktiert: »›Madame‹, meine Tochter …«, schreibt der König, »Ich werde Ihnen immer sehr verpflichtet sein für die liebevolle Teilnahme, die Sie so oft für
meine gefahrvolle Lebenslage hegten. Wenn Gott Ihre Wünsche
nicht erhört, verlieren Sie in mir einen Vater, dem Sie über alles
teuer gewesen sind und der ich in aufrichtiger Freundschaft verbunden bin, Madame, Ihr sehr guter und getreuer Vater.«

Der König hat, so scheint es, den Brief gegen 15 Uhr seines Todestages diktiert. Angekommen ist er erst gegen 2 Uhr nachts in Rheinsberg, als man schon auf die Todesnachricht aus Berlin wartet. In der Nacht vom 30. zum 31. Mai betet und diskutiert er zuerst mit seinem Geistlichen, später fährt er sich selbst im Rollstuhl an das Bett seiner schlafenden Frau und weckt sie gegen vier Uhr morgens mit den Worten: »Steh auf, ich bin am Sterben.« Eine Stunde später legt er in Anwesenheit von vielen seiner Getreuen in aller Form die Geschicke des Staates in die Hände seines Nachfolgers. Danach kämpft er noch stundenlang mit dem Tod. Am Nachmittag muß der Arzt dem Widerstrebenden sagen, daß es nicht mehr lange dauern werde. Seine letzten Worte, in Anwesenheit des Sohnes gesprochen, sind: »Herr Jesus, in Dir lebe ich, in Dir sterbe ich. Du bist mein Heil.« Mochte auch der Thronfolger manche Hinweise dafür gegeben haben, wie lange er schon auf das Hinscheiden seines Vaters gewartet hatte – als es soweit ist, entlädt sich die Anspannung und wohl auch die Zuneigung in einer Flut von Tränen. Dann erinnern ihn die Erfordernisse des Herrschers daran, was er von sich und die Welt von ihm erwartet.

Es ist nicht verwunderlich, daß die Aufmerksamkeit für die Frau des Königs, der sich daran macht, der Geschichte seines Jahrhunderts eine neue Gestalt zu geben, nicht im Mittelpunkt der Zeit steht. Wohl aber, mit welchen Mitteln der sich ihrer, wenn nicht juristisch, so doch faktisch entledigt. Keine der in seinem Jahrhundert üblichen Strategien findet Anwendung. Weder läßt er sich von ihr scheiden, noch verbannt er sie, noch versorgt er sich mit Mätressen. Er beläßt sie mit allen Rechten und Pflichten als Dekorationsfigur an seiner Seite, ohne von ihr als Person noch Kenntnis zu nehmen. Sie wird von einem Menschen zu einem Repräsentationsautomaten herabgestuft, dessen Existenz zwar alle anderen, doch nicht er beachten müssen. Das muß früher oder später Wirkungen auf die Psyche der

Betroffenen haben. Im Grunde gehört das, was von nun an geschieht, zu den unaufklärbaren Wechselfällen der Geschichte. Gerade noch hat Elisabeth in Rheinsberg, aus tiefem Schlaf erwachend, das Wort »Majestät« auf sich bezogen gehört, da wird aus ihr eine Puppe, der jegliche Möglichkeit der Selbstentfaltung vorenthalten wird. Vom Vorgang des Wandels selbst, den Elisabeth in Rheinsberg erlebt, berichtet der wie stets etwas stark auftragende Bielfeld: »Nach einer halben Stunde erschien die liebenswürdige Königin in einem sehr geschmackvollen schwarzen und weißen Nachtkleide in dem Audienzsaal, um die Huldigung ihres Hofstaates entgegenzunehmen. Niemals ist sie mir so schön wie damals erschienen.« Wenige Stunden später setzt sie sich mit ihrem gesamten Gefolge nach Berlin in Bewegung – 80 Pferde werden dazu benötigt. In Berlin wird ihr ein am gleichen Tag geschriebener Brief ihres Mannes überreicht, der – ebenso wie der folgende – ein Dokument dafür geworden ist, daß die Zeiten sich geändert haben. Weder begrüßt er sie in ihrem neuen Rang als seine Königin, noch ist darin ein einziger Wunsch, ein einziges Wort über den künftigen gemeinsamen Lebensweg enthalten. Könnte man den ersten noch der Erschütterung des 28jährigen Königs zuschreiben, so gibt es für den nächsten Brief keine plausible Erklärung mehr außer der einen: Der König hat nach seiner Fasson zu regieren begonnen. Er drückt sich also auch gegenüber seiner Frau in der Befehlssprache aus. Die Briefe seien deshalb als Dokumente, die das erste Drittel ihres Lebens beschließen, in extenso abgedruckt. Der erste, sozusagen eine Regieanweisung der neuen Zeit, lautet so:

31. MAI 1740.   Madame. Der König hat über den König an diesem Nachmittag um 3 1/2 Uhr verfügt; er hat Ihrer gedacht und uns aufrichtige Tränen der Teilnahme entlockt. Sie werden es nicht glauben, mit welcher Festigkeit er gestorben ist. Sie werden, bitte, Mittwoch oder Donnerstag

nach Berlin kommen. Knobelsdorff soll auch gleich dahin abreisen. Wir werden in unserem alten Haus wohnen. Sobald Sie angekommen, werden Sie der Königin Ihre Aufwartung machen und dann für den Fall, daß ich dort sein werde, nach Charlottenburg fahren. Ich habe keine Zeit, mehr zu schreiben. Adieu   *Fédéric.*

Dieser Ton, aus dem auch die geringste Andeutung einer persönlichen Beziehung ausgemerzt ist, setzt sich fort im folgenden Brief:

BERLIN, D. 1. JUNI 1740.   Madame. Sobald Sie hier angekommen sind, werden Sie sich sofort zur Königin begeben, um ihr Ihren Respekt zu beweisen. Und Sie werden versuchen, darin mehr als sonst zu tun. Dann können Sie noch hier bleiben, soweit Ihre Gegenwart erforderlich ist, bis ich Ihnen schreibe. Sehen Sie möglichst wenig Menschen oder niemanden. Morgen werde ich die Trauer der Damen festlegen und Ihnen meine Befehle darüber zuschicken. Adieu, ich hoffe, Sie bei guter Gesundheit wiederzusehen.   *Fédéric.*

Ein König hat zu regieren, so ist die Botschaft, und es macht keinen Unterschied, ob er seiner Frau oder einem Regimentskommandeur seine »Befehle« zukommen läßt. Er hat sie in sein Generalarrangement für die Zukunft eingefügt.

Die Überraschung Europas, das sich von dem jungen Stutzer alles, aber nicht die Fortsetzung der Politik seines Vaters mit anderen Mitteln erwartet hatte, war groß. Tatsächlich korrespondiert Friedrichs Auftreten damals nicht im mindesten mit seiner äußeren Erscheinung, die der französische Gesandte am Berliner Hof plastisch, wenn auch ein wenig ironisch so beschrieben hat: »Die hübscheste, niedlichste Majestät von der Welt, mit lockigem Haar und großen blauen Augen, das Gesicht ziemlich gebräunt, hingegen sehr weiße, mit Ringen überladene Hände; etwa 1,70 groß [in Wirklichkeit wohl nur 1,63 m], von ein wenig rundlicher Figur [«Die Hüften zu hoch, die Beine zu dick»], anmutig, stolz, flink, wiewohl etwas lässig in seinen Bewegungen, lebhaft, von liebenswürdigem, doch edlem Gesichtsausdruck. Dazu ein unbeschreiblich gewinnendes Lächeln. Der Blick, funkelnd von wachsamer Intelligenz, vermöchte eine noch so verschwiegene Zunge zu lösen. In der Unterhaltung ist sein Charme unwiderstehlich« (zit. nach Edith Simon). Was korrespondiert, das ist die äußere Erscheinung und die Erwartungen, die nicht eintreffen.

Lassen wir auf diesen noch »jungen Fritz« gleich den »alten Fritz« folgen (der so alt noch nicht ist, denn er porträtiert sich zwanzig Jahre später treffend selbst so: mit 48 Jahren): »Der unerhörte Wirrwarr hat mich vor der Zeit alt gemacht ... An der rechten Seite ist mein Haar vollständig grau geworden. Meine Zähne brechen ab oder fallen aus. Mein Gesicht hat soviele Runzeln wie die Falten eines Frauenrockes. Mein Rücken ist gekrümmt, meine Gedanken traurig wie die eines Trappistenmönches. Der Krieg hat mich auf sovieles verzichten lassen, daß ich es schließlich aufgegeben habe, zu Abend zu essen, um wenigstens schlafen zu können. An Marschtagen besteht meine ganze Mittagsmahlzeit oft aus einer Tafel Schokolade.« Da ist er der »alte Fritz«, wie ihn die Legende aus der Geschichte hinübergerettet hat – ein Mann, der so lebt, wie er es will, und der zugleich darunter leidet. Eine »Doppelnatur« hat ihn schon eine Biographie aus dem 19. Jahrhundert genannt. Edith Simon weist darauf hin, daß das »Schäbige« seiner Erscheinung genau das war, was er wollte: mehr sein als scheinen. »Man konnte ihn immer unter seinem glanzvollen Gefolge herausfinden, denn der König tat sich dadurch hervor, daß er nicht glänzte.«

Hatte Elisabeth in Rheinsberg noch die Möglichkeit gehabt, sich in der Nähe ihres Mannes als schöner, intelligenter und

auch nützlicher zu zeigen, als eine übelwollende Fama es ihr zutraut, so verbannt sie Friedrich innerhalb weniger Monate aus
seiner näheren Umgebung. Warum das so ist, bleibt bis heute
ungeklärt, zumal keine andere Frau von sich sagen kann, sie
sei ihm später wirklich nahegekommen. Das gilt nicht einmal
für seine kurze Neun-Tages-Affäre mit der skandalumwitterten,
schönen und berühmten Tänzerin Barberina. Um sie nach Berlin zu bekommen, hatte er – eine Art Erpressung – 1743 sogar
den venezianischen Gesandten in der Hauptstadt verhaften
lassen. Der Hofmaler Pesne hat sie wieder und wieder gemalt.
Alles in allem war Friedrich wohl mehr als »ein wenig von ihr
berührt«, wie Elisabeth unschuldsvoll in einem Brief schrieb.
1746 hatte er von ihren Capricen allerdings genug. Sie geht nach
London, kommt wieder zurück, Friedrichs Nachfolger macht
sie zur Gräfin Campanini. Als gesunde Schönheit stirbt sie erst
1799.

Man darf sich zwar an seine vielen Äußerungen vor der Heirat
erinnern, in denen er immer wieder betonte, er werde die ihm
aufgezwungene Braut aus seinem Dunstkreis verbannen. Damals hatte man das als eine seiner vielen jugendlichen Übertrei-
bungen interpretiert, die man aus den Jahren zwischen 1730 und
1733 zur Genüge kannte. Die ›Rheinsberger Jahre‹ hatten dann,
wenn nicht ein Umdenken und Einlenken, so doch zumindest
eine Beschwichtigung seiner Aversionen gegenüber einer Frau
angedeutet, die ihm gegen seinen Willen bestimmt worden war.
Nun zeigt er ihr und der Welt, daß er eines nicht kann: vergessen
und schon gar nicht verzeihen, und das für Vergehen, die sie
nicht begangen hat.

Darauf fand Elisabeth keine Antwort. Im übrigen auch nicht
auf die Freizügigkeiten ihrer Nichte Elisabeth Christine Ulrike.
Diese war mit dem Sohn seines Bruders, des schon 1758 gestorbe-
nen Thronfolgers August Wilhelm, dem späteren Friedrich Wilhelm II., verheiratet worden. Wegen der Untreue des Prinzen hat

sie Erleichterung bei einem Liebhaber gesucht und ist mit der Auflösung der Ehe und Verbannung schwer gestraft worden.

Die grenzenlose Menschenverachtung, die darin liegt, seiner Frau die Ehren des »Amtes« einer Königin zu belassen, sie aber zugleich mit Nichtachtung zu bestrafen, ist – wie schon gesagt – psychologisch nur unvollkommen zu erklären. Eine Deutung mag die sein, daß Friedrich den Königlichen Hofstaat mit seinen Chargen, den sein Vater abgeschafft hatte, wiederherstellte. Warum, das bleibt auch dem Biographen Theodor Schieder weitgehend unklar. Aber es kann argumentiert werden, daß zwar »der faktische Ausschluß Elisabeth Christines vom königlichen Hof und ihre Verbannung nach Schönhausen aus dem preußischen Hof einen Hof ohne Königin machte«. Dennoch hatte die Königin eine Funktion innerhalb »eines heraufziehenden Identitätswandels, wobei im Staat mehr und mehr ein Abstraktum und eine über der Dynastie stehende Größe gesehen wurde«. Für diese Abstraktion »Staat« bleibt Elisabeth notwendig. Sie komplettiert ihn in ihrer Person. Friedrich brauchte sie aber nicht als Teil seiner Familie und schon gar nicht seiner selbst. Sie füllte eine Funktion in einem Staat aus, in dem vor allem jeder seine Pflicht tun sollte, und sie erfüllte diese Pflicht, ohne zu fragen, wozu das gut sei. Aber sie fiel nicht der zeitgenössischen französischen Ironie zum Opfer, die – so Theodor Schieder – besagte, daß der König »einen Kanzler habe, der niemals spricht, einen Oberjägermeister, der keine Wachtel zu töten wagen würde, einen Oberhofmeister, der nichts anordnet, einen Obermundschenk, der nicht weiß, ob Wein im Keller ist, einen Oberstallmeister, der nicht befugt ist, ein Pferd satteln zu lassen, einen Oberkammerherrn, der ihm noch nie ein Hemd gereicht hat, einen Großmeister der Garderobe, der nicht den Hofschneider kennt«. Und der Spötter hätte hinzufügen können: eine Ehefrau, mit der er keine Ehe führt.

Tatsächlich hat er seine Regierung so angepackt, als setze er nur in die Wirklichkeit um, worüber er sich seit Jahren klare Gedanken auf einer ebenso klaren ideologischen Grundlage gemacht hatte. So werden die entscheidenden Maßnahmen seiner Regierungszeit in den ersten Wochen zwischen dem Todes- und dem Begräbnistag seines Vaters, dem 22. Juni, in Gang gesetzt. Es wird die Folter als Untersuchungsinstrument abgeschafft. Ledige Mütter werden nicht mehr öffentlich bestraft. Die Mißhandlung angeworbener Soldaten wird verboten, die Pressezensur aufgehoben. Von Pressefreiheit kann allerdings auch weiterhin nicht die Rede sein. Die religiöse Freiheit ist von nun an zu tolerieren, die Jagdprivilegien des Adels, insbesondere, soweit sie die Bauern ruinierten, werden verkleinert. Friedrich ergreift Maßnahmen, um der intellektuell ausgedörrten Berliner Akademie mit neuen Berufungen Glanz zu verleihen. Der Orden Pour le Mérite wird geschaffen. Und: Friedrich Wilhelms »Lange Kerls« paradierten beim Begräbnis seines Vaters zum letzten Mal. Statt ihrer werden acht neue Bataillone aufgestellt. Das ist sicher kein Hinweis auf die friedlichen Absichten des neuen Königs. Aus gegebenem Anlaß hat Elisabeth an ihre Brüder zu jener Zeit nicht nur einmal geschrieben, wie zahlreich die Gerüchte der Berliner Gesellschaft über künftige Waffengänge seien.

Die Monate der Trauer für seinen Vater sind im Spätjahr 1740 beendet. Rheinsberg vermacht er schon 1743 seinem Bruder Heinrich, so als wolle er mit dem Ort einen Lebensabschnitt vergessen. Der Erste Schlesische Krieg ist gewonnen.

Ein Damenopfer

Die Königin Elisabeth ist das einzige Opfer dieser
ersten Königszeit.

> Pierre Gaxotte 1973

—— • ——

F riedrich schließt das Kapitel seiner Jugend, wie man ein aus-
gelesenes Buch zuklappt. Er läßt nicht nur Jahre, Bauwerke
und Erinnerungen derer zurück, die er in seinem Gedächtnis
beerdigt. Er läßt auch lebendige Menschen zurück – vor allem
seine Frau. Wenige Wochen nach dem Tode seines Vaters kommt
sie noch einmal nach Rheinsberg; noch ahnt sie nicht, daß es das
letzte Mal sein wird. Freilich hätte sie es ahnen können, denn
Friedrich weist der 25jährigen zur gleichen Zeit Schloß Schönhausen wie einen Witwensitz an. Es bleibt ihr gar nichts anderes
übrig, als ihre Eheträume abrupt zu begraben. Geahnt und
befürchtet, daß ihr Finsteres bevorstehe, hat sie es wohl schon
früher. Im Dezember 1739, also noch zur Rheinsberger Zeit, soll
sie – so Ernst Poseck in seiner großen Biographie – ihrem
Bruder gegenüber die Zukunft ihrer Ehe sehr schwarz beurteilt
haben. Sie traute ihr keinen Bestand mehr zu, sobald Friedrich
Wilhelm I. beerdigt war, rechnete eine Zeitlang fast sicher damit, daß sie verstoßen werde. In einem Brief vom 25. Januar 1740
sieht Poseck die Wende. Friedrich weist ihr schon vor des Vaters
Tod die Stellung hinter seiner Mutter und seinen Geschwistern
zu. Und er beendet diesen Brief nicht mehr mit: »Immer ganz
der Ihre« oder »Ich umarme Sie herzlich«, sondern beläßt es

nun bei einem distanzierten »Seien Sie versichert, daß ich mit der vollkommensten Achtung bleibe ...«

Es ist daher kein Zufall, daß die Form, wie er Elisabeth seinem Hof als neue Königin vorstellt, sehr unterschiedlich dargestellt wird. Die einen, die ihn auch als einen Meister höfischer Formen verstehen wollen, haben aus dem Vorgang eine Art Mysterium gebastelt; die anderen sehen in der Vorstellung Elisabeths den Beginn der bewußten Abwertung. Elisabeth jedenfalls ist – wie befohlen – noch am Abend des Todestages Friedrich Wilhelms aus Rheinsberg herbeigeeilt. Friedrich hatte sie nach Charlottenburg, in ihr altes Logis, bestellt. Die Chronisten sind sich uneinig über das, was dann folgt. Die einen beharren auf der feierlichen Variante: Friedrich, so streuten sie aus, habe Elisabeth der Familie und dem Hof zeremoniell vorgeführt. Er habe sie bei der Hand gehalten und gesagt: »Dies ist Ihre Königin.« Dann habe er sie geküßt. Die anderen, deren Variante sehr viel wahrscheinlicher ist, bestehen darauf, daß dergleichen nie geschehen sei. Wäre es anders, verlöre ihr späterer Absturz jede Logik. Die von frühem feministischen Groll geprägte Biographie der Eufemia von Adlersfeld-Ballestrem mit dem Untertitel »Das Lebensbild einer Verkannten« aus dem Jahre 1901 schreibt daher zur feierlichen Variante schon vor hundert Jahren: »Es hätte kaum der Versicherung des Ministers Freiherr von Horst (in seinen Memoiren) bedurft, die Episode nur als Anekdote zu kennzeichnen, an der kein wahres Wort war, wenn sie auch in Beckers Taschenbuch (1829) erscheint und in Kuglers ›Geschichte Friedrichs des Großen‹ sogar illustriert worden ist.« In Friedrichs Inszenierung seiner selbst ist die Einführung einer Königin neben sich einfach nicht vorgesehen.

Der Thronfolger nimmt seine Regierungsgeschäfte in einem atemberaubenden Tempo auf. Nur wenig Gedanken verschwendet er darauf, ob er auch allen Anforderungen des Protokolls genügt. Den Prunk, den sein Großvater Friedrich I. darauf verschwendet hatte, um sich als König in Szene zu setzen, empfand er immer als kostspieligen Firlefanz. Er wirft zwar in Berlin Geld unter das Volk, aber er verzichtet auf die übliche Huldigung der Stände. Seine Mutter, die ihm die vorgeschriebene Ehrerbietung erweisen will, bescheidet er: »Nennen Sie mich stets Ihren Sohn, Madame, mit einem Namen, der mir kostbarer ist als Majestät.« Von Elisabeth in diesen Tagen keine Spur und keine Äußerung ...

Auch die zusammengerufenen Generäle und Ministerialen werden sogleich mit dem neuen Ton, der in seinem Staat herrschen wird, bekanntgemacht. Sie haben vom ersten Augenblick an mit einem Herrscher zu rechnen, der bei jeder seiner Amtshandlungen weiß, wozu er sie benutzen will. Als der Alte Dessauer ihn darum bittet, in seinem Befehlsbereich unverminderte Autorität ausüben zu dürfen, ist es mit der Rührung, die Friedrich noch immer zur Schau trägt, schnell vorbei. »Ich werde Euer Liebden«, sagt der neue König, »alle Ämter belassen. Was die Autorität angeht, so weiß ich nicht, was Euer Liebden meinen. Autorität habe in diesem Land nur ich.« Und den Generälen wird in einer seiner Kurzansprachen, die von nun an zu seinem Markenzeichen gehören, zwar kein Eid auferlegt – »Unter Ehrenmännern bedarf es keines Eides« –, aber eine vorgreifende Warnung ist doch in seinem Repertoire. »Es ist unsere Meinung, daß Ihr Euch inskünftig nicht bereichern und unsere armen Untertanen nicht unterdrücken sollt ... Des Landes Vorteil muß den Vorteil vor unserem eigenen haben.« So darf man in Friedrichs ersten Herrschaftsakten die Geburtsstunde eines »aufgeklärten« Absolutismus sehen. Sie setzen sich fort in seinen Dekreten, die er innerhalb der ersten drei Wochen wie in einem kaltem Rausch erläßt.

Es ist gut möglich, daß Elisabeth, die damit beschäftigt ist, zwischen ihrem Mann und ihrem Bruder Karl ausgleichend zu wirken, von dieser Revolution im Staatswesen nicht sehr viel bemerkt hat. Sie dürfte zudem reichlich damit zu tun gehabt haben, das neue Verhalten ihres Mannes in ihr Leben einzuordnen. Der Ausschluß der Königin von jeglicher ehelichen Gemeinschaft beginnt allerdings nicht sogleich nach der Thronbesteigung. Bis zum 26. Juli des Todesjahres wohnen sie beide im Kronprinzen-Palais, das danach Friedrichs Bruder August Wilhelm zugewiesen wird. Daraufhin bezieht sie Zimmer im dritten Geschoß des Königlichen Schlosses in Berlin. Jetzt wie auch später steht sie bei Staatsfeierlichkeiten neben ihm. Aber das ist auch alles. Am 20. August 1736 war sie mit ihm nach Rheinsberg gekommen. Am 20. Oktober 1740 ist sie mit ihm noch einmal in Rheinsberg, um Voltaire zu empfangen. Es gehört zu der verdeckten Grausamkeit Friedrichs, daß er seine Frau gerade von dem ausschließt, was ihr am liebsten ist. Das gilt besonders für Rheinsberg, das er – wie gesagt – 1743 seinem Bruder Heinrich geschenkt hat. Der baut den Musensitz aus, lädt aber seine Schwägerin nie mehr ein. Das gilt wenig später vor allem für Sanssouci, für Potsdam insgesamt, des Königs beliebtesten Aufenthaltsort.

Die Monate, bevor er in Schlesien einfällt, werden von Reisen durch sein Land eingenommen, an denen Elisabeth nicht teilnimmt. Das hat Methode. So bleibt Rheinsberg der einzige Platz, an dem sie außerhalb Berlins mit ihrem Mann unter einem Dach geschlafen hat. Sie hat ihren Mann auf Reisen nie begleitet, auch nicht auf denen, zu denen er nun aufbricht, um die Huldigungen der Stände entgegenzunehmen. Mehr noch: Sie hat Berlin nie verlassen und auch ihre braunschweigischen Herkunftslande nie mehr wiedersehen dürfen. Eine Ausnahme sind allein fluchtähnliche Reisen während des Siebenjährigen Krieges nach Magdeburg.

Insbesondere im Juli und August des Jahres 1740 jubelt Friedrich das Volk in Ostpreußen, Brandenburg und den rheinischen Provinzen zu. Er prüft die Kriegsbereitschaft seiner Truppen und besucht seine Lieblingsschwester Wilhelmine in Bayreuth.

Schließlich versucht er inkognito eine Reise nach Frankreich zu machen, um Voltaire zu sehen, was mißlingt. Den sieht er schließlich in Brüssel. Er ist krank, krank auch darüber, daß ihn sein Idol in einer solch miserablen Verfassung vorfindet. Aber die persönlichen Kontakte führen nach Jahren dann doch zu einem langen Besuch Voltaires in Berlin – und schließlich zu einem kurios-bitteren Ende.

Friedrich hat sich aber durchaus um seine Frau gekümmert. Er hat ihr, um sie nicht ständig vor Augen haben zu müssen, im August 1740 das Schloß Schönhausen geschenkt. Es gehörte früher einmal der Königin Sophie Charlotte, der Gemahlin des ersten preußischen Königs, und wurde in unseren Tagen als Niederschönhausen zum Sitz des Staatspräsidenten der DDR. Schon als Kronprinzessin war Elisabeth dort gewesen und hatte damals ihrem Schwiegervater von der stärkenden Luft des Parks vorgeschwärmt. Gefragt worden, ob sie in dieses Domizil für immer einziehen wolle, ist sie nicht. Am 28. August 1740 begibt sie sich zum ersten Mal an den ihr zugeteilten Sommersitz, den sie über fünfzig Jahre bewohnen wird. Begleitet wird sie von der Fürstin von Anhalt-Zerbst und deren 14jähriger Tochter. Als Zarin Katharina II. von Rußland wird dieses Mädchen innerhalb weniger Jahre zu weltpolitischem Rang aufsteigen. Auf das Schicksal des Bruders der Königin, des Prinzen Anton Ulrich von Braunschweig, Ehemann der russischen Regentin Anna Leopoldowna, wird sie einen düsteren Einfluß nehmen. Friedrich läßt schon 1743 eine Lindenallee samt Straße vom Schönhauser Tor nach Pankow anlegen, um die Fahrt nach Berlin zu erleichtern. So wird Schönhausen für viele Jahrzehnte das Refugium Elisabeths vor all den Kränkungen, die ihr die Hohenzollern von nun an bereiten. Schon 1745 schreibt sie an ihren vom König lange Zeit umworbenen Lieblingsbruder Ferdinand:

»Schönhausen ist mir nie so schön vorgekommen wie jetzt …

ABB. 18
Herzog
Ferdinand
(1721–1792),
der jüngere
Bruder
Elisabeth
Christines,
im Alter
von
17 Jahren.

Diesen Morgen erging ich mich mit meinen Schwestern, gefolgt
von mehreren meiner Damen … Wenn es nicht zu heiß ist,
nehme ich ein Buch und setze mich damit in das kleine Gehölz.
Ich bin meist allein und finde, daß die Gesellschaft der Bücher
besser ist als die meines Gefolges, das doch nur tut, was ihm beliebt und sich um meinetwillen gar nicht stören läßt …«

Die Resignation der damals gerade Dreißigjährigen kündigt
sich damit an. Zwar ist die Königin niemals allein gewesen. Was
sie bitter, einsam macht und inmitten der Stille immer bitterer
werden läßt, ist die Abwesenheit ihres Mannes – für immer.

Die uneingestandene Qual

Elisabeth war weder töricht noch dumm, noch unangenehm, nicht einmal ästhetisch unbefriedigend; nur nach Berlin gehörte sie nicht. Am Berliner Hof regierte ein vermenschlichtes politisches Prinzip, sachlich und gross, aber nicht wärmend … Einsam und erhaben thronte die Pflicht und triumphierte über menschliche Natur und Begrenzungen, ungerührt von Beifall, Hass und Liebe … Das Leben war nicht zur Freude gemacht, sondern zur Plage.

> Ernst Poseck 1941

Die Zeit des Ersten Schlesischen Krieges, mit dem Friedrich seinen fragwürdigen Ansprüchen auf Schlesien Nachdruck verleiht, darf man trotz des gelegentlichen Aufflackerns freundschaftlicher Gefühle als den Beginn einer endgültigen Abwendung von seiner Frau interpretieren. Nicht mehr als sechs oder sieben Billets schreibt er an sie von Ende 1740 bis zur Mitte des Jahres 1742. Mögen auch einige verlorengegangen sein – der Ton, in dem die meisten von ihnen gehalten sind, spricht Bände. Nicht nur zwingt ihn die ständige Anwesenheit im Feld zur Kürze. Sie scheinen auch die Exempel eines Gedankens zu statuieren, dem er kurz nach seiner Thronbesteigung Ausdruck in einem Brief an Voltaire gegeben hat: »Ich gestehe Ihnen«, schreibt er am 12. Juni 1740, »daß das Leben eines Menschen, der nur fürs Nachdenken und für sich selbst lebt, mir unendlich vorzüglicher erscheint als das Leben eines Mannes, dessen einzige Beschäftigung es ist, andere glücklich zu machen.«

Dies scheint die Maxime geworden zu sein, unter der von nun an nicht nur die Beziehung zu seiner Frau steht. Er reizt sie mit seinem Eigensinn nicht bis aufs Blut, wie es sein Vater mit seiner Mutter getan hat – er behandelt sie vielmehr mit einer eiskalten Korrektheit, die auf die Dauer als noch erniedrigender empfunden wird als die unkontrollierten Ausbrüche Friedrich Wilhelms I. Er hat wohl nie darüber nachgedacht, was geschieht, wenn er andere nicht glücklich, sondern unglücklich machte. Außerdem ist es wohl nicht ganz falsch, wenn man einen Teil der Entfremdung zwischen dem König und der Königin in den frühen vierziger Jahren auch staatspolitischen Gründen zuschreibt. Dabei erweist er sich als genialer Schauspieler. Er kennt die tiefen Empfindungen seiner Frau gegenüber ihrer Familie, und er versteht es, sie zu seinen Gunsten einzusetzen. So wie er in den Rheinsberger Jahren die Neigung der Braunschweiger zum Wiener Hof schmollend ihr gegenüber ins Feld führte, so äußert er nun sein Mißtrauen in anderen Punkten. Zum einen behauptet er – was nicht der Wahrheit entspricht –, daß sein Schwager Karl dem König von England Truppen versprochen habe, zum anderen äußert er den Verdacht, daß er, dessen Bruder in Petersburg verheiratet ist, Rußland veranlassen wolle, sich gegen Preußen zu stellen. Auch das ohne jede Grundlage. Elisabeth ist in diesen Jahren keineswegs das Heimchen am Herd. Sie ist nicht nur in Gedanken bei ihrem Mann, der gerade seine ersten Schlachten siegreich bestanden hat. Sie macht ihren Bruder Karl auch auf die Intrigen aufmerksam, die gegen beider Familien gesponnen werden. »Der König glaubt«, schreibt sie am 2. Mai 1742, kurz nach dem Sieg bei Mollwitz, »daß Sie sein Freund nicht sind … Er schreibt mir heute einen Brief, in dem er nichts tut, als auf meine Familie zu schimpfen und sagt, er würde sich auf eine furchtbare Weise für alles das rächen, was meine Familie ihm antut.« Andererseits macht sie sich auch Gedanken darüber, daß im Regiment ihres Bruders Ferdinand, des »Obersten«, nicht

einmal die Mindestanforderungen an Menschlichkeit herrschen, die Friedrich in seinen ersten Befehlen angeordnet hatte:
»Das Regiment meines Bruders Ferdinand wird immer noch
von dem Herrn Oberst sehr mißhandelt wie von mehreren Offizieren … Die armen Leute, ich wünschte, ich könnte ihnen
helfen und hoffe, er wird sich ändern.«

Während dieser Zeit hat sich – wie schon einmal erwähnt –
der Ton in Friedrichs Briefen verändert. Noch im April 1742
schreibt er ihr, daß er sich ihrer »niemals unwürdig erweisen«
werde und »Sie werden mich niemals undankbar finden«. Im
Oktober lautet der Ton dann so: »Madame, Ich habe die Befriedigung, Ihnen mitzuteilen, daß Neiße genommen wurde. Ich
bin mit aller Achtung, Ihr ergebenster Diener Fédéric.« Nach
dem Friedensschluß von Breslau im Juli 1742, als er für wenige
Jahre nach Berlin zurückkehrt, zeigt sich in aller Deutlichkeit,
daß menschliche Wärme für sie bei ihm nur dann wiederkehrt,
wenn sie ihm einen Dienst erwiesen hat. Dann äußert er für sie
kurzzeitig eine menschliche Anteilnahme, die ihm körperlich,
räumlich wie geistig fremd ist. Das ist etwa dann so, wenn sie
ihm von Machenschaften des Wiener Hofes berichtet, der ihm
nach dem Leben trachte. Da dankt er ihr am 21. April 1742, daß
sie es ihm erlaube, »die Schwärze des Wiener Hofes zu enthül-
len, dem alle Mittel recht sind, wenn sie nur zu ihrem Ziel führen«. Und am 25. Mai übertrifft er sich gleichsam selbst: »Madame«, schreibt er, »man muß Sie lieben, wenn man Sie kennt;
und die Güte Ihres Herzens verdient, daß man es anerkennt. Ich
bin Ihnen unendlich verbunden für die Mühe, die Sie sich gegeben haben, die Wahrheit der Nachricht zu beweisen, die man
Ihnen hinterbracht hat.« Aber das bleibt die Ausnahme. Gewöhnlich lesen sich seine Billets wie folgendes: »Madame, ich
habe die Befriedigung, Ihnen mitzuteilen, daß der Friede abgeschlossen worden ist. Das wird mir das Vergnügen verschaffen,
Sie am 12. Juli in Berlin zu sehen. Ich rechne damit, gegen Mittag

dort einzutreffen und bei der Königin da zu speisen, wo sie sich befindet.« Er speist nach vielen Monaten der Abwesenheit nicht bei ihr, sondern bei seiner Mutter. Sie darf – ausnahmsweise – dabei sein. Auch die üblichen Ehrenformationen nimmt die Mutter ab; Elisabeth darf immerhin neben den anderen Angehörigen des Königs auf dem Balkon des Königlichen Schlosses stehen, um den Jubel des Volkes zu genießen.

Wie reagiert Elisabeth darauf? Es lassen sich drei Phasen als Reaktion auf die permanente Zurückstufung von einer Frau zu einem Objekt erkennen. In der ersten besteht neben der Verletzung noch die Hoffnung auf eine bessere Zukunft. In der zweiten versucht Elisabeth durch Ergebenheit in das, was man ihr antut, der Bitterkeit zu entrinnen, die in ihr aufgekommen ist. In der dritten scheint sie das Gefühl für das, was man ihr antut, verloren zu haben. Sie empfindet sich nur noch als eine Gestalt, deren Leben dadurch erträglich wird, daß sie das Verdienst des großen Menschen neben sich anerkennt. Von da an ist alles in ihr nur noch Lob. Ihre Kritik trifft nun vor allem Friedrichs Familie.

Ein kurzer Blick auf ihre Vorgängerinnen im königlichen Amt zeigt, daß die Hohenzollern in der Wahl ihrer Lebensgefährtinnen im allgemeinen mehr Glück als Einfühlungsvermögen hatten. (Zu einer eigenen überlegten Wahl war der jeweilige Bräutigam wohl auch zu jung.) Die erste, Luise Henriette von Oranien, die gegen ihren Willen mit Friedrichs Urgroßvater, dem Großen Kurfürsten, verheiratet wurde, entwickelte sich mit ihrem praktischen, zupackenden Verstand bald zur Ratgeberin ihres Mannes. Die zweite, sozusagen die frühverstorbene »Hauptfrau« des ersten Preußenkönigs Friedrich I., Sophie Charlotte, die eine Stuart in ihrem Stammbaum aufweist, ist als eine enge Freundin des Philosophen Gottfried Wilhelm von Leibniz bekanntgeworden. Sie wurde in Lietzenburg, dem späteren Charlottenburg, zu einer renommierten Gastgeberin und Förderin der Künste. Im Grunde ist sie die Begründerin dessen, was später »Spree-Athen« genannt wurde. Sie diskutiert und komponiert. Gut möglich, daß ihre musikalische Begabung auf ihren Enkel Friedrich II. übergegangen ist. Dessen Mutter Sophie Dorothea von Hannover setzt ihre Tradition in gemessener Form fort. Auch sie vermag das nur deshalb, weil sie sich eine eigene Residenz, genannt Monbijou, schafft. Doch ist sie weniger ein munterer, kulturverwöhnter Freigeist, sondern vielmehr eine gesetzte Dame, die sich schon dadurch von ihrem polternden Mann abhebt. Immerhin ist es ihr zu verdanken, daß der Flötenvirtuose Johann Joachim Quantz in der Jugendzeit Friedrichs zweimal vom Hof Augusts des Starken in Dresden nach Berlin kommt, um ihrem Sohn Flötenunterricht zu geben. Friedrichs Schwester Wilhelmine hat zwar kein gutes Haar an ihr gelassen; aber ihre Memoiren weisen nicht nur beim Bild der Mutter Leerstellen auf. Sieht man die Abfolge ihrer Vorgängerinnen durch, so sind sie alle von ganz anderer Art als Elisabeth: Keine von ihnen hat versucht, sich ihrem Manne derart anzupassen, daß sie nicht mehr sie selbst ist. Sie überlebten in guter Form nur deshalb, weil sie es verstanden haben, sich ihre eigene Umwelt zu schaffen. Elisabeth hat einen anderen Weg gesucht, den der Selbstaufgabe aus Liebe – und ist gescheitert.

Die zwiespältige Situation, in der sie sich befindet, läßt sich an einem Beispiel illustrieren. Nicht einmal ihren Bruder Karl darf sie in Berlin begrüßen, als der die gemeinsame Schwester Luise Amalie am 6. Januar 1742, also während des Schlesischen Krieges, mit August Wilhelm, dem jüngeren Bruder Friedrichs des Großen, in Berlin verheiratet. »Da ich nicht einmal die Befriedigung haben werde, Sie in Charlottenburg begrüßen zu können«, schreibt sie ihm kurz zuvor, »sende ich Ihnen diese Zeilen voraus. Der König hat gewünscht, daß ich hier bleibe, um Sie in dem Zimmer der Herzogin wiederzusehen. Ich muß mich fügen.« Bei der Hochzeitsgala selbst erscheint sie dann in großer Robe, als »hätten die Musen selbst sie geordnet«, schwärmt der immer galante Bielfeld. Sie trägt eine mit Diamanten übersäte grüne Samtrobe, als Kopfschmuck den berühmten »kleinen Sancy«, der als der zweitgrößte Smaragd der Welt gilt. Ihre edelsteinverzierte Schleppe wird von vier Ehrendamen getragen. Aber es ist eine Staatsaffäre, in der sie Eindruck macht. Mit ihrer Stellung im Kreis der Hohenzollern hat das nichts zu tun.

Im Gegenteil: Gerade weil man ihr verboten hat, noch einmal ihre Heimatstadt zu sehen, wird ihr die eigene Familie immer wichtiger. Sie bietet ihr den einzigen Halt innerhalb einer Welt, in der sie keinen festen Bezugspunkt mehr findet. Selbst in der Diskretion der Briefwelt ist sie nicht mehr sicher, ungestört mit den Ihren sprechen zu können. Schon 1742 schreibt sie ihrem Bruder nach Wolfenbüttel: »Ich möchte Sie bitten, der Herzogin-Mutter zu sagen, daß sie nicht so oft nach Wien [an ihre Schwester, die Kaiserin-Witwe Elisabeth Christine] schreibt. Ich glaube nicht, daß die Kaiserin einen ihrer Briefe erhält. Der Postmeister ist gekommen, um es mir zu sagen. Er hat mich sehr gebeten, Mitteilung davon zu machen. Er schickt diesen Brief von hier ab, kann aber nicht dafür stehen, was unterwegs damit passiert. Er ist überzeugt davon, daß alles, was die Herzogin-Mutter und die Herzogin-Großmutter nach Wien schreiben, in die Hände des Königs fällt.« Das bedeutet zweierlei: Das Mißtrauen Friedrichs gegenüber seinen Braunschweiger Verwandten ist in diesen Jahren nicht geschwunden. Im Gegenteil: Er macht selbst vor dem Briefgeheimnis seiner Frau nicht halt, um auf dem laufenden zu bleiben …

Als er nach gewonnenem Krieg und den ihm gebührenden Honneurs wieder nach Hause kommt, verweilt er nicht in Berlin, sondern zieht sich nach Charlottenburg zurück. Sie bleibt, auch als er einen Monat später nach Potsdam weiterzieht (Sanssouci ist noch lange nicht fertig), dort, wo sie seiner Meinung nach hingehört: in Schönhausen …

Der Philosoph als Feldherr

Friedrichs Ehe mit Elisabeth Christine von Braunschweig-Bevern ist das traurigste Kapitel in der
Geschichte der Frauen, die ihm nahestanden.

> Otto R. Gervais 1986

Über die politischen Antriebe, die Lage und die Lagebeurtei-
lung Friedrichs in den ersten Jahren seiner Regierungszeit
haben viele Historiker vieles geschrieben. Sie haben die Berech-
tigung der preußischen Ansprüche auf Schlesien herausgearbei-
tet oder haben ihn einen Usurpator gescholten. Schon nach dem
Ersten Schlesischen Krieg, der 1740 beginnt und 1742 endet, sind
sich die Nachlebenden darüber einig, daß seine Größe nicht
darin bestand, ein paar Schlachten inszeniert zu haben, deren
technische Perfektion selbst Napoleon beeindruckt hat. Groß
wurde er deshalb genannt, weil sich auf dem Scheitelpunkt seiner Karriere militärisches Genie mit zivilem Genie verband und
er die Staatsräson an die Stelle der Herrscherräson setzte.

Er hat auch einem anderen, von vielen geliebten, aber überlebten Begriff den Gnadenstoß versetzt, wiewohl die Institution,
die ihn verkörpert, erst sechzig Jahre später erlischt. Es ist das
Heilige Römische Reich Deutscher Nation, »Träger einer seit
langem überfälligen Idee von Theokratie, ein Anachronismus,
eine Fessel für den Fortschritt und infolgedessen auch aller
Tendenzen der Aufklärung« (Edith Simon). Friedrich hat das
»System«, das es verkörperte, nicht durch Zufall zerschlagen –
es war ihm durchaus bewußt, was er tat, als er 1740 den Ersten

126

Schlesischen Krieg vom Zaune brach. An Voltaire schreibt er am 26. Oktober 1740: »Der Kaiser ist tot. Dieser Tod durchkreuzt all meine Friedensgedanken … Meine Lütticher Angelegenheit ist rundum zu Ende gebracht; ab jetzt wird es für Europa um wesentlich Folgenreicheres gehen; es geht nunmehr um die totale Veränderung des alten politischen Systems. Dies ist nur der lose Felsbrocken, der auf die vier Metalle, die Nebukadnezar erblickt, zurollt und sie allesamt zermalmt.«

Was ihn wirklich antrieb, ist schwerer zu ergründen. Wahrscheinlich sind diejenigen auf der richtigen Spur, die in seinem ersten Krieg nicht nur das außenpolitische und das Gewinn-Potential sahen, nicht nur Kalkül und die Wahrnehmung einer einmaligen Chance, sondern auch die Aufarbeitung eines Traumas, von dem er sich erst befreien kann und befreien muß, als der Vater tot ist. Verletzungen der Selbstachtung sind zurückgeblieben, die erst einmal abheilen müssen. Sein Vater, so hat er es beschrieben, sei ihm in Träumen erschienen, aus denen nicht so recht erkennbar wird, ob es Angst- oder Rechtfertigungsträume sind. Zuerst träumt er von einem Vater, der ihn durch Soldaten in Verwahrung nehmen will. Da fragt er: »Für welche Verbrechen?« Und die Soldaten sagen: »Weil Er seinen Vater nicht genug geliebt hat.« Doch dann verwandelt sich die Szene; die Qual wird zur Erlösung. Der Träumer fragt: »Habe ich es recht gemacht?« Und der Vater antwortet: »Ja.« Da sagt sich der: »Dann bin ich zufrieden. Euer Beifall gilt mir mehr als der der ganzen Welt.« Erst jetzt fühlt er sich exkulpiert.

Es ist aber auch nicht von der Hand zu weisen, daß er anders gehandelt hätte, wenn nicht mit Maria Theresia, der Tochter Karls VI., eine Frau an die Spitze des Habsburger-Reiches getreten wäre. Um sich diese weibliche Erbfolge garantieren zu lassen, hatten die Habsburger mit der sogenannten »Pragmatischen Sanktion« seit 1724 große Konzessionen an die übrigen Mächte gemacht. Es waren Konzessionen, unter denen das Römische Reich Deutscher Nation schließlich zusammenbrach. Die Habsburger hatten sich mit ihr den dynastischen Besitzstand (das heißt nichts anderes als die Unversehrtheit dessen, was sie besaßen) im wesentlichen gewahrt. Doch mit dem Kurfürsten Karl Adalbert von Bayern, der als Karl VII. 1742 zum Kaiser gekrönt wurde, war die Personalunion Habsburg und Deutsches Reich auseinandergebrochen. Die Wunde, die da gerissen wurde, konnte nach dem frühen Tod Karls VII. auch durch die Wahl von Maria Theresias Gemahl, des Erzherzogs Franz von Lothringen, schon im Jahre 1745 nicht mehr geschlossen werden. Es ist schwierig zu sagen, ob die Thronbesteigung von Frauen, Maria Theresias in Österreich-Ungarn 1740 und im gleichen Jahr der Zarin Anna, die männlichen Überwertigkeitsphantasien Friedrichs beflügelt hat. Zweifellos haben damals von ihm geschriebenen Verse auf seine weiblichen Konkurrenten mit ihren Antipathien einen Akzent verliehen, dem man ohne zu zögern die zeitgenössischen Epitheta antifeministisch und chauvinistisch geben darf.

Eines aber ist sicher: Friedrich hatte, als Kaiser Karl VI. starb, seine nächsten Jahre zuerst einmal für Rheinsberg vorgeplant. Als Friedensfürst wollte er auftreten und handeln. Nun aber ergreift er die Gelegenheit, sich durch einen abenteuerlichen Geniestreich einen Namen in Europa zu machen. Daß Ruhmsucht mit im Spiel war, hat er später selbst dargelegt. Neben der günstigen Lage treibt sie ihn in den Krieg. »Dieses [schlesische] Projekt erfüllte«, er spricht von sich in der dritten Person, »alle Absichten des Königs. Es war ein Mittel, Ruhm zu erlangen, die Macht des Staates zu vergrößern und den Streitigkeiten über die jülisch-bergische Nachfolge ein Ende zu bereiten ... Man füge diesen Gründen hinzu ein schlagfertiges Heer, verfügbare Geldmittel ... und vielleicht das Verlangen, sich einen Namen zu machen. All dies war Ursache des Kriegs, den der König nun unternahm«, heißt es bei Thomas Carlyle.

Er berät sich mit seinen Ratgebern, den Grafen Podewils und Schwerin. Die zögern und schlagen erst einmal Verhandlungen mit Österreich vor. Doch Friedrich ist nicht mehr zu halten. Am 20. Oktober war der Kaiser gestorben. Noch im gleichen Monat ordnet er Truppenbewegungen an, läßt aber alle Welt darüber im unklaren, gegen wen er sich wenden will. Er möchte sich die Verwirrung in Wien nutzbar machen und sich Schlesiens, auf das er verjährte Rechte hat, bemächtigen. Erst dann will er mit Maria Theresia verhandeln. Am 4. November schreibt er Podewils ausführlich: »Ich gebe Ihnen ein Problem zu lösen. Wenn man im Vorteil ist, soll man sich das zunutze machen oder nicht? Ich bin mit meinen Truppen und allem bereit. Mache ich mir das nicht zunutze, so habe ich in meinen Händen ein Gut, das ich nicht zu gebrauchen weiß. Mache ich es mir aber zunutze, so wird man sagen, daß ich die Fähigkeit besitze, mich der Überlegenheit, die ich über meine Nachbarn habe, zu bedienen« (zit. nach Gaxotte).

Langsam beginnt man sich unterdessen in Wien über das, was an den schlesischen Grenzen geschieht, zu beunruhigen. Nach manchem diplomatischen Hin und Her schickt Friedrich seinen Abgesandten, den Grafen Gustav Adolf von Gotter, nach Wien. Dem gelingt es schnell, eine Audienz bei Maria Theresias Gemahl, dem Erzherzog Franz, zu erhalten. Dabei kommt es zu folgendem Dialog: »Ich bin gekommen«, sagt Gotter, »in der einen Hand dem Hause Österreich Schutz, in der anderen dem Großherzog selbst die Kaiserkrone zu bringen. Die Truppen und die Schätze meines Herrn stehen der Königin zu Diensten … Ebenso wie sich aber mein König infolge der eigentümlichen Lage seiner Länder durch ein Bündnis mit Österreich in große Gefahr begibt, so hofft er, daß als Schadloshaltung hierfür Maria Theresia ihm nicht weniger als ganz Schlesien abtreten wird.« Der Großherzog antwortet, die Königin habe kein Recht, auch nur den kleinsten Teil einer geteilten Erbschaft abzutreten, die sie nur unter der Bedingung der Unteilbarkeit erhalten habe. Schließlich fragte er Gotter, ob Friedrich mit seinen Truppen schon in Schlesien eingedrungen sei. »Er muß gewiß schon dort sein«, lautete die Antwort. Und genau so war es.

Tatsächlich war das preußische Heer schon am 13. Dezember über die schlesischen Grenzen marschiert, nachdem Friedrich seinen Generälen zugerufen hatte: »Meine Herren, ich unternehme einen Krieg, für welchen ich keine anderen Bundesgenossen habe als Ihre Tapferkeit und keine andere Hilfsquelle als mein Glück ... Leben Sie wohl, brechen Sie auf zum Rendezvous des Ruhms, wohin ich Ihnen ungesäumt folgen werde.« Noch am 9. Dezember hatten Elisabeth und er gemeinsam an einem Maskenball teilgenommen. Am 12. hat er sich dann heimlich von einer Tafel fortgestohlen, um sich zu seinen Truppen zu begeben. Es ist ein Krieg, von dem Elisabeth gewußt haben muß. Denn sie hatte ihrem Bruder Ferdinand, dem Favoriten des Königs, schon am 29. November 1740 geschrieben: »Sie tun sehr gut daran, den Ehrgeiz zu zeigen, daß Sie an dem Krieg mit dem König teilnehmen wollen. Er kann das nur gut finden. Vielleicht nimmt er sie mit. Aber sollte er es nicht tun, so sollten Sie dennoch seine Partei ergreifen, obwohl es Ihnen wehtut.«

Die Briefe, die er ihr aus dem Kriege schreibt, sind zwar kurz, aber noch nicht alle von jener distanzierten Kürze, wie sie bezeichnend ist für die Briefe aus den beiden folgenden Kriegen. Er bittet sie darin, ihn nicht zu vergessen, spricht von seiner »parfaite tendresse«, von dem Vergnügen, sie bald umarmen zu dürfen, davon, daß er sich ihr gegenüber niemals undankbar zeigen werde. Doch die Wärme nimmt ab, und schon nach einem halben Jahr Feldzug hat sich die Floskel eingespielt: »Ich bin mit aller Hochachtung«.

Es ergibt wenig Sinn, sich auszumalen, wie alles hätte laufen können, wenn alles anders gewesen wäre, als es war. Aber wenn es darum geht, darzustellen und zu begründen, warum sich die

Beziehung zweier Menschen so entwickelt hat, wie sie sich eben entwickelte, muß doch darauf hingewiesen werden, daß die Last der Trennung sich bei Friedrich langsam zu einer Lust an der Trennung entwickelt hat. Die Distanz, die sich schon angekündigt hatte, als sie in Berlin, er in Ruppin residierte, hat ein Gefühl von Gemeinsamkeit gar nicht erst aufkommen lassen. In Rheinsberg entwickelte sich dann so etwas wie ein Zusammengehörigkeitsgefühl. Die ersten Monate auf dem Thron waren zu turbulent, als daß Elisabeth in ihnen eine wie immer geartete eigene Rolle in Friedrichs Leben hätte einnehmen können. Doch hat vor allem der Erste Schlesische Krieg die schwache Chance einer Normalisierung der Beziehung zunichte gemacht.

SANSSOUCI STATT RHEINSBERG

IM GANZEN WAR DIE WELT VON SANSSOUCI ZULETZT DOCH NUR EINE WELT DES SCHÖNEN SCHEINS, NICHT DER PREUSSISCHEN UND DEUTSCHEN WIRKLICHKEIT.

> GERHARD RITTER 1954

Ein beträchtlicher Teil der Beziehungen Elisabeths zu Friedrich ist nach zweieinhalb Jahrhunderten hinter selbstgezogenen Mauern des Schweigens verlorengegangen. Ihre Beziehung zueinander wird mit Floskeln zugedeckt, wie die, er habe »die gutherzige und schüchterne Kleinstädterin in ihrer sanftmütigen Langeweile und linkischen Ängstlichkeit« unerträglich gefunden (Theodor Schieder). Kein Wort darüber, wie unerträglich es ist, wenn nicht ein einziges Dokument, nicht ein einziger Hinweis darauf gefunden wird, weshalb er sie auf eine so einzigartig schnöde Weise aus seinem Dunstkreis herausexpediert hat. Das eigentlich Seltsame seines Verhaltens liegt ja nicht darin, daß er sich von ihr getrennt hat, sondern daß er keinem kundtat, warum er so handelte. Kein Zweifel: Ein absoluter Herrscher ist niemandem Rechenschaft schuldig. Aber selbst die Gefährtin ohne eine einzige Erklärung alleine zu lassen, die ihm zu einem solchen Schritt keinerlei Veranlassung gab, das ist das eigentlich Grausame. Man kann Ereignisse nennen, an denen sich die Trennung festmachen läßt. Aber es gibt keinen Schnitt und keine Zäsur, die eine solche Trennung unumgänglich machten.

Ähnlich schnöde hat er sich übrigens auch, wie Theodor Schieder schreibt, gegenüber seinen erwartungsfrohen Rheinsberger Kompagnons verhalten: »Ein gewaltiger Abstand war vom ersten Tag seiner Regierung an spürbar geworden zwischen ihm und den Genossen der Rheinsberger Tafelrunde.« Die erlangte Würde hat auch sein Verhältnis zu seiner Frau von Grund auf verändert. Elisabeth bleibt sprachlos zurück. Als sie die Sprache wiedergewonnen hat, ist es zu spät, nicht nur zu spät, um wieder zur Unbeschwertheit der Rheinsberger Zeit zurückzukehren. Seitdem hat sie sich insbesondere in Briefen an ihre Brüder Karl, den Herzog von Braunschweig, und Ferdinand, den friderizianischen General, beklagt. Nur einmal zieht sie eigentlich den Schleier von ihrer Enttäuschung weg. Das ist 1756, kurz vor dem Beginn des Siebenjährigen Krieges. Daraus geht neben anderem hervor, daß sie nicht nur aus Angst nicht mehr die Stimme erhoben hatte. Sie übe sich vielmehr, so klingt es hier an, unter dem Motto im Schweigen, daß sie sich nicht aufdränge, wenn sie nicht gebraucht werde. Sie wage, sagt sie damals, kaum daran zu denken, daß es wieder Krieg geben werde und damit neue Gefahren, denen Friedrich ausgesetzt sein werde. »Verzeihen Sie mir, daß ich Sie mit meinem Klagen und Jammern belästige, aber mein Geist ist so voll«, schreibt sie am 9. August 1756, »und mein Herz so durchdrungen davon, daß dies die Oberhand gewonnen hat über mein Schweigen, das einzuhalten, ich mir gelobt hatte. Vor Ihnen als dem Einzigen, der die Ursache meiner Sorgen kennt, wage ich mein Herz zu entlasten. Sie sind zu gnädig, um mir nicht die Verzeihung zu versagen und nicht an meinem echten Schmerz teilzunehmen.«

Doch es ist und bleibt zu spät. Sanssouci hat für Friedrich schon seit einem Jahrzehnt den Stellenwert eingenommen, den Rheinsberg in den dreißiger Jahren hatte, obwohl die beiden »Lustschlösser« in dem Geist, den sie atmen, nicht zu vergleichen sind. »Tatsächlich ist Sanssouci die merkwürdigste Art von Hofhaltung, die sich denken läßt.« Es ist nicht möglich, an vergangene Zeiten anzuknüpfen. Beide Orte ähneln sich nur in einem – sie sind dazu geschaffen, dem Alltag das abzugewinnen, was er nicht bieten kann. Frauen sind nun in diesem Kreis nur noch Geladene. Und es sind nicht mehr Freunde, denen er Entfaltungsmöglichkeiten bietet. »Es war ein Kreis von Gesellschaftern, nicht mehr von Freunden«, vermerkt Theodor Schieder. Und es bedurfte keiner überempfindlichen Seele, um schmerzhaft zu empfinden, daß man nicht mehr zu diesem Kreis gehörte. Kein plausibler Grund ist zu erkennen, warum Friedrich zwar seine Familie nach Sanssouci einlädt, nicht aber seine Frau. Sie kann ihren Briefpartnern 1746 nur berichten: »Sonntag abend hat der König am Runden Tisch mit Frau von Camas, Frau von Kannenberg, Finette, Frau von Bredow von der Königin-Mutter, Stille, Rothenburg, Maupertuis und d'Argens gespeist. Nach allem, was man mir erzählt, hat man sich dabei ausgezeichnet unterhalten und der Herr hat seine Gäste mit ausgezeichneter Aufmerksamkeit und Liebenswürdigkeit aufgenommen.« Das heißt: Frauen, selbst Frauen aus ihrer nächsten Umgebung und aus dem ehemaligen Rheinsberger Kreis – Camas, Kannenberg, Finette – sind zu Gast, sie nicht. Das ist keine Vernachlässigung mehr, das ist ein Ausschluß.

Sie hat diesen Ausschluß mit großer Traurigkeit aufgenommen. Zwischen der Vollendung des Schlosses Sanssouci 1744/45 und dem Jahre 1750 liegt der Moment, in dem auch die letzte Hoffnung auf die Möglichkeit eines »normalen« Zusammenlebens mit dem König zu einem Nichts zusammenschrumpft. Dennoch erlischt ihre Liebe nicht. »Ich wollte«, so schreibt sie im Jahre 1750, »ich könnte mit denen tauschen, die gegen ihren Willen in Potsdam sind und sich nichts daraus machen, bei dem König zu sein. Ich würde das für die größte Glückseligkeit halten, die mir begegnen könnte. Aber es ist nun einmal der Lauf der Welt, daß man nie das hat, was man sich wünscht …«

Ein Datum ist bereits genannt worden, das dem Leben Elisabeths eine jähe Wendung gab. Es war der 31. Mai 1740, der Todestag Friedrich Wilhelms I. Wenig später hatte sich Friedrich in den Ersten Schlesischen Krieg gestürzt und im August 1744 in den Zweiten. Nur acht Tage zuvor hatte er den Auftrag gegeben, auf einem sanften Abhang am Rande Potsdams sechs Erdterrassen anzulegen und sie mit Reben und Feigenbäumen zu bepflanzen. Eine Woche nach dem Tode Kaiser Karls VII. aus dem Hause Wittelsbach am 13. Januar 1745, mitten in dem neuen Krieg also, wurde mit dem Bau des bezauberndsten aller Lustschlösser begonnen. Der zweite Krieg ist schon beendet, als es fertiggestellt werden kann. Am 2. Mai 1747 findet hier zum ersten Mal eine große Abendtafel statt, und am 19. Mai hält Friedrich, wie es heißt, sein erstes Nachtlager. Von Elisabeth keine Spur mehr.

Die ersten Jahre von Sanssouci sind schon die Jahre Friedrichs »des Großen«. Noch ist er damals nicht jene gebückte Gestalt, die als »Alter Fritz« aus dem Siebenjährigen Krieg nach Hause zurückkehren wird. Dennoch – wir sagten es schon – ist das Jahrzehnt zwischen 1746 und 1756 nicht eine Wiederholung von Rheinsberg, auch wenn die runde Bibliothek von Sanssouci ihr Vorbild in der von Rheinsberg hat. Doch nicht nur das Flair des Ortes hat sich gewandelt, es wandelt sich auch das Personal.

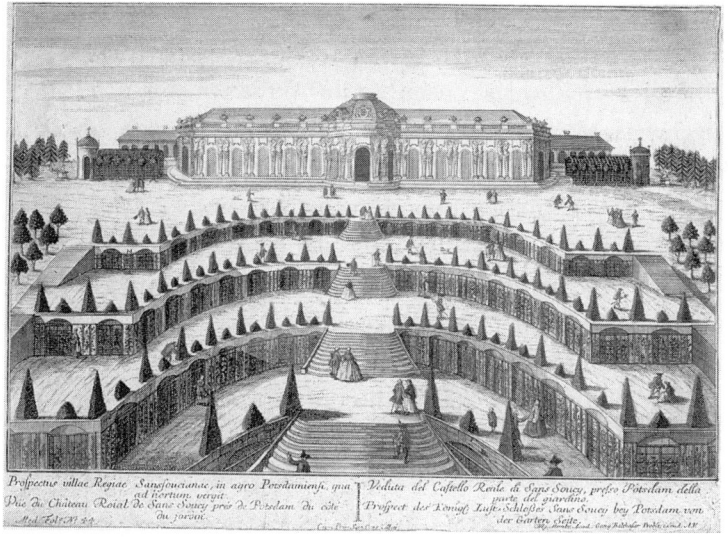

Prospectus villae Regiae Sanssoucianae, in agro Potsdamiensi, qua ad hortum vergit
Vue du Château Roial de Sans Souci près de Potsdam du côté du jardin
Veduta del Castello Reale di Sans Souci, presso Potsdam della parte del giardino.
Prospect der Königl: Lust-Schlosses Sans Souci bey Potsdam von der Garten Seite

ABB. 19   Ansicht des königlichen Lustschlosses Sanssouci von der Garten-
seite aus.

Zwar kommen d'Argens, Algarotti und andere wieder. Aber
gerade diejenigen, die Friedrich im Alter nahestehen, sterben
dahin. Aus dem Zweiten Schlesischen Krieg kehrt er heim, um
seinem alten Lehrer Duhan, der im Sterben liegt, ein letztes
Lebewohl zu sagen. Da sagt Friedrich auch den Satz, der als Leit-
motiv der kommenden vierzig Jahre gelten kann: »Ich bin schon
so gut wie verwitwet und verwaist; denken Sie daran, daß Sie
mir fast als einziger der Freunde geblieben sind.«

Am 3. Januar des folgenden Jahres ist Duhan gestorben. Friedrich hatte nicht übertrieben: Ende Mai 1747 war Étienne Jordan,
einer der Schöngeister von Rheinsberg, von ihm gegangen, auch
Baron Keyserlingk, als Friedrichs »Cäsarion« eines der Multi-
talente, die er so liebte, wird ihm vorausgehen. Sie bleiben nicht
die einzigen: Von Borcke, Knobelsdorff, sein Architekt, Stille,
die mit seinen frühen Jahren so fest verbunden waren – sie ge-

hen dahin. Es ist nicht nur Selbstmitleid, wenn Friedrich bei seiner Rückkehr aus dem dritten, dem längsten der Kriege, klagt: »Bei meiner Rückkehr nach Berlin werde ich mir in meinem eigenen Vaterland beinahe als Fremder vorkommen, als alleiniger Anwohner dieses Landes, abgetrennt von den Lebenden und nur noch mit den Toten Umgang pflegend.«

Es treten andere an die Stelle der Verstorbenen oder Verschwundenen. Er findet sie in der Haute volée der internationalen Intellektuellen-Zirkel. Doch es sind nicht mehr die Alters- und Herkunftsgenossen, die sich ihm anvertrauen. In Sanssouci stehen ihm professionelle Causeure und intellektuelle Leichtfüße zur Verfügung. Francesco Algarotti, der Venezianer, den Friedrich zum Grafen erhöht, ist so einer, der sich auf die Kunst des Gefallens versteht, der Marquis d'Argens ein anderer. Pierre Gaxotte hat dessen bunten Lebenslauf, stellvertretend für andere aus der internationalen Zunft der intellektuellen Höflinge, so gezeichnet: »Er war in der Provence Staatsanwalt, in Deutschland Rittmeister der Kavallerie, in Konstantinopel Legationssekretär, in den Niederlanden Schriftsteller, in Italien Liebhaber und in Spanien Gatte einer Schauspielerin gewesen.« Der inzwischen alt gewordene Baron Pöllnitz, ein früher Vorläufer der Boulevard-Presse, gehört als Bindeglied zu den Medien dazu, aber auch Julien La Mettrie, der Erfinder des »Menschen als Maschine«. Natürlich finden sich auch seriösere Erscheinungen wie die Brüder Jakob und Georg Keith aus hohem schottischen Adel ein. Bei Friedrich wird der eine Feldmarschall, der andere Gesandter in Versailles. Für ihn haben sie alle nur eine einzige Pflicht: geistvoll zu sein.

Überragt werden sie von Voltaire, seit 1746 Mitglied der Académie Française. Friedrich sehnt ihn sich zum fünften Mal herbei. Viermal haben sie sich schon – allzu kurz, wie er meint – getroffen. Doch der Umworbene will lange Zeit nicht kommen. Solange nicht, bis Friedrich ihn durch eine Manipulation der öffentlichen Meinung in Frankreich für einige Zeit unmöglich macht. 1750 kommt er zu Bedingungen, die sein Erscheinen fast schon zu einer Farce machen: Den neugestifteten Orden Pour le Mérite bekommt er und den Rang eines Kammerherrn. Dazu 20 000 Taler Pension und einen Wechsel von 16 000 Livres. In Berlin stehen ihm alle Türen offen, auch die Elisabeths, die ihn aber wegen seiner atheistischen Lästereien schon vorher nicht mochte. Doch das Abenteuer muß schiefgehen. Voltaire verstrickt sich in dunkle finanzielle Affären. Und Friedrich schreibt ihm einen seiner ätzenden Briefe aus Potsdam: »Bis zu Ihrer Ankunft ist es mir gelungen, in meinem Hause Ruhe zu haben und ich mache Sie aufmerksam, daß Sie, wenn Sie das Intrigieren und Ränkeschmieden nicht lassen können, bei mir an den Unrechten gekommen sind … Wenn Sie sich allen Süchten Ihrer Passionen hingeben und sich mit aller Welt überwerfen, werden Sie mir mit Ihrem Besuche kein Vergnügen bereiten und können ebenso gut in Berlin bleiben.« Dies ist im Februar 1751. Man versöhnt sich wieder, doch Friedrich hat die übergroße Lust an Voltaire verloren. Die Berliner Episode endet 1753 mit dessen berühmter Festnahme in Frankfurt. Doch kaum ist Voltaire in Paris, schreibt man sich wieder – bis kurz vor dem Tod des Schriftstellers im Jahre 1778.

Mit diesem menschlichen Inventar – »Sie wurden zum Souper befohlen wie die Soldaten zum Exerzieren« – hatte die Atmosphäre um den König Sprünge bekommen, sie »hatte etwas Gekünsteltes, Unechtes« (Theodor Schieder). Während sich die Gesellschaft um ihn krampfhaft um Tiefe bemühte, zeigen sich bei ihm schon die ersten Anzeichen einsiedlerischer Bitterkeit. »Man muß lernen, sich mit sich selbst zu begnügen«, sagt er in dieser Zeit zu Maupertuis, dem Präsidenten seiner Akademie und Widersacher Voltaires.

Sicher hat Pierre Gaxotte – was das Verhältnis Friedrich-Voltaire anbetrifft – recht mit seiner Bemerkung: »Potsdam war für zwei Könige zu klein geworden, aber die Flucht Voltaires bedeutete das Ende von Sanssouci.« Es ist ein Ende aber nicht nur deshalb, weil der Glanz des Rokoko zu bröckeln beginnt, sondern auch, weil der europäische Kontinent sich einem neuen Krieg, dem längsten der Schlesischen Kriege zuneigt. Allzuviel hatte sich in den elf Jahren Frieden zwischen 1745 und 1756 an Zündstoff angehäuft.

Die Unwiderruflichkeit des Unglücks

Wenn man annehmen wollte, als ob der König ein Zusammensein mit seiner Gemahlin, wenigstens in der Epoche vor dem Siebenjährigen Krieg, vermieden hätte, so ist das nicht richtig; dazu war sie ihm schon viel zu gleichgültig geworden. Sie stand ihm einfach ausserhalb seines Familienkreises und bedeutete ihm nur mehr die Marionette seines Hofes, die er dahin dirigierte, wo sie nach seinem Gutdünken stehen musste.

> Eufemia von Adlersfeld-Ballestrem 1908

W ie hätte sich eine Frau des 18. Jahrhunderts gegen eine derart konsequente Ausschaltung aus ihrem familiären Lebensbereich wehren sollen? Schließlich hat sie gegenüber dem Ehegatten nichts vorzubringen, das ihr ein Wort der offenen Klage erlaubt hätte. Und ein Ehebruch, wie er bei ihrer Nichte aus nachvollziehbaren Gründen zu beobachten ist, kommt bei ihrer Charakterstruktur nicht in Frage. Eines ist klar: Ihre Lebenskurven streben seit Sanssouci immer mehr auseinander.

Das Leben Elisabeths ist jetzt nicht mehr das Leben Friedrichs, ist auch nicht mehr auf ihn bezogen. Es kann nicht anders sein, weil auch die letzten Reste gemeinsamer Lebenssubstanz inzwischen geschwunden sind. Nicht einmal eine gemeinsame Begegnungsstätte, von einer gemeinsamen Schlafstätte zu schweigen, sei es Charlottenburg, das Berliner Schloß, sei es das Potsdamer Schloß, sei es Sanssouci, kommt mehr in Frage. Vor Rheinsberg konnte Friedrich endlos mit Grumbkow, Seckendorff und selbst mit seinem Vater streiten. In Rheinsberg läßt sich eine partielle freundliche Gemeinsamkeit des Ehepaares nachweisen. Die ersten Schlesischen Kriege schließlich dürfen als eine Ausnahmesituation gedeutet werden, in der es Elisabeth noch für richtig findet, ihren Mann vor den Gefahren zu warnen, die nicht nur im Felde auf ihn lauern. Theoretisch hätte sich daran in Sanssouci oder anderswo wieder Normalität anschließen können. Doch Friedrich hat sich dort einen Solitär als Buen retiro geschaffen. Es geht vielleicht zu weit, aber man könnte daran denken: Ist Sanssouci, dieses strahlende Bauwerk eigentlich dazu geschaffen, um seine Frau unter allen Umständen von dort fernzuhalten? Der Gedanke daran ist nicht abwegig, obwohl in keiner Darstellung bisher eine Verbindung zwischen der zunehmenden Entfremdung der Ehepartner und dem Verzicht Friedrichs auf die Thronfolge gezogen wurde. Aber es muß – neben der körperlichen Gefährdung durch die Kriege – einen untergründigen Zusammenhang gegeben haben, der darauf beruht.

Schließlich hatte Friedrich schon 1741, weniger als ein Jahr nach seiner Thronbesteigung, während des Ersten Schlesischen Krieges, an seinen Bruder August Wilhelm geschrieben: »Du bist mein alleiniger Erbe.« Und sicher hat ihn die Gefährdung des kommenden Zweiten Schlesischen Krieges dazu veranlaßt, dem Prinzen den Titel eines »Prinzen von Preußen«, also seines Eventual-Nachfolgers, zu verleihen. Es ist ein Vorgang, der 1752 mit den Worten wiederholt wird, August Wilhelm sei der »gesetzliche und natürliche Erbe der Krone«. Immerhin datiert der Erbverzicht 1741 aus einer Zeit, in der Friedrich 29 und Elisabeth erst 26 Jahre alt sind, für beide auch in damaligen Zeiten kein Alter, um reale Erwartungen auf Nachwuchs endgültig zu begraben. Mit Friedrichs Verfügungen war dieser Möglichkeit jede dynastische Bedeutung entzogen.

Die skizzenhaft dargestellte Männerwelt in Sanssouci vor und nach dem Siebenjährigen Krieg berührt Elisabeths Leben nur am Rande. Da Potsdam ihr verschlossen bleibt, besucht man sie in Schönhausen; Friedrich hindert niemanden daran. Das heißt: Manchmal versucht er sogar das. Er selbst ist jedenfalls niemandem Rechenschaft darüber schuldig, warum er nicht gleiches tut. So haben ihre Klagen über das, was man ihr antut, keinen individuellen Kern. Aber natürlich bedarf es eines Ventils, um wenigstens ein wenig von dem Überdruck an Enttäuschung loszuwerden, mit der sie in Schönhausen fertig werden muß. Sie ist nicht lethargisch, schon gar nicht gefühllos. Im Gegenteil. Aber sie kann zunächst einmal nicht verstehen, was das Schicksal ihr durch einen Mann antut, den sie aufs höchste verehrt und dem sie diese Verehrung mitteilt.

Auch in dieser Hinsicht spielt Sanssouci, wie die Briefe vor allem an ihre Verwandten mitteilen, nicht nur eine wichtige, sondern sogar entscheidende Rolle. Es wird zum Codewort für alles, was ihr der Mann und mit ihm seine Familie zuleide tut. Und das ist tatsächlich ein starkes Stück. Seit 1745 ist sie in Potsdam und Sanssouci Persona non grata, Stadt, Schloß und Schlößchen sind für sie verbotenes Gelände. Aber keiner sagt ihr das, und es existiert – soweit bekannt – kein Dokument dieses Inhalts. Der Ausschluß wird zum Gewohnheitsrecht. Sie hätte weder Stadt noch Schloß gesehen, hätten nicht die Kriegswirren sie später einmal per Zufall hineingeführt.

Es ist nicht ganz undenkbar, daß der frühe Einfluß ihrer Braunschweiger Familie die systematisch-passive Haltung Elisabeths gegenüber Friedrich verursachte, die so wenig mit dem Elan gemein hat, den man so mancher ihrer Vorgängerinnen zugeschrieben hat. Sich dem König nicht zu widersetzen, hatte ihr der Vater ja schon 1734 geraten.

So gesehen, lassen sich im Leben Elisabeths drei Epochen unterscheiden, in denen sie auf unterschiedliche Art versucht, mit den Herausforderungen fertigzuwerden, die das neue Milieu von Anfang an an sie stellt. Da ist – erstens – die arrogante Herablassung der Königin-Witwe und ihrer Töchter, der sie (wie zitiert) schon vor ihrem ersten Auftreten ausgesetzt war. Neben allem, was dazu gesagt wurde, sollte erwähnt werden, daß Elisabeth als fromm und schon deshalb als dumm galt. Schon 1740, im Trauerjahr, hatte sie davon geschrieben, daß man ihr »nichts als Unannehmlichkeiten bereite«, ein Eindruck, der – ins Allgemeine gewandt – auch von ihrer Schwägerin in Braunschweig, der Schwester Friedrichs, geteilt wird. Die glaubte zur gleichen Zeit, daß das Leben in Berlin »gegenwärtig sehr unangenehm« sei. Die Königin-Witwe, die zu lieben und zu achten Elisabeth angehalten ist, läßt an ihr, nachdem sie erst einmal bemerkt hat, wie leicht ihre Schwiegertochter zu beeindrucken ist, all ihre Launen aus. Diese wiederum reagiert mit sichtbarer Erleichterung auf die geringste Gunstbezeigung. Doch es ist ein ständiges Auf und Ab. 1742 heißt es von den »Rahmenbedingungen« und nicht zum letzten Mal: »Mit der Königin und mir ist alles wieder in Ordnung. Und es wird auch alles gutgehen, wenn sich nicht wieder lügenhafte Zungen finden, um Unruhe zu stiften. Aber es ist traurig, daß die Chancen dafür nicht groß sind.« Fast zur gleichen Zeit ist sie den Ausbrüchen ihres Mannes ausgesetzt, der ihr persönlich zum Vorwurf macht, daß ihr Bruder keine Soldaten an Preußen und seinen Ehrgeiz liefern will. »Sie ahnen gar nicht, was ich zu leiden habe«, ist ihr Kommentar.

Es ist nicht anzunehmen, daß ihre Ausgrenzung vom alltäglichen, fast ausschließlich auf die königliche Familie beschränkten Umgang auf derartige Verstimmungen zurückzuführen ist. Jedenfalls hat ihre konsequente Ausblendung aus dem Familiengespräch und den Familienzusammenkünften gleich nach Friedrichs Rückkehr aus dem Ersten Schlesischen Krieg begonnen. Friedrich hatte ihr damals sogar, man erinnert sich, verboten, ihren nächsten Verwandten, den Bruder und Herzog von Braunschweig, in seinem Appartement in Charlottenburg zu sehen. Drei Jahre später ist sie mürbe geworden, haben ihre Kräfte im beständigen Abwehrkampf gegen die Familie nachgelassen. Im Frühjahr 1745 schreibt sie von Landpartien nach Rheinsberg, »wo man sehr zufrieden scheint und sich amüsiert«. Schon vorher hatte sie traurig an ihren Bruder Ferdinand gemeldet: »Ich bleibe allein, wie eine Gefangene, in diesem alten Schloß zurück, während die anderen sich amüsieren.« Inzwischen hat sie bemerkt, daß die gute Luft von Schönhausen sie nicht aus ihrer Einsamkeit befreien kann. Langsam aber sicher nehmen die Briefe einer Dreißigjährigen schon den entsagungsvollen Ton einer Frau an, die zu begreifen beginnt, daß eine so hervorgehobene Stellung wie die ihre den Neid der Umwelt hervorrufen muß: »Gäbe es nicht so viele schlechte Menschen, könnte man glücklich sein.«

Seit Mitte der vierziger Jahre – die Fertigstellung von Sanssouci und ihre Fernhaltung von dem kleinen Wunder spielen dabei sicher eine entscheidende Rolle – wird sie noch ängstlicher und unsicherer. Dies ist die zweite Phase ihrer Reaktion. Sie wagt nicht einmal mehr, sich ohne Erlaubnis aus Schönhausen fortzubewegen, selbst dann nicht, als Friedrich mit einem Schlaganfall in Potsdam darniederliegt. Welch ein Abgrund an Lebensekel liegt in einem Brief aus dem Jahre 1747, in dem es heißt: »Für mich wünsche ich weiter nichts mehr, als daß ich das große Los in der Frankfurter Lotterie gewinnen möchte, um damit meine Schulden bezahlen zu können. Danach kann ich dann ruhig den Tod erwarten, wenn Gott es für gut halten wird, mich von dieser Welt zu nehmen, in der ich nichts mehr zu tun habe ...« 31 Jahre ist sie damals alt. Und immer noch ist es eine

Phase, in der sie nicht ihn, sondern die Familie als Ursache ihres Leidens bezeichnet. Als sie 1747 die trügerische Hoffnung hat, Friedrich werde sie doch einmal in ihrem Schloß besuchen, da heißt es zugleich: »Ich halte das aber ganz geheim, damit die Familie es nicht erfährt, denn sonst würde man gleich versuchen, es zu verhindern, weil alle eifersüchtig auf die geringste Gnade sind, die er mir bezeigt.« Hier schleicht sich schon eine Art von Verfolgungswahn ein, wie aber auch die Verkennung der Abhängigkeitsstrukturen im friderizianischen Staat. Denn sie erliegt der Illusion, die Familie könne Friedrich an etwas hindern, das er wirklich tun will. Daß er es nicht will, das ist ein Gedanke, den sie gar nicht denken kann. Er aber ist entscheidend. Und so wird ein Satz, der in vielen Variationen lautet: »Wir sind ganz alleine hier« zu einem Stereotyp, der ihre Lage spiegelt. Einsamkeit, Alleinsein, Langeweile sind existentielle Zustände, aus denen niemand sie erlösen kann.

Auch das sind noch Ausdrucksformen menschlicher Ausgrenzung in einer Übergangszeit. In der letzten Phase gewöhnt sich Elisabeth an, von den »Befehlen« zu schreiben, die ihr Gemahl bitte erteilen solle. Nun ist ihr die Unwiederbringlichkeit früheren Glücks endgültig bewußt geworden. »Warum ist doch alles so anders geworden, warum habe ich alle die frühere Güte und Gnade verlieren müssen«, fragt sie sich und antwortet selbst resigniert darauf, daß sie nicht mehr nur zu kämpfen, sondern auch sich zu sehnen aufhört. Was sie von nun an pflegt, ist eine Art von preußischer Pflichterfüllung, wie sie Friedrich vorlebt, auf dem ihr zugewiesenen Platz. Von und in der königlichen Familie akzeptiert zu werden ist von nun an nicht einmal mehr ihr aktiv erstrebtes Ziel. Vom Benehmen ihres Mannes kann sie noch getroffen werden, weil sie ihn weiterhin gegen jede Hoffnung liebt, aber nicht mehr von Amalie, nicht von Wilhelmine und auch nicht mehr von der Königin-Mutter. »Der König wird erwartet und das nötigt mich, bei der Königin-Mutter zu speisen«, heißt es deshalb schon 1748. Ein Jahr später breitet sie das komplizierte Für und Wider ihres Verhältnisses zu ihm aus, von dem er nichts ahnte und aus dem er wahrscheinlich auch dann keine Folgerung gezogen hätte, falls er es gewußt hätte. Alles läuft auf einen Satz hinaus: »Der König wünsche allein im Familienkreise zu sein … und ich wünsche doch nicht, eine unbequeme Person darin zu spielen.« Dazu hat sie sich schon vor dem Siebenjährigen Krieg durchgerungen. Danach kommt nur noch das Für und Wider, was sie zu diesem Entschluß bewogen hat. »Ich bin aber in Unruhe darüber, ob ich richtig gehandelt habe oder nicht. Folge ich dem Rat der Camas [ihrer Oberhofmeisterin und Vertrauten] so gehe ich gar nicht nach Berlin. Aber ich glaube, ich täte besser, es doch zu tun. Denn sonst sähe es aus, als spielte ich die Gekränkte oder die Exklusive oder die Lächerliche und vor allem, als ob ich mich um alles kümmerte, was unser lieber König tut. Gott weiß, daß ich Nacht und Tag nichts anderes sinne, als zu vermeiden, was ihm mißfallen könnte. Es ist sehr hart für mich, ihn in Berlin zu wissen, ohne ihn sehen zu dürfen. Andererseits wäre es aber auch ein Mangel an Aufmerksamkeit, wenn ich gar nicht hinginge. Denn es ist nicht mehr meine Sache, mir den Anschein geben zu wollen, als vermiede ich die Gelegenheit, wo ich das Glück haben könnte, ihn zu sehen.« Wie geht die Selbstbefragung aus? Sie bleibt in Schönhausen …

Sie geht deshalb nicht hin, weil sie zumindest in diesem Augenblick erkannt hat, daß sie weder die ihr entgegenstehenden Intrigen im Clan der Hohenzollern noch deren Zusammengehörigkeitsgefühl mit welchen Mitteln auch immer werde aufsprengen können. Und so macht sie von nun an keinen Versuch mehr, zum inneren Cercle zugelassen zu werden. Als Wilhelmine von Bayreuth im Jahre 1750 Berlin besucht, bleibt sie mehr oder weniger unsichtbar. »Für mich glaube ich am besten zu tun, mich, um jeden Disput zu vermeiden, fernzuhalten. Dann kann sich auch niemand über mich aufregen.«

So hat sie es gehalten. Aber natürlich haben, wie schon bemerkt, die Zurücksetzungen Wunden in ihr hinterlassen. Sie konnte nach allem, was geschehen war, mit ihrem Leben keinen kurzen Prozeß machen. Aus dem stillen und sanften Geschöpf wird eine nervöse Frau, die sich in ihren späteren Jahren nicht immer in der Hand hatte. Im Bericht über die Zeit nach dem Ende des Siebenjährigen Krieges wird noch einmal zurückzukommen sein. Manchmal ist ihr seitdem im alltäglichen Leben nicht gelungen, was sie einem Brief anvertraut: »Man muß eben ein wenig Philosoph in dieser Welt werden, denn ohne dies wäre man beständig in Kummer und bei schlechter Laune.« Friedrich hat es jedenfalls leichter, der angestrebte Philosoph zu werden und zu sein. Denn seit den Jahren, als er König wurde, wird sein Selbstwertgefühl niemals ernsthaft in Frage gestellt.

Elisabeth hat gewußt, was ihr als Frau des Königs von Preußen zustand. Aber sie hat nie auf diese Würde gepocht. Deshalb wird ihre Zurückgezogenheit als Schwäche interpretiert. Es fragt sich, ob die positiv gemeinten Formulierungen in den Erinnerungen des Dieudonné Thiébault, Mitglied der Berliner Akademie, die im Jahr nach ihrem Tod erschienen, tatsächlich so positiv aufgenommen worden sind, wie sie gemeint waren. »Die Gemahlin Friedrichs hat sich das einzig dastehende und so seltene Verdienst erworben, niemals von sich reden zu machen. Niemals ist von ihr in irgendeiner Angelegenheit des Staates oder bei einer Intrige die Rede gewesen. Niemals hat sie etwas für sich oder andere gefordert.« Das stimmt in dieser Einfachheit nicht. Aber schon die Tatsache, daß Thiébault von ihren Wünschen und Forderungen, auch Interventionen nichts wußte, spricht für sich …

DAS ALTER

Kälte und Wärme

Die Natur, eine zärtliche Freundschaft, eine wahre
Hochachtung, alle diese Empfindungen verlangen
ihr Recht und ich fühle – meine beste Mama – dass ich
mehr gefühlvoll als vernünftig bin. Meine Träume,
mein Bedauern sind unnütz; indessen wüsste ich
nicht, sie zu unterdrücken.

> Friedrich II. an Madame Camas 1760

Das Ende des Siebenjährigen Krieges markiert den Übergang von der Lebensmitte zum Alter, obwohl Friedrich zu diesem Zeitpunkt erst 51 und Elisabeth 48 Jahre alt ist. Bevor wir uns mit diesem Zeitabschnitt beschäftigen, soll ein Blick auf Friedrichs Freundschaftsfähigkeit geworfen werden. Erst die Unterschiede in der »Behandlung« derer, die ihm nahestehen oder zumindest nahestehen sollten, macht die Ausnahmestellung Elisabeths in seinem Leben deutlich. Sicher hat er sich, zu Recht oder zu Unrecht, immer einmal wieder von dem einen oder anderen seiner Favoriten oder Favoritinnen getrennt. Aber so nachhaltig wie bei ihr hat er sich sonst nie wieder von einem Menschen abgewandt.

Die Betroffenheit, die Friedrichs bürokratische Ehearrangements beim Betrachter hervorrufen, ist deshalb so groß, weil er weder in seiner Jugend noch im Mannesalter in all seinen menschlichen Beziehungen jene Nüchternheit herauskehrt, die ihm das Prädikat des »Philosophen«, aber auch das eines Menschenverächters eingebracht hat. Wenn er wollte, konnte er mit einer rührenden Unmittelbarkeit bis über den Tod hinaus an seinen alten Freunden hängen. Und auch gegenüber Frauen hat er einen menschlich bewegenden Ton parat, der selbst im höfischen Französisch durchschlägt, in dem seine Korrespondenz im allgemeinen ja gehalten ist. Wer erfahren möchte, wie liebenswürdig er sein konnte, muß nur ein paar Zeilen der Briefe an Frau von Camas, 26 Jahre älter als er und seit 1742, also nach der Rheinsberger Zeit, Oberhofmeisterin in Schönhausen, wo sie auch im Jahre 1766 starb, lesen. »Meine beste Mama Camas«, tituliert er sie in den meisten seiner Briefe. Während des Siebenjährigen Krieges, 1762, schreibt er ihr: »Wenn dies alles gut und ehrenvoll endet, was werde ich den Himmel segnen, Sie, meine beste Mama, wiederzusehen und Sie zu umarmen! Ja, ich sage umarmen, denn Sie haben keinen anderen Liebhaber mehr in der Welt als mich; Sie können mich nicht mehr eifersüchtig machen und ich habe das Recht, als Lohn meiner Standhaftigkeit und Anhänglichkeit einen Kuß zu verlangen … Verzeihung für die Armseligkeiten, die ich Ihnen schreibe. Das kommt daher, weil ich allein bin … weil ich Sie liebhabe …« Damals ist die Gräfin 76 Jahre alt! In diesem Ton aber hat er ihr von 1744 bis kurz vor ihrem Tod 1765 geschrieben.

Friedrich bewährt sich auch als Freund seiner Freunde über den Tod hinaus. So etwa, als sein langjähriger Kompagnon aus Rheinsberger Tagen, Dietrich Freiherr von Keyserlingk, im Jahre 1745 stirbt, Friedrich aber dessen 24jährige Ehefrau offenbar nicht für reif genug hält, die Tochter Adelaide allein zu erziehen. Da schreibt er der Camas: »Sie wissen, daß ich einen Freund, den ich wie mich selbst liebte und dessen Andenken ich hoch verehre, verloren habe … Da ich wünsche, daß die Tochter ihres Vaters würdig wird, fordere ich von Ihrer stets bewiesenen Freundschaft, daß Sie diesen Rest meines armen Keyserlingk in Ihren Schutz nehmen und jetzt und in späterer Zeit der Mutter mit Ihren Ratschlägen und der Tochter mit Ihrer Fürsorge zur

Seite stehen. Ich werde diese Aufmerksamkeit ansehen, als wenn Sie sie für mich selbst täten ...« Friedrich war, wenn er es wollte, fähig, nicht nur ständig zu fordern, sondern seinen alten Freunden Wünsche von den Augen abzulesen. Ein Beispiel ist auch der erkrankte Heinrich August de La Motte-Fouqué, in Rheinsberg Großmeister des Bayard-Ordens. Es ist rührend, wie er ihn mit Gaben überschüttet, mit Rheinwein, Porzellan aus seiner neugegründeten Berliner Manufaktur, mit Trüffeln aus Triest und mit Mekkabalsam aus der Türkei. La Motte-Fouqué brauchte nur zu äußern, daß er schwerhörig sei, da beeilte sich Friedrich, dem abzuhelfen: »Ich schicke Ihnen, lieber Freund, dazu alle akustischen Instrumente, die ich hier habe auftreiben können, mit einer Anweisung für ihren Gebrauch. Ich wünsche, daß sie Ihnen das Gehör wiedergeben und Ihr Alter erleichtern. Wenn ich Sie wieder jung machen könnte, täte ich es, aber das übersteigt meine Kräfte.« Das ist im Jahre 1769. Dies sind nicht nur liebenswürdige Details aus einem Leben, das sonst eine andere Grundierung hatte. Vielmehr sollen und können sie den Blick für die seltsame Fremdheit schärfen, die einem Menschen entgegengebracht wird, der es als Privileg empfunden hätte, auch nur »normal« behandelt zu werden, und der nun auf eine unaussprechliche Weise unter der Distanz leidet.

Das ist um so schmerzlicher, als sich Elisabeth seit 1740 weniger und weniger auf Menschen stützen kann, die ihr wohlwollen. König Friedrich Wilhelm ist gestorben, die Königin-Mutter nicht bereit, auch nur ein einziges ihrer Privilegien abzutreten, die Schwestern des Königs spinnen weiterhin ihre Intrigen. Prinz Heinrich empfängt sie ebenso wenig wie sein Bruder. Und Friedrichs Regierungsstil ist nicht dazu angetan, für seine Frau auch nur eine einzige freie Minute vorzusehen. Von seiner persönlichen Aversion gegen Elisabeth ganz abgesehen, lassen es sein Pflichtgefühl und sein Machtanspruch einfach nicht zu, Regierungsverantwortung zu delegieren, wie das seit dem Gottesgnadentum Ludwigs XIV. in anderen Staaten üblich geworden war. Auch darin unterscheidet er sich von der Mehrzahl seiner Zeitgenossen. »Alle überstrahlte ›Aufsteiger‹ Friedrich II., der ›Große‹ von Preußen, der ›Philosoph‹ von Sanssouci. Sein Schloß in Potsdam war mehr Arbeitskabinett als Hof. Er mokierte sich über die überkommene monarchische Pracht- und Hofwelt und gab sich als ›Premier Serviteur de l'Etat‹; er war sein eigener Premierminister und sein eigener Feldherr« (Ulrich im Hof). Das heißt in Kurzform nichts anderes als dies: Sein Arbeitspensum überstieg nicht selten selbst seine immense Arbeitskraft. Und schließlich ist fast die Hälfte der ersten 23 Regierungsjahre mit Kriegen ausgefüllt.

Dennoch läßt sich wenig Verständnis aufbringen für die lieblose Beziehung Friedrichs zu Elisabeth. Die ist um so bemerkenswerter, weil nicht ganz vergessen werden darf, daß der Umstand, daß sich der männliche Adel in Preußen und Deutschland persönlich auf den Schlachtfeldern zu bewähren hatte, zu einem Überhang von Witwen am Hofe geführt hatte, die schon aus Männermangel nur eine einzige Ehe eingehen konnten. Allein die zahlreichen Bälle, Maskenbälle, Cotillons und Festessen ließen die Langeweile etwas vergessen. Zwei Schwestern Friedrichs, die tüchtige Prinzessin Ulrike, die im Jahre 1744 mit König Adolf Friedrich von Schweden verheiratet wurde, und Prinzessin Amalie, für Elisabeth der böse Geist, leben zu Beginn dieser Periode noch am Hof. Amalie blieb, mit dem Titel einer – protestantischen – Äbtissin von Gandersheim bedacht, unverheiratet. Von Friedrich Wilhelm I. war sie dazu bestimmt worden, die Einsamkeit ihrer Mutter zu teilen. Am Berliner Hof lebte aber auch die Witwe des Markgrafen Albrecht Friedrich von Brandenburg-Schwedt, deren beide Enkel Friedrich und Friedrich Wilhelm im Jahre 1741 und 1744 bei Prag gefallen waren. Ihre Tochter, Anna Sophie Charlotte, die Herzogin von Sachsen-Eisenach, seit 1741 Witwe, wohnte seit diesem Jahr in Schloß

Köpenick und ging später nach Sangershausen. Zu Besuch aus Prenzlau erschien oft die Erbprinzessin, die spätere Landgräfin Caroline von Hessen-Darmstadt. Am Hofe lebte zudem noch Henriette Marie, die Witwe des Erbprinzen Friedrich Ludwig von Brandenburg. Vor allem aber kann sich die Königin auf ihre Schwester Luise Amalie stützen. Sie heiratet den von Friedrich 1744 zum Thronfolger ernannten August Wilhelm von Preußen. Doch stirbt dieser schon 1758 – seitdem bilden die beiden Schwestern ein unzertrennliches Paar. Hinzu waren seit 1737 die auswärtig verheirateten Schwestern Friedrichs getreten, an ihrer Spitze seine ältere Lieblingsschwester Wilhelmine von Bayreuth. Sie hat es, wie ihre »Denkwürdigkeiten« ausweisen, nie verwunden, daß ihre Einheirat in das englische Königshaus am Willen des Vaters gescheitert war, und ist schon relativ früh, 1758, gestorben.

Solche Aufzählung wäre dann fade, wenn sie nur die Bedeutung der genannten Personen suggerieren wollte. Das ist nicht die Absicht, wohl aber soll sie zeigen, wie zahlreich die Frauen am Berliner Hof waren, die es mit ihren Skandalen und Intrigen vermochten, der fremden, zarten und intrigenungewohnten Königin das Leben schwer zu machen. Nach dem Tod Friedrich Wilhelms und der lang dauernden Abwesenheit Friedrichs hatte nämlich diejenige Person Einfluß, die den besten Zugang zur Königin-Mutter und zur virtuos die Fäden der üblen Nachrede spinnenden Prinzessin Amalie gefunden hatte. Die Klagen darüber nehmen in Elisabeths Korrespondenz mit ihrem Bruder Ferdinand einen breiten Raum ein. Sie mag zuweilen Gespenster gesehen haben, wo keine waren. Generell sind sie sicherlich gerechtfertigt und dokumentieren nichts anderes als ihre Hilflosigkeit.

Bei Hofe akzeptiert zu sein gehörte schon deswegen zu den erstrebenswertesten Attributen einer Adligen, weil durch die Schlesienkriege ein Großteil der jüngeren wie der älteren Männer für Monate und Jahre nicht am Hofleben teilnehmen konnte.

So blieb den Frauen in dieser Zeit, in der es noch nicht unbedingt zur nationalen Pflicht gehörte, Scharpie zu zupfen, nicht viel anderes übrig, als in der Hauptstadt die Siege zu feiern und über die Niederlagen Klage zu führen. Beides geschah schon deshalb immer verspätet, weil selbst der schnellste Reiter nicht vor drei oder vier Tagen seine Nachrichten von den Kriegsschauplätzen überbringen mochte. So mochte es vorkommen, daß man feierte, wenn eigentlich schon zu klagen war; daß man klagte, wenn schon der nächste Sieg bevorstand. Ihren ersten Geburtstag als Königin hat Elisabeth noch in Rheinsberg gefeiert; es war vom 22. Oktober bis zum 2. Dezember 1740 ihr letzter Aufenthalt dort. Nie mehr hat sie seitdem das Schloß gesehen, in dem sie so glücklich war. Es gehört zu den ungeklärten Grausamkeiten, daß ihr Friedrich damit nicht nur die Erinnerung an die Jahre nimmt, die auch ihm wertvoll waren, sondern daß er ihr später vor allem zu Potsdam und Sanssouci keinen Zugang mehr gestattete. War es in Preußen auch Sitte geworden, die Königinnen aufs Land zu schicken – Luise Henriette, die Gemahlin des Großen Kurfürsten, residierte in Oranienburg, Sophie Charlotte, die Frau des ersten Preußischen Königs, in Charlottenburg, und Friedrichs Mutter vorzugsweise in Monbijou – so hatten sie doch selbst diesen Ausweg gewählt, war keine von ihnen Opfer einer derart rigiden ›Abschiebung‹ wie Elisabeth. Da diese Quasi-Verstoßung nicht einmal den Usancen des 18. Jahrhunderts entspricht, bleibt es ein Geheimnis, warum sie sich dem barschen Verhalten der Hohenzollerschen Familie unterwarf. Ihre Briefe lassen nur den Schluß zu, daß sie glaubte, durch hingebungsvolle Unterwerfung das Wohlwollen Friedrichs zu mehren. Das Gegenteil – so seine Reaktionen – ist der Fall.

Krieg in dieser Zeit – sofern er nicht die Wohlfahrt des Staates durch die übermäßige Strapazierung der Geldmittel angriff – war kein Krieg im modernen Sinne. Die Verwüstungen beschränkten sich vor allem auf die Gebiete, in denen er stattfand.

Sonst wurde er noch unter Wahrung ritterlicher Formen geführt. Nur ein Beispiel: Der österreichische Gouverneur des
schlesischen Glogau wird bei der Einnahme der Stadt gefangen-
genommen. Er trifft am 24. März 1741 in Berlin ein, wird dort
zur Geburtstagsfeier der Königin-Mutter eingeladen und ihr am
27. März vorgestellt. Er ist ein Gegner, kein Feind. Das bürger-
liche Leben geht – jedenfalls noch während der beiden ersten
Schlesienkriege – seinen gewohnten Gang. So wird am 5. Mai
1741 von Prinz Heinrich der Grundstein für das von Knobelsdorff geplante Opernhaus gelegt. Am 12. November kommt
Friedrich nach beendigtem ersten Feldzug in seine Hauptstadt
zurück, schon am 22. November empfängt er die Braunschweiger Verwandten, um die Verlobung von deren Tochter Luise
Amalie mit dem Bruder August Wilhelm zu feiern.

Was folgt, beschreibt ein Biograph aus der ersten Hälfte des
19. Jahrhunderts so: »Cour, Maskerade und Ball, öffentliches
Concert, Assemblée und Bälle bei den Ministern wechselten in
den Wintervergnügen ab und wurden von König und Königin
besucht.« Dies ist eine erste Antwort auf die Frage: Was tut eine
Königin, die derart von ihrem Mann vernachlässigt wird, wie es
schon geschildert wurde? Darauf folgt die zweite Antwort: Sie
akzeptiert dessen Abwesenheit als Regelfall, denn Friedrich zieht
am 18. Januar 1742 über Dresden und Prag wieder zur Armee,
um den Zweiten Schlesischen Krieg zu führen.

Die Spanne zwischen dem Ersten und Zweiten Schlesienkrieg
ist eine Zeit, in der das triste Schicksal der Ehe noch nicht endgültig entschieden ist. Friedrich schreibt Briefe, die noch nicht
ganz so lapidar und kurz sind wie seine späteren Mitteilungen.
Auch ist sich wohl die Hofkamarilla nicht ganz darüber im klaren, wie sich die Ehe des seltsamen Paares, dessen männlicher
Teil jetzt erst zu seinem Höhenflug ansetzt, entwickeln wird.
Diese Ungewißheit erfordert Vorsicht von seiten der Hofschranzen – und der Hofdamen. Elisabeth ist zu dieser Zeit immer die

gleiche, gütige Seele; eine andere hätte es sicherlich nicht über sich gebracht, die Geburt Friedrich Wilhelms, des späteren Thronfolgers, im Jahre 1744 so ausgeglichen zu schildern, wie sie es tat. Denn von nun an war sie als Kronprinzen-Mutter nicht mehr vonnöten. Ihrem Bruder Ferdinand schreibt sie am 20. September dieses Jahres von der Geburt des späteren Friedrich Wilhelm II.: »Morgen wird das Kind getauft. Die Königin-Mutter wird es über das Taufbecken halten, und ich bin auch Patin. Die anderen werden die Herzogin-Mutter, die Großmutter und regierende Fürstin, der Herzog, die Kaiserin von Rußland, der König von Frankreich und die Prinzessin von Schweden sein. Prinzessin Amalie wird das Kind tragen und von Prinz Ferdinand und vom Prinzen von Anhalt geführt werden. Die drei Abgesandten Frankreichs, Rußlands und Schwedens werden im Namen dieser drei Mächte anwesend sein; der junge Prinz von Holstein im Namen des Herzogs.« Es ist dies der Tag, an dem das Weiterleben der Hohenzollern auf ihrem Throne gesichert ist.

In diesem Text scheint noch alles im Gleichgewicht. Elisabeth fühlt sich anscheinend akzeptiert, ihrem Rang gemäß plaziert. Wenig später beginnt mit dem Osterfest des Jahres 1745 der Ausschluß aus dem Familienverband der Hohenzollern. Ihr Mann ist mit ihren beiden Brüdern Ferdinand und Albrecht nach Oberschlesien aufgebrochen. Da unternimmt die Königin-Witwe mit der Prinzessin von Preußen, ihrer Schwester, der Prinzessin Amalie und den drei Prinzen, die noch »im Hause« sind, dazu mit einem Teil des Hofstaates, eine Vergnügungsreise nach Oranienburg und weiter nach Rheinsberg. Elisabeth wird nicht eingeladen und ist darüber äußerst deprimiert: »Ich bleibe in der Zwischenzeit allein in dem alten Schloß wie eine wirkliche Gefangene, während die anderen sich vergnügen. So amüsiere ich mich mit Lektüre, Handarbeit und Musik, und es ist ein Festtag für mich, wenn ich einen Brief von Ihnen erhalte. Das sind wahre Erholungsstunden für mich.« Sie gibt, da die Königin-

Mutter mit dreihundert Pferden reist, der Berliner Gerüchte-
küche Nahrung, daß »die Königin-Mutter und die ganze königliche Familie aus Berlin fliehen, um nach Mecklenburg zu
gehen, und daß ich, sobald es ginge, ihnen folgen würde«. Die
russischen Husaren stünden schon an der Grenze, und bald
würden sie in Berlin sein. Um das Volk ruhigzustellen, werde sie,
sobald das Wetter schöner werde, spazierengehen.

Es ist eine von Männern dominierte Gesellschaft, in die sie
hineinwächst und aus der sie – wenn man so will – im Laufe vie-
ler Jahre wieder herauswächst. Wenn der König aus seinen Kriegen heimkehrt, wird er zuerst von den Prinzen und bestenfalls
von den Generälen begrüßt. Und immer haben die Berichter-
statter die gleiche stereotype Wendung bereit: »In dem Schloß
wurde er beim Aussteigen aus der Carosse … von den Prinzen,
der Generalität und den Großen des Hauses empfangen. Oben
in den königlichen Zimmern gaben ihm die beiden Königinnen
die allerzärtlichste und liebreichste Bewillkommnung.« Selbst
hier ist die Ehefrau mit ihrem Mann nicht allein. Es ist nicht
verbürgt, daß es bei solcher Gelegenheit je zwischen beiden zu
einem Austausch von Gedanken, gar von Zärtlichkeiten gekommen sei. Wie ihnen zumute war, haben sie sich seit ihrer Zeit
in Rheinsberg nach allem, was man weiß, nicht sagen können,
wahrscheinlich auch nicht sagen wollen. So muß sich eine immer stärkere Entfremdung schon deshalb angebahnt haben, weil
keiner des anderen Gedanken kennt. Er kann sie nicht einmal
erahnen, weil keine Erfahrung vorhanden ist, mit der die Gedanken und damit die möglichen Reaktionen des Partners
neuen Situationen angepaßt werden können. Die Konvention
ersetzt den lebendigen Austausch von Gefühlen und Gedanken.

Die zeitgenössischen Berichte sind für das, was sich in diesen
Jahren am Hof abspielt, zwar eine faktische Quelle ersten Ranges, sie liefern jedoch keinerlei differenzierte Einzelheiten. Insbesondere die *Berlinischen Nachrichten von Staats- und Gelehrtensa-*

chen, die sogenannte Haude und Spenersche Zeitung, die *Berlinische Privilegierte Zeitung* (Rüdigersche Zeitung) und die *Königlich Privilegierte Berlinische Zeitung*, die später als *Vossische Zeitung* noch bis ins 20. Jahrhundert hineinragt, befleißigten sich, was die Hofberichterstattung anbetrifft, auch unter der »aufgeklärten« Regierung Friedrichs einer Formelsprache, mittels derer man gar nicht erst versuchte, mit der Wirklichkeit zu konkurrieren. Von einer »allerzärtlichsten und liebreichsten Bewillkommnung« des Königs durch die Königin, von einer »feierlichen Bewirtung« anreisender Fürstinnen und Fürsten ist die Rede, davon, daß Friedrich nach dem Ende des Ersten Schlesischen Krieges von der Königin, seiner Gemahlin, »auf das Zärtlichste« sei willkommen geheißen worden. Das alles sind Floskeln, dem Hörensagen abgelauscht und zugunsten der regierenden Familie harmonisiert.

Wie es wirklich um das »herzliche« Verhältnis zwischen Elisabeth und Friedrich steht, läßt sich aus drei Tatsachen schließen: Beide Königinnen feierten zwischen 1741 und 1762 gemeinsam den Geburtstag des Sohnes und Mannes. Der aber feierte zwar kriegsbedingt den Geburtstag seiner Mutter in den ersten Jahren seiner Regierungszeit nicht in Berlin. Vom Jahre 1746 an aber kam er, gleichgültig wo er sich befand, zu diesem Tag in die Hauptstadt. An Elisabeths Geburtstag ist Friedrich zwischen 1741 und 1762, also im Laufe von 22 Jahren, nur zweimal anwesend. Selbst seine Geburtstagsgratulationen läßt er zuweilen über Madame de Camas ausrichten. Die Zeilen, die das jeweilige Geschenk begleiteten, »verfehlten nicht«, wie Hahnke allzu überschwenglich, aber zutreffend schreibt, »auf das fühlende Herz der Königin den rührendsten Eindruck« zu hinterlassen. Frau von Camas war es also, die ihr die Geburtstagsgeschenke des Ehemannes in der ihr eigenen herzlichen Art überreichte. 1747 ist es eine kostbare Tabaksdose, denn Elisabeth hatte sich die Mode des Schnupfens angewöhnt. »Sie können sich unschwer die Freude vorstellen«, schreibt sie an ihren Bruder Ferdinand, »die ich angesichts dieser Marque de Grâce unseres lieben Königs empfand; ich war außer mir vor Freude über die Bontés dieses lieben Königs. Er verschwendet seine Güte sicherlich nicht über eine Undankbare, sondern über eine Person, die weiß, was das alles kostet.« Wenige Tage später ergänzt sie diese geheime Liebeserklärung, die sie dem Ehemann gegenüber nicht äußern kann: »Gott möge diesen lieben und verdienstvollen König zu Genugtuung und Glück all jener bewahren, die ihm wirklich verbunden sind. Ich hätte so gerne, daß er in meinem Herzen zu lesen verstünde und wüßte, wie ich zu ihm stehe, wie ich mich auch ihm verbunden fühle und wie dankbar ich ihm bin.«

Es ist aber nicht allein – wie es später heißt – die zeremoniöse Behandlung, die Elisabeth verletzt und demütigt. Denn anwesend ist sie bei fast allen Ereignissen, die dieses auf äußeren Prunk aufgebaute Zeitalter zu bieten hat. Es gibt keinen Anlaß, der nicht zu einem Fest ausgebaut werden kann, ob es sich um den König, um die Königin-Mutter, die Schwägerinnen Ulrike oder Amalie oder die beiden jungen Prinzen Heinrich und Friedrich August handelt. Und es genügt auch nicht, einmal zu feiern – die Standesehre erfordert es, daß auf das Fest der Königin-Mutter auch eines der Königin folgt. Dazu nur ein Beispiel: »Als die Schwägerin Ulrike dem schwedischen Thronfolger am 17. Juli 1744 angetraut wird, weilt der König am 18. bei der Königin-Mutter, aus demselben Anlaß am 23. abends bei seiner Frau in Schönhausen, desgleichen am nächsten mittags. Schließlich wird der schwedische Gesandte, Graf Tessy, am 27. Juli mit einer ähnlichen Zeremonie verabschiedet, mit der die Braut willkommen geheißen worden war.« So geht es über die Jahre dahin …

LUSTBARKEITEN MIT UND OHNE LUST

DIE HÖFE KONNTEN STÄTTEN FEINER KULTUR SEIN –
WIE ETWA DAS WEIMAR DER HERZOGIN AMALIA UND DES
HERZOGS AUGUST ZU GOETHES ZEITEN. ANDERERSEITS
WAREN SIE AUCH ORTE PEINLICHSTER AFFÄREN UND UNER-
QUICKLICHER INTRIGEN. EHRGEIZLINGE JEDER ART KONN-
TEN HIER BILLIG KARRIERE MACHEN, UND RAFFINIERTE
FRAUEN KONNTEN VOM NIEDRIGSTEN STAND BIS ZU HOHEM
EINFLUSS AUFSTEIGEN – NICHT NUR DIE POMPADOUR! DIE
SKANDALCHRONIK DER HÖFE IST REICH AN SCHÜRZENJA-
GENDEN PRINZEN UND EHEBRÜCHIGEN PRINZESSINNEN. SO
UND SO VIELE FÜRSTLICHKEITEN LEBTEN GETRENNT, DENN
IHRE JA REIN DIPLOMATISCHEN HEIRATEN WAREN EINEM
GUTEN EHELEBEN EHER ABTRÄGLICH. DA STEHT DAS ROKO-
KOIDYLL NEBEN BRUTALITÄT UND ELEND.

> ULRICH IM HOF 1982

Auf den ersten Blick betrachtet, ist der Jahreslauf einer Frau von Stand eine einzige Folge von Lustbarkeiten, deren Langeweile wie Reiz darin besteht, daß man zur Gesellschaft zugelassen ist, aber gerade deshalb immer wieder auf dieselben Protagonisten trifft. Diese Gleichförmigkeit steigert sich noch einmal, weil es sich bei denen, die nur von Fall zu Fall in den Kreis des Hofes eintreten, fast ausschließlich um Männer handelt. Ausnahmen sind in Berlin im wesentlichen die Besuche von eigenen oder verwandten Fürstenfamilien, wie etwa die der Markgräflichen Familie aus Bayreuth oder der Herzoglichen Familie aus Braunschweig. Die Berliner Zeitungen berichten z.B., daß im Jahre 1751 »der König … neunmal bei der Königin und darunter einmal vom goldenen Service« gespeist habe. Es bleibt in jedem Falle eine geschlossene Gesellschaft. Ausnahmen bestätigen die Regel. Wenn König und Königin, vor allem in den früheren Jahren, den Opern und Redouten im Opernhause beiwohnen und der ganze Hof im Saal des Opernhauses an fünf großen Tafeln soupiert, dann kennt jeder jeden. So wird im Jahre 1754 durch königliche Order bestimmt, daß in dem französischen Komödientheater in die Ersten-Rang-Logen keine anderen Damen eingelassen werden sollen als diejenigen, »welche beider Königinnen Majestäten präsentiert worden waren und folglich nach Hofe gingen«. Der Rest drängte sich, mit einem Billet versehen, in den zweiten Logen.

Was sich da abspielt, ist im engen Sinne des Wortes exklusiv. Zu den öffentlichen Schauspielen gehören auch die militärischen Revuen, die im Normalfall im letzten Drittel des Mai bei Tempelhof abgehalten werden. Die Königin hat nur 1747 und 1748 an ihnen teilgenommen. »Sie war in ein grünes Amazonenhabit gekleidet und saß mit der Prinzessin Amalia und der Frau Gräfin von Hacke in einem von dem Hofbildhauer Oppenhaupt ganz neu erfundenen, ungemein prächtigen Phaeton von rotem Sammet, welcher von acht Pferden gezogen ward« (Hahnke). Warum sie später nicht mehr daran teilnimmt, läßt sich nur erahnen. Es mag sein, daß ihre zivile Art, die sich schon zu Zeiten Friedrich Wilhelms gezeigt hatte, dem militärischen Schauspiel nicht angemessen war. Jedenfalls hat sich Friedrich auch nach 1740 bemüht, dem militärischen Schauspiel jene theatralische Weihe zu geben, die Soldaten in ihren bunten Uniformen, die so gar nichts mit ihrer Funktion im Feld zu tun hatten, dem Betrachter darboten. Im Jahre 1772, also lange nach dem Siebenjährigen Krieg, sieht sich die Königin noch einmal in der Gegend des Gesundbrunnens die Übungen der Feldartillerie an. Dann legt man auf ihre Anwesenheit bei militärischen Feldübungen sichtlich keinen Wert mehr. Und sie schon gar nicht …

Die militärischen Revuen sind nur ein Teil der Festivitäten, die das Jahr ausfüllen und die Aufmerksamkeit insbesondere der Frauen in Anspruch nehmen. Es ist eine Gesellschaft, deren erlauchter Träger, der König, sich rühmt, als Aufklärer der Vernunft zu dienen. Aber selbst im Karneval, der ja die Klassenschranken aufheben soll, wird der Abstand gewahrt. Wenn es einmal vorkommt, daß jedermann die Erlaubnis erhält, maskiert einem Ball beizuwohnen, dann weiß man schon durch die Farbe der Kostümierung, wessen Standes Kind ihr Träger ist. »Der Adel beiderlei Geschlechts erschien hierbei allein in rosenfarbenen oder anderen roten seidenen Dominos und dergleichen Capuchons; die Kavaliere trugen über den Capuchons schwarze Unihüte, die Damen aber zu ihrer Coiffure rote Capuchons. Den Personen bürgerlichen Standes war erlaubt, sich nach eigenem Gefallen, jedoch sauber zu maskieren, nur daß sie sich der roten Farben und der Schranken, welche für den Hof bestimmt waren, enthalten mußten« (Hahnke).

Das öffentliche Leben der Angehörigen des Adels wird weitgehend durch das Protokoll geregelt. Wer wann bei wem oder wer bei wem zuerst seine Aufwartung zu machen, an welcher der Tafeln man beim Diner Platz zu nehmen hat, wer wen zu was konventionellerweise begleitet, wann man sich über oder unter seinem Stand bewegt – das sind Fragen, die jeder Angehörige des Adels beherrscht. Wenn es anders ist, sind endlose Dispute die Folge. Hier hat sich – trotz aller sonstigen, durch die Lockerung der Sitten verursachten Neuerungen – am Berliner Hof in der zweiten Hälfte des 18. Jahrhunderts gegenüber der ersten Hälfte nichts verändert. Von der Wende zum 18. Jahrhundert kann man vor allem sagen: »Man trinkt im 18. Jahrhundert weniger. Das Amüsement ist raffinierter geworden ... Der Genuß wird freier ... Literarisches Leben ist möglich. Es gibt gebildete Fürsten und vor allem gebildete Fürstinnen« (Ulrich im Hof). Elisabeth gehört zu ihnen.

Um so empfindlicher wird reagiert, wenn man selbst Opfer von Verletzungen des Reglements wird. Sie zu überwinden kostet mehr als nur Nonchalance gegenüber denen, die sich solchen Affront gestatten. Verstöße gegen die Hofsitten werden schon deswegen von jedermann bemerkt, weil sie jedermann kennt. Wie das, ins Groteske gesteigert, aussehen kann, darüber geben die Memoiren der Schwester Friedrichs II., der Markgräfin Wilhelmine von Bayreuth, Aufschluß. Sie ärgert sich permanent über die Herzogin Christiane Luise von Braunschweig-Blankenburg bei der Hochzeit ihrer Schwester Ulrike: »Die Herzogin wollte nicht mit der Königin fahren, weil sie der Kronprinzessin nicht den Vortritt lassen wollte. Sie richtete es jeden Tag so ein, daß sie zuerst in den Wagen stieg und zu meiner Rechten saß. Ich bin weder hochmütig noch streitsüchtig, aber ich bestehe auf meinen Rechten, und wenn ich merke, daß man sie mir nicht zuerkennen will, weiß ich mich ebensogut zur Wehr zu setzen wie irgendeiner ... Endlich riß mir die Geduld. Ich kam ihr zuvor, so daß ich zuerst einstieg und rechts von ihr saß. In meinem Leben habe ich niemanden in solcher Wut gesehen. Sie wurde dunkelrot, mußte alle ihre Selbstbeherrschung zusammennehmen, um mir nicht die Augen auszukratzen. Vor Zorn war sie ganz aufgebläht. Endlich, nachdem sie einige Impertinenzen hinabgeschluckt, die sie mir zugedacht hatte, sagte sie: ›Ich bin nicht auf meinen Rang versessen. Aus derlei mache ich mir am wenigsten.‹ ›Ich auch nicht, Madame‹, erwiderte ich, ›und ich finde, daß es in der Tat nichts Dümmeres gibt als sich Rechte anmaßen zu wollen, die einem nicht zukommen, und noch dümmer ist es, solche, die einem zustehen, nicht zu wahren.‹ Indem ich dies sagte, legte ich die Hand auf meine Coiffure, denn ich fürchtete wahrlich, sie würde sie mir herunterreißen. Zum Glück hielt jedoch der Wagen, und sie stieg aus.«

Petitessen könnte man sagen, Albernheiten. Aber erlauben sich gar Subalterne eine Nichtbeachtung des Reglements, das jeder kennt, dann kommt das für den Betroffenen oder die Betroffene einer Verletzung der Standesehre gleich, die zu ahnden ist. Die Nichtbeachtung Elisabeths bei königlichen Einladungen nach Sanssouci seit 1755 ist daher nicht nur eine Verletzung des Comments. Es ist auch eine bewußte Herabsetzung der Betroffenen, die von ihrem Personal bemerkt wird, das auch entsprechend reagiert. Elisabeth muß deshalb nicht besonders empfindlich sein, um auf solche Herabsetzungen, die sich mit den Jahren häufen, zu reagieren – ihr Hof teilt ihr das durch sein Verhalten mit. Nur so ist die Reaktion auf die Serie von Nadelstichen zu verstehen, die Elisabeth jahrzehntelang um die Aufrechterhaltung des ihr zustehenden Ranges führt. Daß sie es tun mußte, dafür gibt es einen einzigen Grund: den König selbst. Der ist sich dessen wohl bewußt, doch er achtet nicht darauf. Er hat die wenigen Wünsche, die Elisabeth an ihn heranträgt, nie zurückgewiesen, hat ihr in jedem einzelnen Falle Rechtfertigung zukommen lassen. Daß er sich dessen bewußt gewesen wäre, in welchem Maße er selbst als Verursacher der Majestätsbeschädigung auftrat – dafür gibt es keinen Beleg.

DIE WEHRLOSE WEHRT SICH

DER SUITEN-ZETTEL (GEFOLGE-ANMELDUNG FÜR DAS CHARLOTTENBURGER FEST) VON IHR MAJ. DER KÖNIGIN-FRAU-MUTTER UND PRINCESSIN AMALIE, KÖNIGL HOHEIT, BELÄUFT SICH AUF 45 PERSOHN. ICH HABE DEN CASTELLAN NACH CHARLOTTENB. SELBIGE GESCHICKT, DA-MIT EIN JEDER VON DENEN BEDIENTEN WEISS, WO ER SEINEN PLATZ FINDEN SOLL, WANN ER HIN-KOMPT. IHR MAJEST. DIE KÖNIGIN LASSEN UNTHERTHÄNIGST ANFRAGEN, OB EWR. KÖNIGL. MAJ. GNÄDIGST ER-LAUBTEN, DASS SIE AUCH KÖNTE RAUS KOMMEN. IHRE SUITE BESTEHT IN 5 PERSOHN.

> BRIEF DES KAMMERDIENERS FREDERSDORF
> AN FRIEDRICH II. VOM 2. AUGUST 1748

Elisabeth ist von ihrer Veranlagung her eine sehr gütige, leicht verzeihende und auch nicht selten ängstliche Person, vor allem was ihr Verhältnis zu Friedrich angeht. Wir haben schon gesehen, daß sie höchst couragiert die Interessen ihrer Familie in Berlin verteidigt. In einer bestimmten Hinsicht ist es richtig, daß sie es sich selbst zuzuschreiben hat, wenn sie – als einzige – aus dem engeren Familienkreise der Hohenzollern, zumindest soweit er gesellschaftlich von Friedrich dominiert wird, ausgeschlossen wird. Immerhin ist es ihr gelungen, einen Teil der Frauen des Hauses, die es oft auch nicht leicht hatten, auf ihre Seite herüberzuziehen. Man kann sagen: Deren Zuneigung nahm in dem Maße zu, wie ihr Umgang mit Friedrich qualitativ wie quantitativ abnahm. Denn sie bemerkten, daß die Königin unter der Nichtbeachtung des Königs litt. Das gilt ohne Einschränkung für die Königin-Mutter, das gilt aber auch für des Königs Lieblingsschwester Wilhelmine, seitdem sie im fernen Bayreuth an der Seite eines ungeliebten Gemahls dahindämmert. Sie bemerkt relativ rasch, daß Elisabeth für ihre Herrschaftsansprüche keine Gefahr darstellt. Und die kluge Wilhelmine erkennt recht bald, daß beide durch den Charakter ihrer Männer und, was sie anbetrifft, durch die Knappheit ihrer Mittel, nur sehr begrenzte Entwicklungsmöglichkeiten haben. Um so wichtiger war es, daß Elisabeth ihrer Schwägerin mancherlei Gefallen tun konnte, die bewiesen, daß sie bereit war, frühere Kränkungen aus ihrem Gedächtnis zu tilgen. So hatte diese sich nach ihrer Heirat einmal zu weit vorgewagt, als sie bei einem Besuch in Berlin eine Mißstimmung auf den Straßen zu bemerken schien, die sie unbedingt ihrem Bruder mitteilen wollte. Elisabeth setzte alle Hebel in Bewegung, damit dem König die kritischen Bemerkungen seiner Schwester nicht zugetragen wurden. Sie wußte, wie nachtragend er war.

Berlin ist in den Zwischenkriegszeiten, vor allem aber nach dem Siebenjährigen Krieg, eine Stadt, in der die Teilnahme am musischen Leben zum guten gesellschaftlichen Ton gehört. Die ausübenden Künstler, vor allem die Sängerinnen und Sänger, spielen auch gesellschaftlich eine wichtige Rolle. Es sind meist Italiener oder Italienerinnen, die diese Rolle auch bewußt ausnutzen. Es war deshalb etwas anderes als Arbeitsunlust, wenn sie nicht auftreten wollten. So erlauben es sich die Sängerinnen und Sänger im Jahre 1775 sogar, der Königin ihre Dienste zu verweigern. Die Königin hat sich darauf beim Direktor des Schauspiels und dann beim König selbst beschwert. Der schreibt seinem Schauspieldirektor am 22. Februar aus Potsdam einen Brief, der an Eindeutigkeit nichts zu wünschen übrigläßt. Er ist ein Beweis dafür, daß sich Friedrich nicht darüber im klaren war, daß er allein das durch sein Verhalten lädierte Ansehen seiner Frau wiederherstellen konnte. »Ich erfahre mit Überraschung, daß meine Sängerinnen und Sänger arrogant genug sind, um der Königin ihre Dienste zu verweigern. Man muß schon sagen, daß dies die Impertinenz ziemlich weit zu treiben heißt und daß ich darüber nur entrüstet sein kann. Sie werden also nichts Besseres zu tun haben, als allen Betroffenen, und Sie nehmen die Mara [die damals berühmteste der Sängerinnen, d. Verf.] nicht aus, meine offene Entrüstung über ihr unverschämtes Verhalten mitzuteilen und in aller Deutlichkeit zu erklären, daß es mein ausdrücklicher Wille sei, daß sie sich jedesmal, wenn Sie es wünscht, den Anordnungen Ihrer Majestät zu fügen hätten. Ich sehe mich sonst gezwungen, auf ernsthaftere Mittel zurückzugreifen, damit Sie ihre extravagante und lächerliche Arroganz zu bedauern lernen.« Graf von Finckenstein meldet zwei Tage später »Befehl ausgeführt«, und Friedrich weist nochmals auf die Dienstgewalt der Königin hin, ohne ein zweites Mal einzugreifen.

Daß die Fernhaltung seiner Frau von Potsdam und Sanssouci für diejenigen, die sich der komplizierten Beweggründe des Königs nicht bewußt sind, eine Verführung zum Ungehorsam, ja zur Ridikülisierung der Königin darstellen muß, hatte sich schon dreißig Jahre zuvor, 1745, zu einem Zeitpunkt also, als Sanssouci noch im Entstehen war, in ihrer engsten Umgebung gezeigt. Elisabeth schreibt damals einen Brief an ihren Mann, in dem sie sich über die Anmaßung des Hofmarschalls, des Grafen von Wartensleben, beschwert. Die erste königliche Intervention scheint nicht viel genutzt zu haben, denn 1750 muß Friedrich ihr schreiben: »Ich habe nicht ein Wort von dem gewußt, was Sie mir schreiben. Ich habe ihm [Wartensleben] meine Entrüstung zu fühlen gegeben und hoffe, daß er sich von nun an in den Grenzen halten wird, die schicklich sind; wenn nicht …, dann wird es das Beste sein, ihn durch einen anderen zu ersetzen.« Dazu kam es vorläufig nicht, wenn ihn auch die Königin bei den Mahlzeiten an einen der hinteren Tische versetzte. Noch 1759 berichtet Graf Lehndorff, der Chronist an ihrem Hof, »daß die Königin sich mit Wartensleben schon immer auf Hauen und Stechen steht«. Und noch einmal vier Jahre später, 1763, beauftragt Friedrich seinen Minister von Finckenstein, einen »bösen Brief« an den Hofmarschall Wartensleben zu schicken. »Ich hörte, daß er sich so impertinent gegen die Königin aufführte, daß sie genötigt worden war, über ihn zu klagen. Dies mißfiel mir überaus, und ich riet ihm, um Vergebung zu bitten und den Respekt besser in Acht zu nehmen. Sofern die Königin die geringste Klage über ihn hätte, würde ich ihn sofort absetzen.« Wartensleben wird schließlich – mit Rangerhöhung – versetzt. Elisabeth aber macht sich Vorwürfe, daß sie gezwungen gewesen war, etwas Schlechtes über einen Menschen zu sagen.

Die Affäre Wartensleben ist nur ein Kapitel aus einer Lebensgeschichte, wie sie skurriler nicht gedacht werden kann, auch und gerade in einer Zeit, in der Koketterie und Eleganz zu dem Parfüm des Lebensgenusses gehören. Das Krankwerden durch psychische Demütigung ist noch keine anerkannte medizinische Diagnose. Aber wer die innere Verfassung wie die äußere Erscheinung der Königin kundigen Blicks studiert, kann nicht umhin, eine Veränderung ihres Charakters wie auch eine Veränderung ihrer äußeren Erscheinung zu konstatieren. Was der schon genannte Graf Ernst Heinrich Ahasverus von Lehndorff (1727–1803), der wegen eines Beinleidens zum Heeresdienst untauglich und deswegen an ihren Hof abkommandiert ist, von 1750 bis 1775 in sein Tagebuch schreibt, wird deshalb zu so etwas wie einer ungewollten Psychographie seiner Königin. Nicht nur die Formen des höfischen Alltags mit seinen Soupers, Bällen, Domino- und Maskenbällen werden skizziert. Vielmehr läßt gerade die fast bürokratische Akribie, mit der Lehndorff Buch führt, die Verzweiflung erkennen, die langsam die Königin erfaßt haben muß. Sie wird krank – die Formen der Krankheit alternieren, sie werden aber in ihrem Schweregrad immer bedenklicher. Und Elisabeth verliert langsam ihre zarten Konturen. Eine verborgene Tragödie spielt sich in ihr ab. Das wird natürlich besonders von denen wahrgenommen, die nicht zu ihren Freunden und Verehrern gehören. Was Lehndorff von ihren mittleren bis späten Jahren berichtet, vermittelt den Eindruck, daß das höfische Leben tiefe Spuren hinterlassen hat. »Ihre Majestät ist sehr übler Laune« wird zu einer Wendung, die ihr existentielles Befinden charakterisiert. Eine Art Contre-Danse ist die Bemerkung des Chronisten aus dem Jahre 1754: »Die Königin besucht im Nachtkleid die Frau Prinzessin [wohl ihre verwitwete Schwester Luise Amalie, die bei ihr wohnt] in ihrem Garten. Die arme Königin ist so vergnügt, wenn sie sich ein nur kleines Fest erlauben kann, und ich bin jedes Mal erfreut, wenn ich sehe, daß sie einen vergnügten Augenblick hat, sie, die deren doch so wenige hat.«

Elisabeth war keine Erscheinung, die sich in einem einzigen Bild fassen läßt. Das demonstriert die Abfolge ihrer Porträts, die nicht nur die Spuren zunehmenden Alters zeigen, sondern auch die eines Charakterwandels. Und wer hätte in jugendlichen Jahren so von ihr gesprochen, wie das Graf Lehndorff als eine Art Hofberichterstatter von nun an tut. Immer wieder notiert er seit den fünfziger Jahren die Spuren einer Krankheit, für die diese Zeit noch keinen Namen hatte: Hysterie. Sie weisen auf den Verlust eines Lebenstraumes hin. Der Chronist schreibt von seiner Königin, »die trotz ihrer Leibesfülle niemals am selben Platz bleibt«, und dann von den Konsequenzen solcher nervösen und unmotivierten Umtriebigkeit: »Sie erscheint … immer erschöpft, daß man glauben könnte, sie habe die Wassersucht.« Aber selbst in der Zeit der Melancholie wirkt sie nicht abstoßend. 1773 notiert er daher: »Die Königin ist unbestreitbar das einzige Band, das den Hof und die Stadt miteinander verbindet.« Was den Grafen trotz allem nachsichtig stimmt, ist dies: Elisabeth und ihre Lebensumstände fordern immer wieder Mitleid heraus, »weil sie sich bald wieder beruhigt und dann alles mögliche tut, um alles wiedergutzumachen«.

Tiefgreifende Charakterveränderungen im Laufe der Jahre zu vermuten, dazu gibt auch ein Blick in ihre reiche Korrespondenz – die Briefe an ihre Brüder Karl und Ferdinand gehen in die Hunderte – Anlaß. Auf die noch ganz kindlichen Briefchen mit zwei, drei Zeilen je Blatt folgt in der Zeit der Reife eine klare Schrift mit runden Buchstaben; ihr folgt später eine kalligraphische Schrift mit übertriebenen Großbuchstaben über drei Zeilen und schließlich der Verfall des Alters, mit krakeligen, fast unleserlichen Zeichen.

Die Archivbestände in Wolfenbüttel beweisen übrigens auch, daß die gern kolportierte Lesart nicht stimmt, nach der von ihr nur eine einzige, deutsch geschriebene Briefschaft – eine Anweisung, wie sie zu begraben sei – in die Nachwelt gelangt sei. Denn ihrem nach Rußland verheirateten älteren Bruder Anton Ulrich hat sie bis 1733 deutsche Briefe geschrieben. Erst 1734 wechselte sie generell die Sprache. Doch noch im August 1792 verlangt sie von den Nachlaßverwaltern in fast unleserlicher Schrift die von ihr an den gerade verstorbenen Bruder Ferdinand geschriebenen Briefe in deutscher Sprache zurück.

Die Rückkehr Friedrichs zu ihr wird in diesen Jahren vor und nach dem alles entscheidenden Siebenjährigen Krieg erst nicht mehr erhofft und dann nicht mehr erwartet. Deshalb sind die Notizen Lehndorffs aus jenen Jahren Zeugnis ihrer definitiven Resignation. 1757 heißt es bei ihm: »Die Königin ergeht sich nachmittags im Tiergarten. Diese Fürstin, die so wenig Freuden hat, empfindet schon über Dinge, die uns recht gleichgültig sind, ein außerordentliches Vergnügen. Demnach ist für sie dieser Nachmittag himmlisch.« Zum Zeitpunkt dieser Notiz befindet sich das Land im letzten und entscheidenden Krieg, den Friedrich für die Erweiterung, aber auch für die Binnenstärkung seines Staates geführt hat.

GELD UND GESUNDHEIT

ICH FAND IHRO MAJESTÄT SEHR ENTKRÄFTET, BEI MATTEM PULS AUF DEM BETTE LIEGEND. DER APPETIT IST SEHR WENIG, DIE DAUUNG SCHWACH ... DER UNTERLEIB IST VOLL VON BLÄHUNGEN ... ICH MUSS ES NICHT OHNE EMPFINDUNG GESTEHEN, WIE SCHON WIRKLICH GRUND ZU EINER BRUST- UND BAUCHWASSERSUCHT GELEGEN SEI, UND DASS ES DAHIN STEHE, OB DIE AUSGESUCHTESTEN MITTEL EW. KÖNIGLICHEN MAJESTÄT ZÄRTLICHE WÜNSCHE ERFÜLLEN WERDEN.

> BERICHT DES LEIBARZTES COTHENIUS AN FRIEDRICH II.
  VOM 11. AUGUST 1776

Friedrich hat immer an sein Glück geglaubt; das Unglück ist erst später in seinen Weltplan einkalkuliert worden. So jedenfalls sieht es nach seinen Gesprächen mit Henri de Catt aus. Die Sätze, die in einem Gespräch 1760 bei Schlettstadt fallen, sind Altersweisheit: »Das Wörtchen Glück ist aus meinem Vokabular gestrichen. Wann war ich schon glücklich? Ein paar Monate in Rheinsberg. Vorher nicht und auch nachher nicht. Sollte dieser Krieg einigermaßen anständig zu Ende gehen, dann werde ich viel zu alt, zu krank und zu schwach sein, um noch jemals glücklich sein zu können.« Es ist schwer zu entscheiden, ob es eine Charakteranlage oder ein Lebenslos war, die aus ihm einen unglücklichen Kronprinzen und einen großen König gemacht haben. Jedenfalls fiel es ihm immer – relativ – leicht, Geld auch für persönliche Bedürfnisse zu bekommen, die dem gewöhnlichen Sterblichen versagt blieben. Er vermochte noch dann mit Geld zu jonglieren, wenn andere längst im Schuldturm gelandet waren. Schon in seiner Jugend hatte er wenig Skrupel, das Geld, das ihm zum Beispiel vom kaiserlichen Hof in Wien angeboten worden war, zu akzeptieren. Geld hatte auch – wie wir gesehen haben – Grumbkow für die Hochzeit zwischen Elisabeth und Friedrich eingestrichen. Wien glaubte Friedrich schon vor Rheinsberg in der Hand zu haben, da es ihm über Seckendorff neben seinen sechstausend Talern, die er vom Vater bekam, ein zusätzliches Einkommen von zweitausendfünfhundert Dukaten zukommen ließ. Angeblich hat er sie, so jedenfalls Seckendorff, im wesentlichen an lockere Frauen weitergegeben. Man darf da allerdings seine Zweifel haben, da der österreichische Gesandte sein Urteil zu einer Zeit abgibt, in der Friedrich ein allem Anschein nach platonisches

Verhältnis mit Eleonore von Wreech, dem »kleinen Naturwunder«, hatte.

Auch seiner Schwester Wilhelmine gegenüber hatte er – so wird berichtet – keinerlei Gewissensbisse, wenn es darum ging, an Geld zu gelangen. Dafür war das kaiserliche Geld allzu leicht zu haben. Die Szene, in der Wilhelmine das schildert, spielt noch vor der Verlobung mit Elisabeth: »›Er [Seckendorff] ist ein ehrlicher Patron‹, sagte er lachend, ›denn er läßt mir des öfteren Gelder zufließen, derer ich sehr bedarf. Ich habe schon überlegt, daß er Ihnen auch welches verschaffen könnte, meine Galionen sind gestern eingelaufen und ich will die Ladung mit Ihnen teilen.‹ In der Tat brachte er mir tags darauf tausend Taler mit der Versicherung, mir noch zu anderen Summen zu verhelfen. Ich machte viel Umstände, bevor ich sie annahm, da ich ihm nicht zur Last fallen wollte. Er schüttelte den Kopf. ›Nehmen Sie sie ruhig‹, sagte er, ›denn die Kaiserin läßt mir soviel Geld zukommen als ich will, und Sie dürfen mir glauben, daß ich den Teufel erst bei mir selber austreibe, wenn er sich dort eingenistet hat‹ … Obwohl ich von Spionen der Kaiserin umringt war, die sie von allem, was bei mir vorging, sofort in Kenntnis setzten, gelang es dennoch dem Prinzen, Seckendorff heimlich bei mir einzuführen.« Seckendorff verspricht ihr dann kaiserliches Geld, falls sie sich für Elisabeth Christine einsetzen sollte. »Die Kaiserin empfiehlt Ihnen diese ihre teure Nichte mit der Versicherung, daß sie Ihnen authentische Beweise ihrer Dankbarkeit geben und sich Ihnen bei jeder Gelegenheit gefällig zeigen wird.«

Geldknappheit ist eines der großen Leitmotive, das sich durch das Leben des kronprinzlichen und dann königlichen Ehepaares zieht. Sollte Elisabeth um des zu erwartenden Glanzes willen in die preußische Hauptstadt geheiratet haben, so hätte sie sich schnell enttäuscht gesehen. Sie muß nicht nur für die Bedürfnisse Friedrichs, der in seiner Kronprinzenzeit nie mit seiner Apanage auskam, Geld aufnehmen; sie gerät ihrerseits immer wieder in Geldnot, weil er sich für die Schulden seiner Frau, die er mitverursacht hatte, nicht mitverantwortlich fühlt. Er scheint keinerlei Skrupel gehabt zu haben, sie auf diesen Schulden sitzen zu lassen: Schulden aus der Rheinsberger Zeit, Schulden, die von Elisabeth um des lieben Friedens willen für die von Friedrich geforderte Anwerbung des Regiments Braunschweig gemacht worden sind. Es ist eine Tatsache, die Friedrich nicht zur Kenntnis nehmen will. Immer wieder ist es Elisabeth, die die Schuldscheine unterschreibt, erst zweitausend, dann viertausend Taler, dann noch einmal sechstausend Taler vom Finanzier Alexander David. Von Friedrich dagegen gibt es keinen Schuldschein. Er vertröstet Elisabeth, die von Geldgeschäften nichts versteht, auf die Jahre nach dem Regierungsantritt.

Immer wieder ist es der Kammerherr Bärtling, den sie aus Wolfenbüttel mitgebracht hatte und später wegen Untreue entlassen muß, der die überfälligen Quartalszinsen zu seiner Mutter trägt. Bis zum Jahre 1746 drücken sie die Schulden immer schwerer. Rührend sind die Sorgenbriefe, die sie an ihren Bruder Karl, von dem sie andererseits keine Entlastung erwarten darf, richtet. Am 24. April 1742 schreibt sie ihm: »Ich muß Ihnen sagen, lieber Bruder, daß ich gestern einen Brief erhalten habe, in welchem der König mich sehr wegen meiner Schulden ausgescholten hat und mir befiehlt, die Zinsen zu zahlen. Ich weiß nicht, wie ich das machen soll, ohne mich von neuem in Schulden zu stürzen.« Ein halbes Jahr später heißt es: »Ich habe einen Brief von den Erben von Bärtlings Witwe erhalten, die ihre Zinsen von mir verlangt. Ich glaube nicht, daß es mir möglich sein wird, sie zu bezahlen, und bitte Sie, mir zu sagen, was ich tun soll, denn es hat jetzt nicht den geringsten Anschein, daß man meine Schulden bezahlen will, noch weniger die Zinsen …«

Die Belastung durch ihre Schulden zieht sich erst einmal bis ins Jahr 1751, die Zeit zwischen dem Ersten und Zweiten Schlesischen Krieg, hin. Da schreibt ihr Friedrich: »Madame. Ich schicke Ihnen die Quittung über einen Teil Ihrer Schulden, die jetzt bezahlt sind. Die anderen werden nach und nach folgen. Ich teile Ihnen hiermit mit, daß ich ein Testament verfaßt habe, in dem ich für Ihre Witwenrente nach meinem Tode in einer Art und Weise Sorge getragen habe, daß Sie Anlaß haben werden, damit zufrieden zu sein.« 1784, also mehr als 30 Jahre später, hat sie ihre Schenkungsurkunde von 1752 verändert. Friedrich stimmte dem zu. Sie tat dies, nachdem der eine ihrer beiden Neffen einen Verzicht auf seinen Anteil nach dem Tode seines Bruders mit der Begründung geleistet hatte: »Damit die Königin ihre, während den vieljährigen schweren Kriegen durch die schlechten Münzen und den Ausgaben, auch nachherigen, notwendig erforderten Kosten, ohne ihr Verschulden und nicht durch unnützen Aufwand gemachten Schulden bei ihren Lebzeiten bezahlen könne, damit dem König nach ihrem Ableben deshalb kein Chagrin verursachen werden möchte.« Dieser Verzicht beweist einerseits, daß die finanzielle Lage der Königin für den Prinzen von Preußen ein offenes Geheimnis war, andererseits aber auch, daß ihre Schulden, trotz der vom König erhaltenen Versprechungen, damals immer noch nicht bezahlt waren und sie anscheinend ebenso drückten wie noch Ende der sechziger Jahre. Was Gelddinge anbetrifft, scheint sie ebenso unschuldig wie abenteuerlustig gewesen zu sein. Auch in Fragen der Lotterie besaß sie ein ungebrochenes Gottvertrauen. Noch 1765 macht sie Pläne, wie man eine Lotterie in Braunschweig einrichten könne, und Verwandte schreiben ihr aus dem Ausland, daß sie dort Lotterie-Gewinne für sie eingestrichen hätten. Aber leider keine großen … Friedrich hat sich andererseits immer wieder um sie bemüht. Nach dem Siebenjährigen Krieg schenkte er ihr 5000 Dukaten. Doch erst 1786, ein Jahr nach dem Tode Friedrichs, der seinen Nachfolger im Testament verpflichtet hatte, ihre Einkünfte von 41000 Talern um jährlich 10000 Taler zu erhöhen, konnte sie ihre letzten Schulden tilgen.

Die späte Befreiung von drückenden Schulden bedeutet allerdings nicht, daß die Leibrente und spätere Witwenrente ihr ein
völlig sorgenfreies Leben ermöglicht hätten. Graf Lehndorff hat
es auf den Punkt gebracht, wenn er im Juni 1763, also nach dem
Ende des Siebenjährigen Krieges, sarkastisch in sein Tagebuch
schreibt: »Eine Zitrone, die an diesem Hof mehr gegessen wird,
verursacht hier ... eine Budgetstörung auf mehrere Monate
hinaus.« Schon Jahre zuvor hatte er auf die »Schäbigkeit« von
Schönhausen so reagiert: »Ich ... bemerke mit aufrichtiger
Freude, wie [der Herzog von Nivernais] sein Erstaunen über
diese ärmliche Residenz einer Königin zu verbergen weiß. Sein
Sekretär Chambrey ... findet das Haus als Wohnung einer Königin jämmerlich und unwürdig.« Man mokiert sich über ihre
Sparsamkeit. Es müsse Gala bei der Königin gewesen sein, amüsierte sich ein Franzose, denn er habe eine alte Lampe auf einer
Treppe angezündet gesehen. Elisabeth aber ist es auch nach 1767
gar nicht komisch zumute: »Wenn notwendig, ist alles gut erleuchtet. Und trotzdem erspare ich jetzt daran 700 Taler jährlich ... Nach meinem Heiratsvertrag soll ich zwei Drittel davon
seit 26 Jahren erhalten und habe nichts davon bekommen.«

Neben den Schulden ist ihr Alltag viele Jahre lang durch eine
weitere, immaterielle Hypothek belastet: Es sind ihre Krankheiten. Müßig, darüber zu spekulieren, welche von ihnen psychosomatisch bedingt waren. Jedenfalls gibt sie, die nicht besonders
hypochondrisch veranlagt ist, ihren Verwandten immer wieder
Nachricht von den Leiden, die sie befallen haben. So schreibt sie
noch vor dem Ersten Schlesischen Krieg an ihren Bruder Karl
über einen für eine 25jährige erbärmlichen Gesundheitszustand.
»Ich bin seit gestern in Berlin und habe unterwegs schrecklich
bei dem schlechten Wetter gelitten, denn ich bin noch recht
schwach, nachdem ich 5 Tage hintereinander in Rheinsberg an
Kolik, Kopfschmerzen und Schmerzen im Rücken und in den
Beinen krank war; ich befinde mich jetzt aber schon besser.«

Solche Zustandsbeschreibungen wiederholen sich im Laufe der Jahrzehnte immer wieder.

Das Thema Gesundheit-Krankheit spielt im Laufe des Lebens der beiden Protagonisten eine wichtige Rolle. Denn was die Gesundheit seiner Frau angeht, ermangelt es Friedrich nie an einem persönlichen und fürsorglichen Ton, der ihm sonst fehlt. Das gilt sowohl dann, wenn er sich durch Dritte über Elisabeth informieren läßt wie auch im persönlichen Kontakt. In jedem Falle läßt er die Befunde, die ihm überbracht wurden, nicht auf sich beruhen, sondern greift sofort mit Hilfe seiner Leibärzte ein. So entwickelt sich aus einem Zweier-Verhältnis nicht selten gleich wieder ein Dreier-Verhältnis. Schon 1747 schreibt er – eine Bestätigung – an seinen Kammerdiener Fredersdorf: »Lasse mir doch von Elert [Leibarzt Eller] aufsetzen, ob es mit der Königin was zu sagen hat.« Unmittelbar nach dem Ende des Siebenjährigen Krieges, den Friedrich mit solch seelischer Grausamkeit gegenüber seiner Frau beendete, schreibt ihm die Gräfin Camas am 30. Oktober 1763: »Ich halte mich für verpflichtet, Euer Majestät mitzuteilen, daß seit einigen Tagen die Königin sehr krank ist. Es ist ein fortgesetztes Fieber, begleitet von heftigen Beklemmungen. Gestern erschienen rote Flecke, die Herr Lesser [einer der Leibärzte] Friesseln nannte.« Friedrich gibt sich einige Tage später erst einmal gelassen. »Ich hoffe, meine beste Mama, es ist keine Gefahr für die Königin zu befürchten. Der Ausschlag geht nur durch heftige Fieberanfälle weg. Man muß viel Tee trinken und sich sehr warm halten, dann heilt die Zeit ohne Medizin.« Das beruhigt die Gräfin Camas zwar wenig. Für sie das Wichtigste im Heilungsprozeß aber ist der Brief selbst. »Ihr Brief hat der Königin eine unbegrenzte Befriedigung verursacht. Ich sah in ihren Augen zum ersten Male ein wenig Lebhaftigkeit.« Dann aber fährt sie fort: »Die Unruhe, in der ich bin, läßt mich die Dinge vielleicht von der schlimmsten Seite sehen. Ich werde erst ruhig sein, wenn das Fieber und die Beklemmung vorbei sind.«

Deshalb hat Friedrich die Königin in einem nicht mehr erhaltenen Brief dann auch ihrer besonderen Fürsorge empfohlen.

Vierzehn weitere Jahre später zeigt sich das gleiche Bild der Besorgtheit und der tätigen Mithilfe Friedrichs. Noch immer ist Elisabeth unentbehrlich für des Königs Repräsentationspflichten. Im August 1776 nimmt er die Kranke aus Anlaß des Besuches des russischen Großfürsten in solchem Maße in Anspruch, daß sie zusammenbricht. Vor diesem Hintergrund ist der Brief zu sehen, den er seinem Leibarzt Muzell schreibt. In ihm finden sich Passagen, die für ihn ungewöhnlich sind: »Ich empfehle Ihnen, die Königin ohne Aufschub zu besuchen und sich mit den beiden anderen Ärzten von Berlin zu verbinden, um ihr alle diejenigen Heilmittel zu geben, zu denen Sie nach Ihrer Einsicht und Weisheit das meiste Vertrauen haben werden und welche von Ihrer Kunst abhängen. Denken Sie daran, daß es sich um die teuerste und notwendigste Person für den Staat, für die Armen und für mich handelt.« Ein solches Lob war und blieb einzigartig.

Elisabeth hat davon zweifellos nichts erfahren. Wohl aber ist eine Expertise des hinzugezogenen Dr. Cothenius bekannt, der sie wenige Tage später gründlich untersucht hat. Aus ihr geht hervor, daß Elisabeth schwer erkrankt war, nicht zuletzt an der Wassersucht, an der sie aber erst zwei Jahrzehnte später gestorben ist. »Ich gestehe mir nicht zu, Vieles zu versprechen, welches jedoch meinen Eifer und meine Tätigkeit nicht vermindern soll.« Auf die Rückseite dieses Briefes hat Friedrich vermerkt: »Es wäre mir leid, daß die Umstände so schlecht.« Die Schwarzseherei des Dr. Cothenius ging zum Glück nicht in Erfüllung. Doch kann man diese Episode als den Beginn der Zeit ansetzen, in der sich die beiden Alten über ihre jeweiligen Leiden regelmäßig austauschen. Für Elisabeth war dies der Augenblick – auch das sicher nicht ohne Bezug zu ihrer Gesundheit –, in dem sie ihre literarische Karriere öffentlich begann, wenn sie sich auch aus dem öffentlichen Leben noch nicht zurückziehen konnte.

Der Siebenjährige Krieg

Entweder lasse ich mich unter den Trümmern meines Vaterlandes begraben oder ich beende mein Unglück, wenn es nicht mehr möglich ist, es zu ertragen. Ich bin fest entschlossen, in diesem Feldzug alles zu wagen und die verzweifeltsten Dinge zu unternehmen, um zu siegen oder ein ehrenvolles Ende zu finden.

> Friedrich der Grosse an den Marquis d'Argens
> 1760

Mit Recht hat man das 18. Jahrhundert auch das »gesellige Jahrhundert« genannt. Selbst Kriege verwandeln sich in der »Etappe«, soweit es sich um Siege handelt, sofort in Festgesellschaften. Um so bitterer wird die Einsamkeit von der erlebt, die man von ihnen ausschließt. Grundmuster des gesellschaftlichen Lebens sind skizziert worden. Doch verändert der Siebenjährige Krieg mit den Verwüstungen, die Friedrichs Staat an den Rand der Existenz und ihn an den Rand des Selbstmordes führen, auch dessen Konturen.

Wir liefern hier vor allem eine Beziehungsgeschichte, den Versuch, zwei Menschen in ihrer lebenslangen Bindung und Trennung zu verfolgen. Wenn sich diese Bindung zu beträchtlichen Teilen im öffentlichen Raum vollzieht, kann dieser Raum nicht ausgespart werden. Doch war es nicht der dritte der Kriege, der die menschlichen Beziehungen zerstörte. Dazu hatten schon die elf vorangegangenen »Friedensjahre« Anlaß gegeben. Der Krieg setzte das Vernichtungswerk lediglich fort.

Nach den beiden ersten schlesischen Kriegen bewunderte man Friedrich, aber man gönnte ihm nicht das vergrößerte Staats-Haus, das er danach sein eigen nannte. Im Siebenjährigen Krieg von 1756–1763, mit dem er die Existenz Preußens endgültig sicherte, ringt Friedrich ebenso um die Existenz seines Staates wie um seine menschliche Existenz. Schließlich beteiligt sich ganz Europa daran, den zu schnell zu groß Gewordenen in die Schranken zu weisen. Hätten damals die anderen Großmächte aus der europäischen Fünfergruppe gesiegt, hätte man es möglicherweise zwei Jahrzehnte später nicht mit polnischen, sondern mit preußischen Teilungen zu tun gehabt.

Daß es dem »Feind« Preußen gelang, die uralten Konkurrenten um die europäische Vormachtstellung, also Österreich-Ungarn und Frankreich, zu vereinigen – das löste im Letzten den Präventivkrieg Friedrichs gegen beide aus. Daß Rußland hinzutrat, verschärfte zunächst seine Lage. Noch heute freilich streiten die Historiker, ob es eine Rechtfertigung für seinen Angriff gab. Doch Friedrich trifft auf wohlvorbereitete Gegner. So entwickelt sich ein Abnutzungskrieg, an dessen gutes Ende – seine Gespräche mit de Catt zeigen das eindrucksvoll – er oft selbst nicht mehr glaubte. Er entfremdet sich nicht nur Generäle, die unglückliche Schlachten schlagen – der prominenteste ist sein Bruder und designierter Nachfolger August Wilhelm, der an den Kränkungen stirbt, die vom König ausgingen –, er kann an nichts anderes mehr denken als an diesen Krieg. Selbst seine Briefwechsel, zum Beispiel der mit dem Marquis d'Argens, sind keine Gegenbeweise. Er braucht die Gespräche mit de Catt, und er braucht diese Briefe, um seinen Kopf für die nächste Schlacht freizubekommen.

Seine Frau braucht er nicht. Sie bewältigt ihre Aufgabe an der »Heimatfront« zwar so gut, wie das eine nicht-regierende Königin nun einmal tun kann. Aber damit gewinnt sie bei Friedrich kein neues Vertrauen. Nie ist Elisabeth in Preußen so populär wie in diesen Jahren. Doch ihre Popularität bei dem Schlachtenlenker im

Felde steigt damit um keinen Grad. Ihre Leibesfülle ist das einzig Reale, was er nach dem Siebenjährigen Krieg an ihr wahrnimmt. Die Beziehung ist tot, leergebrannt, durch nichts mehr – nicht einmal durch gemeinsam erlittene Gefährdungen – zu retten.

Der Siebenjährige Krieg beginnt also mit einem überraschenden Angriff Friedrichs. Den ganzen Sommer 1756 über ist Normalität zelebriert worden; Elisabeth ist, wie immer, in Schönhausen, wo sie derzeit mit ihrer Schwester zusammenlebt. Die Königin-Witwe residiert in Monbijou. Friedrich hat am 19. August bei ihr sowohl zu Mittag wie zu Abend gegessen, ist dann nach Potsdam zurückgekehrt. Am 29. August ist er an der Spitze seiner Armee in Schlesien eingefallen. Wenige Tage später verläßt Elisabeth Schönhausen und bezieht ihre Wohnung im Königlichen Schloß von Berlin. Sie soll in dieser Zeit auch eine Wohnung in Berlin gemietet haben – der Grund ist unklar. Schon am 3. Oktober wird der Sieg bei Lowositz vom 1. Oktober von einem Kurier übermittelt. Was dann in Berlin geschieht, vermittelt Hahnkes Biographie von 1848 deswegen am unmittelbarsten, weil sie noch letzte Züge der vergangenen Zeit trägt: »Abends war bei der Königin-Mutter in Monbijou in Gegenwart der Königin Concert und Souper, wobei der Hof wegen dieser ruhmvollen Begebenheit ungemein zahlreich und glänzend erschien. Am 8. October Abends war Cour und Gala bei der Königin. Sie empfing wegen des glorreichen Sieges bei Lowositz und insonderheit wegen der erhaltenen theuren Gesundheit des Königs, die Glückwünsche des Adels und der Fremden von Distinction, worauf ein Concert aufgeführt und die sämmtlichen Anwesenden zur Tafel eingeladen werden. Am 10. October wurde in allen Kirchen Berlins wegen des Sieges ein Dank- und Freudenfest gehalten, welchem beide Königinnen, das ganze hier anwesende königliche Haus und der Hof im Dome beiwohnten.« Dies ist eine Schilderung, wie sie Hahnke vor allem unter der Verwendung der zeitgenössischen Zeitungen gibt.

Ähnliche Friedens- und Freudenfeste folgen auf jeden Sieg, auf den von Roßbach ebenso wie den bei Leuthen 1757. Und turbulent geht es auch bei den Niederlagen zu, wie bei der von Kolin im gleichen Jahr, die angeblich die kranke Königin-Mutter das Leben gekostet hat, oder der bei Kunersdorf 1759. Doch man trauert nicht nur bei Niederlagen, man trauert auch wegen der sich häufenden Todesfälle. Die Mutter des Königs stirbt, die Mutter Elisabeths, ein Bruder und auch Prinz Heinrich. Man trägt Trauer und Halbtrauer wochen- und monatelang.

Elisabeth hat ihren Mann ganze sieben Jahre nicht gesehen. Überhaupt muß man sich vergegenwärtigen, daß von 1740 bis 1763, also von den ersten 23 Jahren, in denen sie Königin ist, ein Großteil der Zeit von Kriegen eingenommen wird. Erst dann setzt eine dreißigjährige Friedenszeit ein. Doch da ist es für die Normalität ihrer Ehe bereits zu spät. Elisabeth repräsentiert tatsächlich während der siebenjährigen Kriegszeit ohne König, der nicht in seine Hauptstadt zurückkehren will, bevor er die europäische Staatenwelt befriedet hat. Dreimal ist sie während dieser Zeit gezwungen, Berlin zu verlassen, weil entweder die österreichische oder die russische Armee bis Berlin vorgedrungen ist oder Gefahr besteht, daß sie es tun wird. Gegensätzliche Stimmungen beherrschen auch eine Königin in dieser Zeit. Schon 1757 wird Berlin erstmals für einen Tag von den Österreichern besetzt. Die königliche Familie begibt sich danach zuerst in die Festung Spandau. Doch schon am 19. Oktober erteilt Friedrich den Befehl, nach Magdeburg auszuweichen. Noch ist der Hof in Trauer um Sophie Dorothea, die Königin-Mutter, die Ende Juni 1757 an »Engbrüstigkeit« im Alter von 71 Jahren gestorben war. Dieser erste Auszug aus Berlin nach Magdeburg hat eine bemerkenswerte Konsequenz. Zum ersten und möglicherweise einzigen Mal – doch das ist umstritten – in ihrem Leben sieht Elisabeth Potsdam, die Residenz ihres Mannes. Lehndorff schildert das so: »Der Hof steigt im Potsdamer Schloß ab. Die Königin ist niemals hier gewesen und ich habe mich bei dieser Gelegenheit über die eigentümliche Fügung des Schicksals gewundert, daß die Königin von Ungarn ein Heer nach Berlin schicken muß, damit die Königin von Preußen die Residenz ihres Gemahls zu sehen bekommt. Sie findet alles prachtvoll und ist umso mehr entzückt, als sie auf den Gesichtern aller Bewohner Potsdams die Freude liest, ihre Königin zu sehen.«

In Magdeburg selbst wird Elisabeth mit allen ihr zustehenden Ehren empfangen. In Hahnkes Darstellung nimmt sich der Verlauf des Empfangs so aus: »Die Königin reiste am 23. October Vormittags nebst den Prinzen und Prinzessinnen des königlichen Hauses, dem sämmtlichen Hofstaate und den Ministern des Departements der auswärtigen Angelegenheiten von Berlin nach Magdeburg ab, wo sie den 28. October Nachmittags 2 Uhr, unter dreimaliger Abfeuerung des großen Geschützes von den Wällen der Festung eintraf. Nachdem sie von der Generalität und anderen Standespersonen war bewillkommnet worden, nahm sie das Mittagsmahl ein und gab noch selbigen Abends großes Souper.«

Immerhin bleibt sie schon bei diesem ersten Aufenthalt fast ein halbes Jahr in Magdeburg. Am 5. Januar 1758 kehrt die Königin zur Freude der Einwohner Berlins wieder in die Hauptstadt zurück. »Bei ihrer Ankunft in Charlottenburg wurde sie von den verschiedenen, zu Pferde paradirenden Corps von der Bürgerschaft der Residenzstädte Berlins, wobei sich insonderheit die Ältesten der Schlächter befanden, unter Pauken und Trompetenschall bewillkommnet. Die Schützengilde hatte sich in dem Rondel des Thiergartens zu Pferde in schönster Ordnung gestellt und ließ die Königin durch ihren Rendanten Elsholz, unter dreimaligen Vivatrufen und bei dem Schall der Trompeten und Pauken, ein deutsches Gedicht überreichen, welches sehr gnädig angenommen ward.«

In Berlin hält wieder eine gewisse Normalität Einzug. Sie ist unter anderem dadurch gekennzeichnet, daß Elisabeth die gefangenen höheren Offiziere an den Cour-Tagen empfängt. Sie

selbst begibt sich Anfang Juni noch einmal nach Schönhausen.
Doch es ist nicht das letzte Mal, daß ihr Magdeburg zum Aufenthalt wird. Die Folgen der verlorenen Schlacht bei Kunersdorf
lassen Brandenburg und Berlin als bedroht erscheinen. Also
kommt sie am 19. März 1760 erneut mit großem Gefolge nach
Magdeburg und wird von zahlreichen Verwandten besucht.
Dort erhält sie auch die Nachricht von den Plünderungen Berlins und Schönhausens durch Russen und Österreicher. »Der
Königin schöne Carosse fiel bei dieser Gelegenheit in die Hände
der Feinde«, schreibt Hahnke. Und Elisabeths Braunschweigische Schwägerin und Schwester Friedrichs versichert ihr, die
Haare hätten sich ihr gesträubt, als sie gehört habe, was die Russen und die Österreicher, »abominables races«, scheußliche Ras-
sen, in ihrem Schlosse angerichtet hätten.

In Magdeburg wird die Tochter ihres Bruders Ferdinand getauft, wobei vermerkt wird, es sei wohl das einzige Mal gewesen,
daß Elisabeth ein Kind über das Taufbecken gehalten habe. Erst
am 16. Februar 1763, also kurz vor dem Hubertusburger Frieden,
mit dem der Siebenjährige Krieg beendet wird, kehrt sie wieder
nach Berlin zurück. Und noch einmal fällt auf, daß es der König
ihr nicht gestattet hat, ihn – wie seine Brüder August Wilhelm
und der jüngere Prinz Heinrich – in seinem Winterquartier in
Leipzig zu besuchen. So profitiert Elisabeth erst einmal allein
von der Begeisterung eines Volkes, das unter den Kriegen sehr
gelitten hat. Noch am 1. Februar 1763 hatte ihr Friedrich in einem
Brief Vorsichtsmaßnahmen skizziert, die zu beachten seien,
wenn sie den Hof von Magdeburg nach Berlin verlagere: »Madame ... Der Frieden wird in wenigen Tagen unterzeichnet
werden. Die einzige Sache, die ich Sie zu bedenken bitte, ist, daß
nicht alle auf einmal abreisen, sondern daß sie sich in einer Art
und Weise arrangieren, daß die Reise sukzessive erfolgt, denn es
gibt nicht genügend Pferde im Land, um den ganzen Heereszug
auf einmal zu bedienen. Bitte nehmen Sie den kürzesten Weg

über Spandau, um das Land zu schonen, soweit es überhaupt möglich ist. Wir anderen werden zwischenzeitlich erst gegen den Monat April wieder zurück sein wegen der Lebensmittel, die fehlen und die wir erst transportieren können in dem Augenblick, in dem die Flüsse wieder offen sind. Ich bin mit Hochachtung, Madame, Ihr sehr verbundener Diener Fédéric.«

Er gibt ihr auch genaue und ebenso gefühlsleere Anweisungen, wie sie sich zu verhalten habe, wenn er schließlich nach Berlin zurückkehre. Einen Monat später schreibt er ihr: »Madame, ich komme nicht so früh nach Berlin, wie es den Anschein hat, also erst am Ende diesen Monats oder in den ersten Tagen des April. Wenn Sie es wünschen, werde ich bei Ihnen das Abendessen einnehmen, und Sie können meine Brüder, meine Schwägerinnen, Schwestern, Neffen und Nichten einladen, die gute Madame Camas wird auch dabeisein.« Dabei hatte Friedrich in den vergangenen Jahren durchaus einen sporadischen Briefwechsel mit ihr geführt, durchzogen von seinem stets vorhandenen Sarkasmus. Als sie ihn etwa fragt, wie sein Neffe, der in Magdeburg geboren wurde, heißen solle, hatte er ihr geantwortet: »Vorausgesetzt, daß mein Neffe sich weder Jacques noch Xaver noch Joseph nennt, ist es mir egal. Wenn es mein Sohn wäre, würde ich ihn Charles Emile nennen, aber das ist ohne Bedeutung.« (Tatsächlich wurde er später Georg Karl Aemil getauft.) Friedrich weiß also, daß er sich auf den gesunden Menschenverstand seiner Frau verlassen kann. Doch dann kommt der große Augenblick des Wiedersehens nach sechsjähriger Abwesenheit, den nicht nur Böswillige als den Höhepunkt von Taktlosigkeit ihr gegenüber interpretieren.

Friedrich kehrt als geschundener Sieger aus seinem dritten Krieg zurück, den er nicht zuletzt durch ein ihm günstig gesinntes Schicksal gewonnen hatte. Er selbst ist zu dieser Zeit vorzeitig gealtert, gichtig, runzlig, körperlich eine Ruine. Er hat das Gefühl, als erkenne Berlin ihn nicht wieder und er nicht Berlin. Am

30. März 1763 abends um halb neun erreicht er seine Hauptstadt. Es ist so spät geworden, weil er die Stätten der Schlacht von Kunersdorf noch einmal sehen wollte. Die ganze Hauptstadt ist auf den Beinen, um ihren König zu begrüßen. Doch er entzieht sich den ihm zugedachten Ehren, steigt auch nicht in die für ihn vorbereitete Prunkkarosse um, sondern fährt auf unbeleuchteten Umwegen zu seinem Schloß, wo der Hofstaat in großer Gala auf ihn wartet. Dort begrüßt er zuerst seine nächsten männlichen Verwandten. Dann begibt er sich in den Salon der Damen, wo, vor allen anderen, voller Ungeduld die Königin wartet. Einen einzigen, schrecklichen Satz hat er für die parat, die ihn sieben Jahre lang nicht gesehen hat: »Madame sind korpulenter geworden«, sagt er und wendet sich den Prinzessinnen und Madame Camas zu. Davon, daß er wenigstens später noch mit seiner Frau gesprochen habe, berichtet kein Biograph …

Eine Bilanz

Friedrich der Grosse war nicht skrupelloser als andere Politiker seiner Zeit, aber er unterschied sich von ihnen dadurch, dass er seine Skrupellosigkeit nicht bemäntelte. Im Gegenteil, er gefiel sich geradezu darin, die Dinge, die er tat … offen beim hässlichsten Namen zu nennen.

> Sebastian Haffner 1979

Madame sind korpulenter geworden«, dieser Satz hat im Zusammensein der beiden Ehepartner eigentlich nur ein einziges Pendant, nämlich beim Besuch von Friedrichs Schwester Ulrike, der verwitweten Königin von Schweden, im Jahre

1771. Bei deren Berliner Visite zeigt er auf Elisabeth und sagt, daß es alle hören können: »Vouz connaissez déjà ma vieille vache.« – »Meine alte Kuh kennen Sie ja schon.« Es ist dieser Kneipenjargon, der dem »Philosophen von Sanssouci« immer wieder einmal angekommen ist, für den er aber nicht nur bei Elisabeth kein Verständnis findet. Schließlich ist er es, der über die Eleganz der Rede wacht, die seinen Hofstaat auszeichnen soll.

Mit dem 31. Mai 1740, dem Regierungsantritt Friedrichs, wir wiederholen es, hatte der Leidensweg Elisabeths begonnen. Leider gibt es, soweit bekannt, nicht eine einzige Äußerung Friedrichs, die erahnen ließe, was er von Elisabeth gehalten hat. Seine Briefe in der Zeit vor und nach der Verlobung sind entweder taktisch formuliert, oder sie sind zynisch. Gegenüber de Catt äußerte er sich im Mai 1758 erwachsener: »In meiner eigenen Ehe habe ich ihren erzieherischen Wert kennengelernt. Man ist aufeinander angewiesen und muß gegenseitige Rücksicht üben. Eine Ehe ohne Höflichkeit kann es nicht geben. Man lernt Kritik und Tadel zu verschweigen. Die Vertraulichkeit untereinander schafft Vertrauen. Wenn ich auch, leider, für die Königin Leidenschaft nicht empfinden konnte, so war unser Zusammenleben in Rheinsberg doch ein fast zärtliches ... Was kann ich dafür, mein Lieber, daß der Krieg mir weder Zeit noch Wahl gelassen hat, diese Gemeinschaft fortzusetzen? Sobald ich in Potsdam bin, suche ich sie auf. Meiner Verehrung ist sie völlig sicher.«

Dies wäre ein Text, der Analyse offen und wert, wenn sich Friedrichs Verhalten von seinen Worten nicht allzu deutlich unterschieden hätte. Der Krieg als Vater aller Dinge auch der Vater der Vernachlässigung? Das ist nicht schlüssig. Deshalb ist man auch nach zwanzig Jahren noch auf die Auslassungen vor der Rheinsberger Zeit angewiesen. Es sei denn, man wollte die zitierte Stelle als das Dokument einer Stunde interpretieren, in der Friedrich seiner sentimentalen Ader, von der er selbst nicht selten spricht, freien Lauf gelassen hat.

Seine spezielle Art der Verstoßung bleibt ein Einzelfall in dieser Zeit der Zweit- und Drittfrauen. Sie hat nichts mit der Leichtigkeit des Seins zu tun, mit der er sich zuerst einmal in seinem Herrscherleben bewegte. Friedrich selbst hat diesen Akt nicht nur der Umorientierung, sondern auch der gefühllosen Roheit als das Selbstverständlichste der Welt interpretiert. Er hat einfach eine scharfe Trennlinie gezogen zwischen seiner Rolle als Kronprinz und als König und so getan, als habe der eine mit dem anderen nichts zu tun. Das Leben ein Spiel, so lautet die Devise. Kronprinz sein, das ist das Leben im Wartestand, der König, das ist der Ernst des Lebens. 1758 legt er, wiederum gegenüber de Catt, seine Philosophie, die dahintersteht, so dar: »Denken Sie sich einen Schauspieler in Erwartung seiner Rolle hinter der Szene. Er vertreibt sich die Zeit, um seiner Erregung Herr zu werden ... Er erscheint allen liebenswürdig, ein bißchen oberflächlich, zu Späßen aufgelegt, auch ein wenig prahlerisch. Nun hört er das Stichwort, das er allen scheinbaren Ablenkungen zum Trotz, nicht überhört hat ... Ein Schritt noch, und es erwartet ihn ein Publikum, das ihn nicht kennt ..., dem er sehr viel Kritik zutraut und das er vielleicht zu hoch einschätzt ... Es wird ihn sofort nach der kleinsten Bewegung beurteilen ... Ist es nicht verständlich, daß ein Schauspieler hinter der Szene und auf der Bühne zwei völlig verschiedene Personen sind? ... Alles in ihm drängt zur Kühle, zur Sachlichkeit. Er spielt nicht, er sieht sich spielen ... Ich habe einen König zu spielen, und ich spiele ihn so, wie nach meiner Auffassung ein König ist. Er ist meine persönliche Darstellung eines Souveräns.«

Anscheinend ist auch Elisabeth in die Kategorie der Umwertung aller Dinge gefallen. Ihre Behandlung unterliegt dem Kosten-Nutzen-Effekt. Sie wird als ein Posten seines Lebensplanes betrachtet, ohne daß er sich um den Menschen kümmert, der seinen Maßnahmen unterworfen ist. Der Begriff »Güte« ist im Vokabular der Aufklärung nur im Ausnahmefall vorgesehen;

also taucht er auch nicht auf, wenn seine Frau von seinen Absichten seelisch getroffen wird. Vielleicht hätte Friedrich anders gehandelt, wenn Elisabeth sich etwas sicht- und hörbarer gewehrt hätte. Denn es findet sich kein Dokument, aus dem hervorginge, daß sie dies je getan hätte. Vielleicht hätte Friedrich sich dann scheiden lassen. Aber sie hat nicht nur deshalb keinen Einspruch erhoben, weil sie das Ende der Rheinsberger Tage nicht zu erahnen vermag. Nein, sie empfindet ihm gegenüber eine Liebe, die er wegen seiner persönlichen Geschichte, aber auch wegen seines Naturells nicht zu entwickeln in der Lage ist. Und vor allem: Niemand hat ihr gesagt, daß gerechtfertigter Widerstand zur Pflicht, dieser Pflicht, die in Preußen so hochgehalten wird, werden kann.

1740 war sie 25 Jahre alt, 1763, in dem Jahr, in dem seine Feldzüge beendet sind, ist sie 48. Dies sind die Jahrzehnte, die einen Menschen prägen. Die Zeit der Hoffnungen ist vorbei. Auch bei ihr hat ein Alterungs- und Entfremdungsprozeß stattgefunden, doch er macht sich in anderer Weise bemerkbar als bei Friedrich. Auch sie wird eigenbrötlerisch und einsam. Aber alleingelassen und ohne die Aussicht, diesen Zustand je verändern zu können, wird sie immer empfindlicher. Die freundliche Gelassenheit, die sie zur Schau getragen hatte in der Hoffnung, daß alles einmal in ehelicher Normalität enden werde, kehrt sich um. Eine Gereiztheit, mit der sie jede Verletzung ihres Ranges oder ihres Standesbewußtseins begleitet, gehört von nun an zu ihren Charaktereigenschaften, auch wenn andererseits ihre Güte und Milde immer wieder gelobt werden.

Die duldsame, immer nachgebende Frau ist sich in diesen Jahren wohl darüber klar geworden, daß nur sie allein ihre Interessen verteidigen kann. Das tut sie selbst in Auseinandersetzungen mit ihrem Feind Wartensleben, Jahre nach dem ersten Disput mit ihm. »Die Königin schlägt mit dem Fächer nach Wartensleben, zerbricht ihn dann in hundert Stücke, wirft sie ihm ins

Gesicht und geht wütend hinaus.« Weitere sieben Jahre dauert
es, bis Friedrich verfügt, daß Wartensleben von einem »Präsidenten« Voss abgelöst wird. Noch immer nehmen die Erniedrigungen seiner Frau kein Ende; noch immer wird sie von Friedrich wie ein königliches Faktotum behandelt, dessen Wünsche
nicht zu berücksichtigen sind. Das gilt selbst 1764, als Prinz
Friedrich Wilhelm von Preußen ihre Nichte Elisabeth heiratet.
Mehrfach vermerkt der Chronist im Juli jenes Jahres: »Die Königin ist noch im Ungewissen, ob sie eingeladen ist ... Unsere
Königin hat noch keine Einladung ... Die Königin und die Prinzessin von Preußen [ihre Schwester], die es schon schmerzlich
empfunden hatten, daß man sie nicht nach Potsdam hatte kommen lassen, hofften wenigstens, nach Charlottenburg eingeladen zu werden ... und sind noch heute ohne Einladung.«
Schließlich heißt es zehn Tage später: »Montag erfahren wir, daß
der König den Prinzen Ferdinand und seine Gemahlin eingeladen habe ... Darob große Freude.« Mit einem Wort: Friedrich
tut, was und wann er es will. Andererseits wird die Stimmung
Lehndorffs ihr gegenüber immer kritischer: »Die Königin flat-
tert herum und schreit unbarmherzig, wiewohl sie nichts zu sagen hat«, heißt es 1765, und zwei Jahre später, als Elisabeth nicht
einmal bei der Taufe der Tochter ihrer Schwester, der Prinzessin
von Preußen, dabeisein durfte: »Die arme Königin, die einige
Hoffnung hatte, bei dieser wichtigen Gelegenheit berücksichtigt
zu werden, sieht sich zurückgesetzt. Ihr geht es immer wie Mose;
sie sieht das Gelobte Land von ferne, ohne hineinzukommen, sie
tröstet sich mit ihrem Schönhausen, wo sie sich immer hin-
flüchtet, wenn sie verstimmt ist.«

So ist es mehr als nur verständlich, wenn sich die Spaltung zwischen protokollarischer Hochachtung und privater Mißachtung
zunehmend auch in ihren charakterlichen Veränderungen zeigt.
Wie soll sich eine Frau einstellen, der es zusehends bewußt wird,
daß sich die Umwelt auf die Fast-Nichtbeachtung durch ihren

Mann und zugleich die Hochachtung des höfischen Protokolls ihren Reim macht? Sie hätte ihren Mann dazu anhalten können, sich ihr gegenüber angemessener zu benehmen. Doch sind wir im Zeitalter des zwar »aufgeklärten«, aber immer noch des Absolutismus. Und aktive Selbstbehauptung ist ein Weg, den Elisabeth nicht einmal in Ausnahmefällen beschritten hat – und der auch angesichts der Verwandlung des »Philosophen von Sanssouci« zum »Alten Fritz« wenig Erfolg versprochen hätte. Es ist schwer zu beurteilen, ob es die generelle Hochachtung vor dem Manne, die sie aus ihrer Heimat Braunschweig mitgebracht hat, war, ob es die Selbstverständlichkeit männlicher Überlegenheit war, die sie als lutherische Christin nicht anzutasten wagte, oder ob es die angeborene Schüchternheit einer Frau war, die es nicht über sich brachte, ihre Klagen »an den Mann zu bringen«, die ihr so schadeten. Schließlich konnte sie, wir haben das gesehen, durchaus als Vermittlerin entgegenstehender Ansprüche auftreten.

Es fiel ihr schwer, sich in Positur zu setzen. Sie hatte es nicht gelernt, eigene Ansprüche durchzusetzen. Die Anspannung, mit der sie es tat, ließ sie, weil Härte nicht ihrem inneren Wesen entsprach, arrogant oder unnahbar wirken. Nicht nur der mehrfach genannte Graf Lehndorff hat Beispiele dafür parat, wie angemessen oder unangemessen sie ihre Interessen vertrat. Seine Kommentare zeigen auch, wie angemessenes Verhalten der Königin unangemessene Reaktionen der Betroffenen hervorgerufen haben, die sich über die gespannte Seelenlage der Königin wunderten. Die bekannt gewordenen Klagen von 1745, 1750 und 1763 sind zwar Beschwerden über die Unverfrorenheit ihres Hofmarschalls, Graf von Wartensleben. Aber es war nicht das Aufbegehren einer kapriziösen Frau, sondern einer Frau, die sich nicht mehr anders zu helfen wußte. Als sie das über sich gebracht hatte, packen sie sogleich Selbstvorwürfe: »Zum ersten Mal in meinem Leben habe ich Übles über jemanden geschrieben«, klagt sie sich 1750 vor ihrem Lieblingsbruder Ferdinand an, »ich war aber zu einem solchen Schritt gezwungen, obgleich er mich Schmerzen gekostet hat.« Es ist eine Haltung, die sie sich dann kurz vor ihrem Tode zugute hält: »Gott hat mich gnädig bewahrt, daß ich mir keine Handlung vorzuwerfen habe, durch die irgendein Mensch in seinem Glück gelitten hat.«

Sie aber hat durch die Handlungen anderer in ihrem Glück gelitten. Sie hat das gewußt, hat Augen und Ohren nicht von Anfang an vor der Wirklichkeit verschlossen. Sie hat gewußt, daß es Kräfte am Hofe gab – die Königin, die Schwestern Friedrichs, Prinzessin Wilhelmine und besonders Prinzessin Amalie –, die alles taten, um jeden Einfluß Elisabeths auf Friedrich zunichte zu machen. Immer wieder hat sie sich deshalb zu Heimlichkeiten herbeigelassen, um dem Glück in die Speichen zu greifen, von den ersten Ehejahren bis in die spätere Zeit der nur noch formell vorhandenen Bindung. Da hatte sie durch ihre verläßliche Art die Königin-Mutter langsam auf ihre Seite bekommen, doch selbst um deren Wohlwollen muß sie ständig kämpfen. 1755 schreibt sie an ihren Bruder Ferdinand: »Die Königin-Mutter hat mehrere Male sagen lassen, daß nichts sie abhalten werde, mich bei sich zu sehen, obgleich man sie davon abhielte, zu mir zu kommen, wie sie mir auch durch meine Schwester und andere ihre Freundschaft und ihren Schutz zusichern ließ.« Und ein paar Wochen später: »Sie bezeugt mir viel Freundschaft und Güte, was viele Leute in Wut versetzt, aber ich hoffe, daß dies uns nicht entzweien wird.«

Dennoch: Sie ist und bleibt eine Ehefrau ohne den Schutz ihres ebenso hochgestellten wie von ihr hochverehrten Gatten. Das verändert nicht nur ihren Charakter, sondern auch ihre Launen. Die früher unkomplizierte, fröhliche junge Frau wird nicht selten unangemessen scharf. Als Graf Lehndorff nach dem Tod der Königin-Mutter fragt, ob sie gestatte, daß er die Verstorbene aus dem Sterbezimmer trage, gerät sie »in einen einer so hochstehenden Fürstin unwürdigen Zorn und ruft: ›Ich wollte es Ihnen befehlen, deshalb haben Sie nicht nötig, mich darum zu bitten‹«. Der Kammerherr gewöhnt sich erst langsam an sie, nennt sie »redselig«, »heftig über alle Maßen«. Sie »stößt einen Kritiker zur Seite«, gerät in einen »furchtbaren Zorn«. Später allerdings schlägt sich der Diarist, der nun besser versteht, woraus die Nervosität Elisabeths resultiert, auf die Seite der Königin und ergreift ihre Partei.

Wer sich nun die Frage stellt, vor welchem Hintergrund sich die Charakterumwandlung Elisabeths von freundlich zu heftig, von Gelassenheit zu Gereiztheit abgespielt hat, trifft auf unauflösliche Widersprüche. Sie sind unauflöslich wenigstens dann, wenn man versucht, Widersprüche im Verhalten Friedrichs 250 Jahre später als einen in sich geschlossenen Verbund von Beziehungsmustern zu verstehen. Schließlich hat auch ihm der Geist der Zeit Vorgaben offeriert, an die er sich hätte halten können. Für die Trennung von Ehefrau und »Maîtresse en titre« hatte der französische Hof Muster vorgegeben. Selbst der eigene Hof hat für jede Variation (wenn auch nicht nur vorzügliche) Beispiele parat. Eine Form der »Verstoßung«, von der man in Berlin im Falle Elisabeths schon gemurmelt hatte, als Friedrich Wilhelm I. gestorben war, wurde 1769 praktiziert, als man Elisabeth Christine Ulrike, die Nichte der Königin und Gemahlin des späteren Friedrich Wilhelm II., wegen Untreue auf Lebenszeit aus Berlin verbannte. Sie hatte Konsequenzen aus der Nichtbeachtung gezogen, der auch Elisabeth ausgesetzt war: »Um mich bekümmert man sich so wenig wie um eine alte Schuhbürste.«

Was wie eine Abschweifung erscheinen mag, ist nichts anderes als die Aufzählung von Möglichkeiten, die nicht erst seit August dem Starken auch Friedrich zur Verfügung gestanden hätten. Sicher war Friedrich zwischen 1740 und 1763 elf Jahre lang im Krieg, aber er war in diesen Jahren auch elf Jahre in seinen Stammlanden. Es bedurfte deshalb nicht des Zweiten Schlesischen Krieges, um von da an seine Frau nach Schönhausen zu verbannen. Nein, es ist sein klarer und unwiderruflicher Entschluß, sich seine Frau und jede Frau vom Halse zu halten, die sein ganzes Verhalten definiert. Mag sein, daß es der Wille zur Distanz ist, der sich (will man nicht die unglaubhafte These bemühen, Friedrich sei ein genereller Frauenverächter gewesen) als Hauptmotiv im Verhalten zu seiner Frau herausstellte. Es gehört ebenso sein erotisch getönter Wille zur Macht dazu. Zugestehen muß man, daß er sich im Hintergrund stets um die Beseitigung all der Schwierigkeiten der in ihrer Existenz praktisch alleinstehenden Frau bemüht. Das gilt nicht nur für die geschilderten Schwierigkeiten mit dem »Künstlervölkchen«, gilt auch nicht nur für das Verhalten der Hofkamarilla. Auch was ihre Gesundheit angeht, hat er ihr, sobald ihm Krankheiten und Unpäßlichkeiten zu Ohren kommen, die besten Ärzte und Arzneien verordnen lassen und dabei mit zunehmendem Alter auch ganz persönliche Regungen gezeigt.

Die Bewältigung des Alters

Aus dem lustigen Spötter wird eines Tages ein bitterer Zyniker, aus dem klugen Menschenbeobachter ein Menschenverächter werden … Das wird ihn einsam machen. Elisabeth ist einsam in ihrer Ehe. Aber sie ist gesellig in ihrem Umgang.

> Gerhard Ritter 1954

Die Fasson, mit der das so unterschiedlich geartete und deshalb auch unterschiedlich alternde Paar sein Schicksal meistert, hat natürlich auch etwas damit zu tun, wie sie ihre späten Jahre bewältigen. Schließlich trugen sie beide schwer an dem

Paket der Vergangenheit. In dem Friedrichs ist staatliches Verdienst und Glorie aufbewahrt, auf dem Elisabeths steht unübersehbar das Wort Verzicht. Aber es sind nicht nur die Unterschiede in der Form der Lebensbewältigung, die sie trennen. Sie sind auch von ihrer Anlage her so ungleich, daß man sich im nachhinein fragen muß, wer je an einen guten Ausgang dieser Aventiure habe glauben können. Friedrich ist arrogant von Anfang an. Er bewahrt Arroganz selbst dann, wenn er sich zu seinen Freunden herunterbeugt. Angeblich hat er nur einen von ihnen – Chasot – geduzt. Das »Er«, mit dem er jedermann vom Landmann bis zum Landrat begrüßt, weist unterschiedslos jeden Gesprächspartner in seine Schranken, bevor der sich öffnen kann: Hier ist der König, dort der Rest. Seine letzten Jahre in Potsdam sind daher nicht umsonst fast liebeleer. Die Welt verehrt ihn, aber nur seine Husaren stützen ihn, und seine Windspiele umspielen ihn. Er hat darauf verzichtet, viel anderes als Befehle zu geben. Und er blüht eigentlich nur auf, wenn er die geben kann …

Elisabeth ist von anderer Art. Sie ist und bleibt den Menschen zugeneigt. Das braucht sie, um auch nur Momente des Glücks von der lastenden Existenz erhaschen zu können. Sie philosophiert nicht über das Wesen des Glücks, sie versucht den Menschen zu helfen, selbst in Briefen an ihren meist fernen Gemahl – und dies ihr ganzes Leben lang. In den vierziger Jahren hatte sie sich entsetzt gezeigt, daß die Soldaten im Regiment ihres Bruders Ferdinand geschlagen werden, und bittet diesen um Abhilfe. Im Siebenjährigen Krieg ruft sie die Ärzte zu Hilfe, die ihr sagen sollen, was gegen die Erkrankungen im preußischen Heer zu tun sei.

Sie läßt sich nicht herbei, die Kinder ihrer Bauern und Angestellten über das Taufbecken zu heben – es ist ihr ein Bedürfnis. Sie feiert mit deren Eltern kleine Feste, um sie fröhlich zu sehen, weil nur dann auch sie fröhlich sein kann. Sie gründet am Rande ihres Schlosses eine Kolonie von »Ausländern«, meist Böhmen, und sie forstet die Wälder auf. Stets arbeitet sie nur in einem für sie überschaubaren Rahmen. Als es für sie in den achtziger Jahren des 18. Jahrhunderts immer schwieriger wird, sich körperlich zu bewegen, läßt sie den Park von Schönhausen für das »Volk« öffnen. Denn sie hat noch nicht viel übrig für die Stille der Romantik. Sie wendet sich nicht nur »gnädigst« ihren Untertanen zu – das sind sie ja immer noch –, sie bedarf ihrer. Was nützen ihr im Alter die endlosen Parks, in denen sich niemand bewegt außer ein paar Fasanen? Sie möchte von den Fenstern ihres Schlosses aus die bunte Menge sehen, die sich des Rasens und der Bäume bemächtigt hat.

Es ist dies eine Vorstellung, wie sie Friedrich nicht ferner sein kann. Er sitzt mit seinen Windspielen am liebsten auf der Terrasse von Sanssouci, das nun schon einen in die Jahre gekommenen Stil repräsentiert, und blickt von da auf die Welt unter ihm. Er hat nicht nur keine Freunde mehr – er will auch keine mehr haben. Der menschliche Kontakt bröckelt schon lange, nun verbreitert sich selbst der Abstand zu denen, die ihm nahe sein müßten.

Man wird deshalb – wir kommen noch darauf zurück – die literarischen Produkte Elisabeths auch als eine Ersatzhandlung für immer schwieriger werdende menschliche Kontakte verstehen dürfen. Ihr Tritt wird schwer, die Füße versagen ihr den Dienst. Also kommuniziert sie über ihre Bücher (dessen erstes im Jahre 1776 erscheint, aber schon Jahre zuvor konzipiert worden ist) mit denen, die sie liebt und die nicht selten außerhalb der Grenzen Preußens wohnen. Geschrieben hat sie zwar immer schon – viele Bände umfassen allein ihre Briefe an die Brüder Ferdinand und Karl. Aber nun, da sie sich von den Bällen und Redouten zurückgezogen hat und seit den neunziger Jahren auch ihre Jours nicht mehr einhalten muß, wendet sie sich mittels ihrer Bücher nach außen und bekommt von dort immer wieder

Antwort. Vielleicht sind die Bücher, die sie von nun an schreibt, nichts anderes als ein später und letzter Versuch, das passive Bild zu korrigieren, das sie über die Jahrzehnte der Öffentlichkeit vermittelt hat. Sie kehrt damit zurück in den Schoß der Lehren der lutherischen Kirche, deretwegen mancher sie in der Hoch-Zeit der Aufklärung für beschränkt gehalten hat. Sie hat die kirchlichen Lehren schon deshalb nicht vergessen, weil sie nicht nur ihrem intellektuellen, sondern auch ihrem seelischen Bedürfnis entsprechen, Geborgenheit zu suchen. Sie nie zu finden, das war wohl die eigentliche Tragik ihres Lebens. Wie es darum gegen Ende der Zeit der Zweisamkeit steht, sagt ein einziges Datum: Am 18. Januar 1785 ist sie zum letzten Mal mit Friedrich in einem Raum zusammen. Erst mehr als anderthalb Jahre später, am 17. August 1786, ist er gestorben. Es ist, als hätte mit dem Todestag zugleich eine neue Zeit an die Tür geklopft.

ZWEI EINSAMKEITEN

ICH WERDE EIN LACHENDES GESICHT BEWAHREN, WENN MAN MICH BEGRABEN WIRD.

> FRIEDRICH II. AN D'ALEMBERT 1780

———•—••—•———

ER: Friedrich war aus dem Siebenjährigen Krieg im Jahre 1763 als vereinsamter Triumphator heimgekehrt. Er hatte sogar seine Popularität eingebüßt. Doch das kümmert ihn nicht mehr. Er hat seine Kriege gewonnen, aber seine Freunde wie seine Lebensfreude verloren. In den 22 Jahren, die von nun an bis zum Zeitpunkt seines Todes folgen – es sind fast ebensoviele wie die Zahl der Jahre seit seinem Regierungsantritt –, bewährt er sich

Abb. 20
Friedrich II.,
1782.

beim Aufbau seines Staates so, wie er sich bei der Sicherung seines Landes und dem Aufbau neuer Grenzen bewährt hat. So wie er die Grenzen Preußens sicherte, so sichert er nun dessen innere Substanz und dessen Fortbestehen. Ganz kann er das Kriegführen immer noch nicht lassen, wenn auch das, was von nun an geschieht, verblaßt hinter dem ruhmvollen Risiko früherer Jahre. Im Bayerischen Erbfolgekrieg legt er sich noch einmal mit Österreich an. In den polnischen Teilungen ist er nicht in erster Linie auf Eroberungen aus, wohl aber arrondiert er sein Gebiet durch klugen An- und Ausbau dessen, was er schon hat.

Mit seinen Bemühungen, wenige Jahre vor seinem Tode einen Deutschen Fürstenbund nach dem Muster des (protestantischen) Schmalkaldischen Bundes (1531) zu schaffen, stellt er sich er zum letzten Mal Österreich-Ungarn und dem von ihm reklamierten Heiligen Römischen Reich Deutscher Nation in den Weg. Er beweist damit, daß seine körperliche Hinfälligkeit nichts mit seiner geistigen Präsenz zu tun hat, daß er auch im hohen Alter noch fähig ist, über sein Jahrhundert hinauszudenken. An seinen Neffen, den Herzog Karl Wilhelm Ferdinand von Braunschweig, der die Nachfolge von Elisabeths Bruder Karl im Jahre 1780 angetreten hatte, schreibt er daher im Februar 1785: »Ich werde nicht mehr und nicht weniger als alle meine Bemühungen daran setzen, um alle Fürsten Deutschlands zu vereinen und zu verbinden, die wie wahre Deutsche denken. Und wenn ich keinen Erfolg haben werde, dann werde ich sie ihrer Trägheit überlassen und meine Pläne getrennt weiterführen. Denn diejenigen, die nicht spüren, daß die Freiheit ihren Preis kostet, verdienen es nicht, daß man ihnen zu Hilfe eilt.« Was dahintersteht, ist weniger ein spät aufgebrochenes deutsches Nationalgefühl, sondern der Versuch, den kaiserlichen Vormarsch in Deutschland unter Maria Theresias Nachfolger, Joseph II., aufzuhalten. Er fühlt sich nicht nur persönlich, er fühlt sich zunehmend auch politisch allein.

Doch es ist nicht die Einsamkeit, von der im folgenden die Rede sein soll. Die hatte schon mit dem Ende des Siebenjährigen Krieges begonnen. Niemals wieder wird die Gesellschaft von Sanssouci zur alten Lebendigkeit erstehen können. Und die war schließlich nur noch ein Abglanz von Rheinsberg gewesen. Die alten Freunde, mit denen er von dem havelländischen Schlößchen schwärmen konnte, sind gestorben oder verschwunden: Algarotti, Chasot, Knobelsdorff, Stille, aber auch die Gefährten, die seinem Herzen besonders nahestanden: Jordan zum Beispiel oder auch Keyserlingk. Die Konsequenz, die er daraus zog: »Man muß lernen, sich mit sich selbst zu begnügen.«

Als er das sagte, war er noch keine 40, nun ist er über 50 Jahre alt. Noch haben ihn sein Geist, sein Genie und sein Witz nicht verlassen. Doch im Kriege ist er pessimistisch und sarkastisch geworden, gerade noch fähig, sich Gesprächspartner, doch nicht mehr, sich Freunde zu schaffen. Man kommt ihn besuchen, aber das reicht nicht. Er hält niemanden mehr. D'Alembert, den er gerne anstelle des inzwischen verstorbenen Voltaire-Konkurrenten Maupertuis an der Spitze seiner Berliner Akademie gesehen hätte, kommt zwar, doch er geht bald wieder. Der Gesellschaft, mit der sich Friedrich auch deshalb so gerne umgeben hat, um selbst zu glänzen, fehlt es nun am Glanz der Unbekümmertheit. Er jedenfalls kann sie nicht mehr ausstrahlen. »Der König«, schreibt d'Alembert trotzdem, »ist der einzige Mann im ganzen Lande, mit dem man ein Gespräch führen kann.«

Aber Friedrich ist unleidlich geworden. Eine wirklich freie Konversation kommt in seiner Gegenwart nur noch selten auf. Selbst sein alter Freund d'Argens, der ihm mit seinem Briefwechsel den letzten Krieg hatte ertragen helfen, hält es nicht mehr aus, von ihm verspottet zu werden. 1768 reist er aus Berlin ab, »glücklich, die Reden nicht mehr hören zu müssen, von denen einige jedes menschliche Gefühl empören«. Einer seiner Freunde von damals, der Abbé Bastiani, meint inzwischen etwas undankbar: »Der König hat Freundschaft nie gekannt, er ist dieses Gefühls unfähig.« Das Leben hat Friedrich gebeutelt. Er ist gezeichnet, er ist ein alter Mann. Pierre Gaxotte hat deshalb eine zeitgenössische Gouache von Chodowiecki, der Friedrich 1777 nach dem Leben porträtiert hatte, so interpretiert: »Er ist als hagerer Greis, mit rundem Rücken, faltig hängender Haut am Hals und schmalen zusammengekniffenen Lippen dargestellt. Gewöhnlich trug er einen blauen Rock, verbraucht wie sein Körper, immer bis oben zugeknöpft, eine Kniehose aus schäbigem Samt, eine alte Silberschärpe, einen kleinen Messingdegen mit einem Portepee, von dessen Quaste nur noch der nackte Holzknopf übriggeblieben war, einen riesigen Dreispitz und ehemals schwarze, vor Alter gelblich gewordene Stiefel, die über die Knie reichten und in der Mitte der Oberschenkel mit einer schlechten Schnur befestigt waren. Er schnupfte maßlos spanischen Tabak, sein Anzug war davon immer beschmutzt.« Es ist, mit einem Wort, das Bild eines genialen Einspänners, der nicht nur keine Pflege braucht, dem auch niemand mehr Pflege anträgt.

Der große Mann verliert den Kontakt zum Leben. Er zieht sich auf seine Vergangenheit zurück. Doch auch die ist immer spärlicher bestückt. Der Tod zweier Brüder Elisabeths auf dem Schlachtfeld hat in ihm keine tieferen Empfindungen ausgelöst. Sein offensichtliches Desinteresse an deren Dahinscheiden hatte bei ihr noch einmal eine heftige Reaktion hervorgerufen. Wie immer hat sie ihm verziehen. Doch zu Fouqué, seinem letzten Jugendfreund, zieht es ihn noch immer ein- oder zweimal nach Magdeburg, wo der jetzt wohnt. Wir haben es in anderem Zusammenhang schon einmal erwähnt: Die Beziehung zu ihm zählt zu den wenigen Anflügen ganz unverstellter Menschlichkeit: »Guten Tag und gutes Jahr, mein lieber Freund«, schreibt er ihm, »Ich schicke Ihnen als Geschenk von Greis zu Greis einen bequemen Sessel, dessen Lehne Sie nach Belieben hochstellen oder senken können.« Auch Fouqué ist nun nicht mehr, er ist 1774 gestorben. Er versammelt sich zu den Toten, zu denen nun auch schon Baron Bielfeld, der so farbige Schilderungen seiner Frau gegeben hatte, sein Flötenlehrer Quantz und Lord Mitchell, der englische Gesandte, gehören. 1778 verläßt ihn Lord Marschall Keith, im gleichen Jahr wie Voltaire. Friedrich und Voltaire konnten ihre beiderseitige Gegenwart nicht ertragen. Als Briefpartner sind sie sich unentbehrlich geblieben.

Die Signatur »Der Eremit von Sanssouci«, mit der er zuweilen unterschreibt, hat von nun an eine Bestätigung in der Wirklichkeit. Seine Frau hat die Lücken, die das Schicksal riß, auch im Alter nie überbrücken können. Selbst in seiner Freizeit wird

Friedrich nun einsam. Er spielt morgens eine oder zwei Stunden Flöte, doch – seit Quantz tot ist – auch das nun einsam. Sogar die Zimmer seiner Freunde läßt er schließen, weil in seinem Schloß kein Bedarf mehr dafür ist.

Zusehends lebt er mit seinen Hunden allein in Sanssouci. Die müssen immer gut gehalten werden. Selbst auf den Schlachtfeldern werden sie pfleglich behandelt. Sein früheres Faible für alles Neue in Philosophie und Ästhetik erstarrt zur Routine. Sein Geschmack hat sich über seine französischen Vorlieben nicht hinausentwickelt. Seine Denkschrift mit dem langen Titel *Über die deutsche Literatur. Die Mängel, die man ihr vorwerfen kann, ihre Ursachen und die Mittel zu ihrer Verbesserung* zeigt kaum Kenntnis literarischer Probleme und schon gar kein Verständnis. Nicht auf Lessing – der immerhin klar zu erkennen gibt, daß er Friedrichs Wertungen nicht teilt – und seine *Minna von Barnhelm*, diese große Lobrede auf die Vorzüge eines preußischen Offiziers, schon gar nicht auf Goethes *Werther* und seinen *Götz von Berlichingen*, sie beide Ursprung einer deutschen Bewegung, die sich anheischig macht, Friedrichs französische Standards zu überholen, wird eingegangen. In der Musik finden Christoph Willibald Gluck und Joseph Haydn keine Gnade vor seinen Ohren. Er, der Aufklärer, ist rückständig geworden. Das mag man bei einem fast Siebzigjährigen durchgehen lassen, dem keiner wagt, die Grundlagen seiner ästhetischen Wahl in Frage zu stellen. So hält er an den ästhetischen Maßstäben fest, die er bereits vor mehr als vierzig Jahren in sich aufgenommen hatte.

Nicht einmal in seiner Familie, ohne die er bei allen Querelen, die er mit einzelnen von ihnen hatte, nicht hätte leben mögen, fühlt er sich seit den sechziger Jahren noch aufgehoben. Seine Mutter, seine Lieblingsschwester Wilhelmine und sein Bruder und Thronfolger August Wilhelm sind zu Beginn des Siebenjährigen Krieges gestorben, August Wilhelm nicht zuletzt als Folge der Kritik, die sein Bruder wegen einer verlore-

nen Schlacht glaubte, an ihm üben zu müssen. Seine 1719 geborene Schwester Sophie stirbt nach unglücklicher Ehe 1765.
Er erlebt noch den Tod seiner Schwester Ulrike, Königin
von Schweden. Elisabeths Quälgeist Amalie überlebt ihn um
ein Jahr. Dennoch bleiben einige. Doch die haben sich seinem
Einfluß entzogen, wie sein kongenialer Bruder Heinrich oder
Elisabeths begabter Bruder Ferdinand, der aus eigenem Willen
aus dem Heeresdienst ausscheidet. Er konnte Friedrichs innere
Getriebenheit nicht mehr ertragen. So schreibt dieser 1765, kurz
nach dem letzten großen Krieg, an seine »Mama Camas«: »Unsere Familie kommt mir vor wie ein Wald, von dem ein Orkan
die schönsten Bäume umgeworfen hat und wo man von Zeit zu
Zeit eine astlose Tanne sieht, die sich nur noch an ihren Wur-
zeln hält, um den Sturz ihrer Umgebung und die Verwüstung
und Verheerung, die der Sturm angerichtet hat, zu betrachten.«
Diese düster kontemplierende Tanne ist er.

SIE: Die Lebenswege Elisabeths und Friedrichs beschreiben
eine Ellipse. In dem Lebensabschnitt, in dem sich die Schicksals-
linien zweier Menschen sonst am meisten annähern, gehen sie
bei ihnen am weitesten auseinander. An die Stelle der zärtlichen
Begrüßung nach langer Trennung war die gefühllose Distanzie-
rung getreten: »Madame sind korpulenter geworden.« Dieses
Grabgeläut für die letzten, im Sterben liegenden Hoffnungen
der Königin klingt dann noch schrecklicher, wenn davon ausge-
gangen wird, was eine verläßliche Biographie berichtet. Es war,
so Eufemia von Adlersfeld-Ballestrem, »der einzige Gruß nach
siebenjähriger Trennung, sogar die letzten Worte, die Friedrich
in diesem Leben noch direkt an sie richtete. Denn wenn der König von nun an bei den Gesellschaften seiner Gemahlin erschien,
dann begnügte er sich mit einer stummen Verbeugung vor ihr.
Nur einmal ist er davon abgewichen, als die Königin in den sieb-

ABB. 21
Elisabeth
Christine
in
Trauer-
kleidung,
nach 1786.

ziger Jahren an der Gicht litt und ihn im Empfangssalon in einem Sessel sitzend empfangen mußte. Da trat er an sie heran und fragte sie, wie es ihr ging, was, »als die Nachricht davon sich in der Stadt verbreitete, auch dort Teilnahme und Verwunderung erregte«. Es soll im übrigen auch das Jahr gewesen sein, in dem Friedrich zum letzten Mal an ihrer Geburtstagsfeier teilgenommen hat.

Die »kranke« Beziehung Friedrichs zu Elisabeth ist deshalb so voller Wunderlichkeiten, weil er andererseits immer wieder Zeichen gesetzt hat, die ohne Vertrauen in ihre Verläßlichkeit und ihren Verstand keinen Sinn gehabt hätten. Als 1780 Elisabeths Schwester Luise Amalie stirbt, die jahrzehntelang ihr guter Geist in der ›Kälte‹ Berlins gewesen war, beauftragt Friedrich seine Frau, von nun an die Mutterpflichten an der Prinzessin Friederike, der ältesten Tochter des schon zuvor verstorbenen Thronfolgers, zu übernehmen, die bisher von Charlotte wahrgenommen worden waren. Das war deshalb notwendig geworden, weil die kapriziöse Namensvetterin und Nichte Elisabeths Untreue mit Untreue vergolten hatte und nach vierjähriger Ehe von ihrem Hallodri von Mann, dem späteren Friedrich Wilhelm II., geschieden und nach Stettin verbannt worden war. Diese jüngere Elisabeth-Christine, die bis zum Jahre 1840, wie es den Anschein hat, dort in einiger Zufriedenheit lebte, ist ein weiteres Beispiel dafür, wie sich Ehepflichten und -konflikte im ausgehenden Rokoko lösen ließen.

Friedrich jedenfalls findet seine Frau, die ihm lange schon gleichgültig geworden ist, mit 65 Jahren nicht zu alt, um sich um die kleine Friederike zu kümmern. Mit dem ihm stets eigenen Sinn für die Realität des Daseins schreibt er an Elisabeth: »Da gibt es noch dieses arme Kind, das ihr geblieben ist und sein Asyl nur bei Ihnen finden kann. Sie täten mir einen großen Gefallen, wenn Sie sich, wie dies seine verstorbene Großmutter bisher getan hat, um es kümmern würden. Sie können sich leicht die Gründe vorstellen, die ich habe, um diese Angelegenheit zu bereinigen. Die Wohnungen im [Berliner] Schloß bieten keine Schwierigkeiten und man könnte das unter dem Vorwand der Anhänglichkeit, die sie für die verstorbene Prinzessin empfinden, in die Wege leiten.« Ein paar Tage später, Friedrich kümmert sich um alles, werden auch die letzten Einzelheiten geregelt. »Nachdem ich das Schloß besichtigt habe, habe ich nur die

Zimmer gefunden, die meine holländische Nichte bewohnt hat, die man der Kleinen geben könnte. Ich lasse sie zu diesem Zweck herrichten und die Kleine wird morgen einziehen können.« Auf diese Weise wird die kinderlose Elisabeth in fortgeschrittenem Alter Ziehmutter einer Tochter. Sie muß ihre Arbeit zur Zufriedenheit aller getan haben. Denn diese Friederike wird 1801 mit dem Bruder des Königs von England, dem Herzog von York, verheiratet. Es ist, wenn man so will, eine späte Variante der »englischen Heiraten« der dreißiger Jahre, die alle mißglückt waren.

Dieser Auftrag ist auch deshalb interessant, weil ihm eine Reihe von Demütigungen vorausgingen, die eine schier unerschöpfliche Geduld voraussetzten, will man nicht alles einer alles verstehenden und alles verzeihenden Liebe zuschreiben. So ist sie bei der Vermählung ihrer Nichte Elisabeth Christine 1765 ebenso dabei wie bei der Einsegnung von deren Nachfolgerin Friederike Luise von Hessen. Sie fehlt aber 1770, als die von Friedrich hochgeschätzte Kurfürstin Antonia von Sachsen ihre Aufwartung in Berlin machte. Die allerdings läßt es sich nicht nehmen, die Zurückgesetzte in Schönhausen zu besuchen. Das gilt auch für die »Große Landgräfin« Karoline von Hessen-Darmstadt, die ihre Tochter nach der Scheidung des Prinzen von Preußen in Berlin an den Mann gebracht hatte. Hier benimmt sich Friedrich übrigens, als hätte er es seinem Vater abgeschaut: Er läßt dem Prinzen von Preußen gar keine andere als seine Wahl.

Kein Wort wird in diesen Jahren über die Goldene Hochzeit im Jahre 1783 verloren, eine Gedenkmünze auf Befehl des Ehemannes wieder eingestampft. So hat die Vereinsamung, die das Schicksal beider Ehepartner ist, zwar die gleichen Ursachen. Aber sie wird auf höchst unterschiedliche Weise gemeistert. Für die familienbewußte Elisabeth ist der Tod einer Reihe ihrer Brüder und Schwestern jedenfalls weit schwerwiegender als für den in sich vergrabenen Friedrich. Im Laufe ihrer Berliner Zeit hat sie ganze Konvolute von Briefen an die Braunschweiger Verwandtschaft, die sie nicht einmal sehen darf, geschrieben. Nun beginnen ihr selbst die Briefpartner auszugehen. Sie findet sich mit den Verlusten ab und wendet sich – eine erstaunliche Entwicklung nach Jahrzehnten kreativer Dürre – der Schriftstellerei zu. Dazu brauchte sie weder die Aufmerksamkeit noch die Anerkennung ihres Mannes.

Abenddämmerung und Tod

Er war dessen überdrüssig, dass man ihn für den Schirmherrn aller mit Eigendünkel und Systemen behafteten Tintenkleckser hielt, die wegen ihrer Sittenlosigkeit oder wegen ihrer Zänkereien mit der Kirche aus ihrem Vaterland verbannt worden waren.

> Pierre Gaxotte 1973

Die letzten Monate Friedrichs erinnern an die seines Vaters. Der hatte sich bis zu seinem letzten Tag um das bemüht, was ihm am nächsten lag: seine Bauten und seine Langen Kerls. Auch Friedrich vermittelte Königinnen für Friedrich Wilhelm II., wie es sein Vater getan hatte, ohne große Rücksicht auf den Ehemann und dessen Gefühle zu nehmen. Am 18. September 1785 hatte er einen Schlaganfall erlitten. Doch er arbeitet weiter, als sei nichts geschehen. Unaufhörlich quält ihn der Keuchhusten und die Gicht, la goutte, wie sie in seinen Briefen genannt wird. Er schläft nur noch drei oder vier Stunden, fängt schon um 4 Uhr morgens an zu diktieren. Arbeit ist ihm das einzige Sedativum. Im Juni 1786 therapiert ihn der Schweizer Arzt Georg Zimmermann, dessen Bericht über die letzten Tage des Königs weite Verbreitung findet. Doch er hilft nur tageweise. Dies schon deshalb, weil Friedrich noch immer alles besser weiß. Schließlich sind Sahnebaisers, Aalpasteten und Boeuf à la Russe nicht das Richtige für einen defekten Magen. Am 10. Juli verabschiedet er den Dr. Zimmermann. Dann läßt er sich in einem Wägelchen durch das Gelände von Sanssouci ziehen, denn sein Bein ist geschwollen und eitert. Am 15. August 1786 arbeitet er wie immer; doch seine Unterschrift ist fast unleserlich geworden. Um diese Zeit muß sein angeblich letzter Brief entstanden sein. Er ist an Elisabeth gerichtet und lautet: »Madame, ich bin Ihnen sehr verbunden für die Wünsche, welche Sie geruhen mir gegenüber auszudrücken. Aber ein heftiges Fieber hindert mich, Ihnen zu antworten.« Er antwortet niemandem mehr. Denn am Abend des 16. beginnen seine Glieder langsam zu erkalten. Zwei Diener stützen ihn, damit er überhaupt noch atmen kann. Er flüstert: »Wir sind über den Berg, es wird immer besser gehen.« Im Nebenzimmer wartet der Staatsminister Hertzberg. Um 2 Uhr 20 stirbt Friedrich in den Armen seines Husaren. Hertzberg drückt ihm die Augen zu. Wenig später trifft Friedrich Wilhelm II., der neue König ein.

Elisabeth hat am selben Tage in Schönhausen von ihrer Ziehtochter, Prinzessin Friederike, König Friedrich Wilhelms Tochter aus erster Ehe, von dem Tod ihres Mannes erfahren. Der Zufall wollte es, daß sie an diesem Tag vom Grafen Mirabeau, dem großen Vorkämpfer der Französischen Revolution, besucht wird. Sein Bericht hat dokumentarischen Wert, weil er den Abstand zwischen Potsdam und Schönhausen offenlegt: »Ich komme gleichzeitig mit unserem Gesandten bei der Königin an. Er wußte nichts davon, daß es mit dem König so schlecht stand, keiner der Minister glaubte es und die Königin hatte keine Ahnung davon. Sie sprach von nichts anderem als von meinem Anzug, von Rheinsberg und dem Glück, das sie dort genossen, als sie noch Kronprinzessin war ...« Sie empfindet einen sehr lebendigen Schmerz bei der Todesnachricht: »Gott allein sei mein Halt; ich zweifle aber nicht, daß Sie über den Tod unseres großen Königs sehr bekümmert sind«, schreibt sie ihrem Bruder Ferdinand am 26. August, und noch am 7. September: »Morgen und übermorgen werden noch einmal traurige Tage für mich sein. Gott selbst sei meine Stütze und mein Trost. In Ihn setze ich all mein Vertrauen. Aber es gibt keinen Tag, daß ich nicht Tränen vergieße um den lieben, unvergleichlichen König. Und solange ich leben werde, werde ich nicht aufhören, sie zu vergießen.« Andererseits ist es so, als sei mit dem Tode Friedrichs auch der Bann von ihr abgefallen, den er auf sie ausgeübt hatte. Sie bewahrt ihre Würde dadurch, daß sie ihn nicht mehr da besucht, wo sie ihn zu seinen Lebzeiten nie besuchen durfte: Sie sucht den toten Friedrich nicht in Sanssouci auf. In seiner *Lebensgeschichte* von 1834 findet J. D. E. Preuß die etwas verwunderten, gleichwohl zurückhaltenden Worte: »Kurze Zeit nach Friedrichs Tod war die Prinzessin Amalie in Sanssouci, um sich das Sterbezimmer, die Lieblingsplätze und die Gärten des Königs zeigen zu lassen. Daß die verwitwete Königin jemals da gewesen, hat man nicht gehört.«

Weder der neue König, den sie gut kennt und der ihr wohlgesonnen ist, noch dessen zwei Söhne, die Prinzen Friedrich Wilhelm und Ludwig, haben sie dazu veranlassen können. Sie wartet darauf, daß der achtspännige Leichenwagen durch das Brandenburger Tor zum Schloß in die Stadt gebracht wird. Sie ist es in diesem Moment, die der letzten Fahrt ihres Mannes einen ungewohnt ironischen Tupfer verleiht. Friedrich hatte die Steine und Perlen aus der Krone Friedrichs I. 1741 herausbrechen lassen und ihr zu »anderweitiger Verwendung« geschenkt. Zu diesem traurigen Anlaß hat sie die Krone wieder zusammensetzen lassen. Nun wird das preußische Erbstück als ein letztes Zeichen ihrer Liebe hinter dem Sarg Friedrichs hergetragen. Nur deshalb kann sie ihren Mann noch einmal sehen, weil Friedrich Wilhelm II. in den Wind geschlagen hatte, was sich sein großer Vorgänger in seinem letzten Willen für seine ewige Ruhe ausgedacht hatte: Er wollte inmitten seiner Windspiele in Sanssouci, nicht inmitten der Menschen begraben werden. »Ich habe als Philosoph gelebt und will als solcher beerdigt werden, ohne großen Apparat und ohne Pomp. Ich will weder seziert noch einbalsamiert werden, will in einem Sarg, den ich mir habe anfertigen lassen, auf den Terrassen von Sanssouci beerdigt werden.« »Aber die Gruft«, schreibt Preuß, »schien nicht ganz würdig zu sein, und der neue König wählte dafür den Platz neben Friedrich Wilhelm I. Ruhestatt unter der Kanzel in der Garnisonskirche zu Potsdam.« Niemand verliert jetzt oder später ein Wort darüber, ob die Königin bei dem Begräbnis und der Gedächtnisrede in Potsdam anwesend gewesen ist. Elisabeths öffentliche Trauer um Friedrich ist, so wie ihr ganzes Leben gewesen sein mußte: förmlich.

Friedrich Wilhelm II. weiß, was er dem verstorbenen König schuldig ist; er stattet am 18. August der Witwe seinen Besuch in Schönhausen ab. Vier Tage später schon ist der Trauerwagen schwarz ausgeschlagen, und die Bedienten tragen schwarze Livree. Die königliche Familie erscheint in ungewohnter Geschlossenheit bei ihr in Schönhausen. Die Zeit der Trauer sieht sie noch einmal im Mittelpunkt. Von der Trauercour am 6. Oktober berichtet Hahnke: »Am 6. fand bei ihr die sogenannte Trauer-Cour statt. Die Königin in einem schwarz ausgeschlagenen Zimmer, auf dem schwarzbehangenen Thron, unter einem Baldachin stehend; das Zimmer, der Etikette dieses Tages gemäß, bloß von einigen einzelnen Wachskerzen erleuchtet. Alle anwesenden Damen erschienen in schwarzen Roben mit heruntergeschlagenen Kreppkappen, und die Cour verstrich in feierlicher Stille. Zuerst kam die Regierende Königin mit ihrer Tochter, der Prinzessin Wilhelmine, sodann die Prinzessin Heinrich, der Prinz und die Prinzessin Ferdinand mit ihren Kindern, die fremden Gesandten, die hiesigen Minister und der ganze Adel beiderlei

Geschlechts. Tags darauf stattete die verwitwete Königin in Begleitung ihres Hofstaats der Regierenden Königin den Gegenbesuch ab. So war auch den Anforderungen der Hof-Etikette genüge getan.« Anders als ihre Vorgängerin hat Elisabeth den Wechsel von einer Regierenden Königin zur Königin-Witwe nicht als Herabstufung empfunden. Vielmehr empfand sie ihre Lösung vom großen König als Erlösung.

Die stille Zurückgenommenheit, mit der sie ihren Lebenslauf bestritten hat, setzt sich auch fort, als Friedrich gestorben ist. So formuliert sie kaum ein halbes Jahr nach seinem Tode eines der wenigen Dokumente in deutscher Sprache – ihre Beerdigungs-Verfügung, die sich in einigen Details an Friedrichs Verfügung anlehnt. Das hält sie zehn Jahre vor ihrem Tode für wichtig. Weder für den Zeitpunkt noch die ungewohnte deutsche Sprache besteht jedoch eine zwingende Notwendigkeit. Es ist eine Verfügung von solcher Kuriosität, daß sie im Wortlaut wiedergegeben werden soll:

»Wahn ich aus dieser Wehlt Wehrde sein und meine Sehle in dehr Glücksehligen Ewigkeit. so ist mein Wille das man meinen Körper nicht öffnen sol und mir anlassen meine nacht Neglischée und darüber in einen Laken schlagen und in Leinewahnd kleiden, und auf dehm kopf ein Nacht Kopzeug Welges ich auch des Morgens auf habe, Mein Sarg sol gantz schegt ausgeschagen Wehrden und gantz ordienairen sarg von Eigenholz oder schwartz Gebeitz mit versilberte simple Griffe. Ich verlange Das man mir nicht in Parade setzet und Und auch von keinem Menschen mich sehen lassen, als von diejenigen Die es nicht verhüten können Bey mir zu sein, auch nicht zu früe Begraben wahn es seyn kan und angehet 8 Tage nach meinem Tode, auch ist mein Wille Gantz in dehr stille Begraben zu Wehrden, Meine Hofstat kan mir folgen; man kan mir hintragen Wahn es nicht zu Beschwerlig vor die Träger ist Weil es gantz nache Bey dehm Dohme ist kan ich getragen Wehrden, sonst auch Wehn man Wil auf einem Wagen gesetzet Wehrden, und ist mein Wille und letzete Bitte keine öffentliege Ceremonie Machen Möchten.

Dieses ist mein Letzter Wille.

Elisabeht Christiene

Berlin dehn 28 Februarii 1787«

Auch in den Jahren, die kamen, hat sie an der Größe dessen, der ihr angetraut war, niemals gezweifelt. Früher als für alle anderen war er für sie der »Große« gewesen. Nun ist die Gloriole, die sie für sich um ihn gewebt hat, von Wirklichkeitselementen durchsetzt. Es finden sich in einer Notiz zehn Jahre später die ersten und zugleich letzten Anzeichen dafür, daß sie darüber nachzudenken begonnen hat, warum ihre Beziehung in einem Fiasko endete. In einem Brief, den sie zum zehnjährigen Todestag ihres Mannes einem Schreiben an den Regierenden König beilegt, formuliert sie die für sie bemerkenswerte Meinung: »Friedrich, der aus sich selbst so groß war, wäre seiner Eigenschaften wegen angebetet worden, wenn er nicht so wunderlich gewesen wäre. Alle große Fürsten liefern dieses Beispiel. Er hat als der wahre Vater seines Volkes regiert; er war ein echter Freund, aber er hat so viele falsche Freunde gehabt, die unter der Maske ihrer Anhänglichkeit die wahren Freunde von ihm fernhielten, die ihm mit Herz und Seele ergeben waren. Jene anderen haben ihm oft Kummer gemacht, wenn er ihre Falschheit entdeckte, und dann ließ er den wahren Freunden Gerechtigkeit widerfahren, ohne es sie merken zu lassen, damit sie der Verfolgung nicht ausgesetzt wurden. Er war großmütig und wohltätig, er hatte keinen Hochmut und stand trotzdem auf seinem Platz, als wäre er ein Privatmann.« Kein Zweifel, daß sie mit den »Freunden«, denen er habe Gerechtigkeit widerfahren lassen, ohne daß andere es bemerken durften, sich selbst gemeint hat.

211

DIE NEUE ZEIT UND DIE LITERATUR

DER NAME ELISABETH SCHEINT EIN GUTES OMEN FÜR DIE
LITERATUR IN DEN FÜRSTENHÄUSERN ZU BEDEUTEN. IN
DEN NACHSCHLAGEWERKEN ZÄHLT MAN, DIE KÖNIGIN VON
ENGLAND NICHT INBEGRIFFEN, VIERZEHN PRINZESSINNEN
MIT DIESEM NAMEN. DIE MEISTEN VON IHNEN STAMMEN
AUS DEM HAUSE BRAUNSCHWEIG, ODER SIE SIND DORTHIN
VERHEIRATET WORDEN.

> ABBÉ DENINA, *DAS LITERARISCHE LEBEN IN PREUSSEN
> UNTER FRIEDRICH II.* 1797

Mit dem Jahre 1786 nahm diese seltsame Doppelgeschichte ein Ende, deren Finale mehr als nur eine Fußnote wert ist. Nur einmal hatte Friedrich Elisabeth zuvor in einem seiner Schriftstücke als das benannt, was sie war: »Meine Gemahlin«. Für die Zeit nach seinem Tode setzt er sie nun, als wolle er Vergangenes vergessen machen, in ihre vollen Rechte ein. Seinen von ihm nicht eben hochgeschätzten Neffen und Erben fordert er also auf, »der Königin, meiner Gemahlin« die Achtung zukommen zu lassen, die ihr »als Witwe seines Oheims und als seiner Fürstin gebührt, deren Tugend sich nie verleugnet hat« (»dont la vertu s'est jamais démentie«). Gut möglich, daß sie mit der Zulage von 10 000 Talern jährlich (»unter dieser Bedingung ist die Königin verpflichtet, meinen Neffen zu ihrem Erben einzusetzen«) sich endlich und definitiv von all den Schulden losgekauft hat, die sie lebenslang gedrückt haben. Ihr Verursacher war nicht zuletzt Friedrich gewesen, doch hat sie von dem nur Unwillen erfahren, wenn sie auf dieses Thema zu sprechen kam.

Es ist wohl richtig, wenn gesagt wird, Elisabeth sei zeit ihres Lebens nicht so beliebt gewesen wie als Königin-Witwe. Tatsächlich entwickelt sie sich zu so etwas wie einem Gegenbild zu Friedrichs Mutter Sophie Dorothea. Denn sie war nicht herrschsüchtig und machte erst gar nicht den Versuch, ihre Nachfolgerin auszustechen. Sie mischte sich so wenig in den Lauf des Königlichen Hofgeschehens ein, daß man ihr auch das als Schwäche ausgelegt hat.

Es kann nicht verwundern, daß Elisabeth nach den Trauerfeierlichkeiten ihren altgewohnten Lebensrhythmus wieder aufnimmt. Der ist dadurch definiert, daß sie einem der vier »Höfe« in Berlin vorsteht. Das sind neben dem eigenen der des Königs, der Königin und des Prinzen Heinrich. So residiert sie weiter in Schönhausen und im Berliner Stadtschloß. Dort herrscht ein gemäßigt unterhaltsamer Ton. Ihre Oberhofmeisterin, Frau von Voss, gibt davon in ihrem Tagebuch, das sie 49 Jahre lang führte, für das Jahr 1786 einige Beispiele: »Mit dem König [Friedrich Wilhelm II.] in der Kirche. Die Predigt von Spalding war so schön, so ganz wie für meine Nichte gemacht … Sack predige heute schön, aber schwermütig. Die Sache mit Julie und die Wendung, die sie nimmt, zehrt an ihm … Heute war Hofkonzert. Der König verließ das Konzert, um zur kranken Prinzessin zu gehen, weil meine Nichte dort war.«

Dreimal ist hier vom höfischen Alltag und dreimal von Julie oder von einer Nichte die Rede. Sie ist der Mittelpunkt der größten menschlichen Tragödie, die sich zwischen den Jahren 1786 und 1797, dem Todesjahr Elisabeths, in Schönhausen abgespielt hat. Theodor Fontane hat der Hauptperson, Julie von Voss, Kammerfrau der Königin und Nichte der Oberhofmeisterin, in seinen *Wanderungen durch die Mark Brandenburg* ein kleines Denkmal gesetzt. Sie sei, schreibt er, »eine Schönheit im Genre Tizians gewesen, schlank und voll zugleich, von schönen Formen und feinen Zügen, blendend, aber von einer marmorähnlichen

Blässe, die noch durch ein überaus reiches rötlich blondes Haar gehoben wurde«.

Um diese Julie von Voss hatte sich schon 1784 Unruhe erhoben, als Friedrich Wilhelm II. noch Kronprinz war. »Julie gefällt dem Prinzen mehr, als mir lieb ist«, schreibt die Tante in ihr Tagebuch. Anscheinend hat er sich aber noch zurückgehalten, weil er den Tadel des Königs fürchtete. Doch seitdem der tot ist, brechen bei dem nunmehrigen König Friedrich Wilhelm II. jegliche Schranken. »Ich fürchte, es ist eine unaufhaltsame Sache«, heißt es bei der Tante schon 1786, und schließlich: »Ich finde es so furchtbar, sie zu beklagen, daß ich kein Wort mehr habe, sie zu verdammen.«

Ihre Klage ist berechtigt. Denn was sich in Schönhausen abspielt, ist Teil eines großen Umsturzes unter den Augen Elisabeths, die von »der Jugend« von allem ferngehalten wird, was sie nicht wissen soll. Wenn sie gewußt haben sollte, was um sie herum geschah, hätte sie sich möglicherweise nicht einmal einen zutreffenden Reim darauf gemacht. Jedenfalls ist es der neue König – kein Menschen- und schon gar nicht ein Frauenverächter –, der als Gegentyp zu seinem Onkel der erotischen Libertinage in Berlin Tür und Tor geöffnet hat.

1769 war nach vierjähriger Dauer seine Ehe mit Elisabeth Christine Ulrike von Braunschweig, der Nichte der verwitweten Königin, geschieden worden. Sie hatte nichts anderes getan, als ihrem Mann Gleiches mit Gleichem zu vergelten. Denn sie hatte ihn betrogen. Friedrich, der sie sehr mochte, aber dem Drängen seiner Brüder nicht widerstand, sah sich darauf, dem Beispiel seines Vaters folgend, gezwungen, den Thronfolger, ohne diesem eine Wahl zu lassen, mit der Tochter Friederike Luises, der »Großen Landgräfin« Karoline Henriette von Hessen-Darmstadt, zu verheiraten. Alles Gute sagte man von der, nur nicht, daß sie hübsch gewesen sei. Jedenfalls gebar sie ihm 1770 einen Sohn und später noch weitere, womit die Dynastie der Hohenzollern endlich gesichert war.

Damit glaubte er wohl endgültig seinen Pflichten bei der »grundsoliden« Gattin Genüge getan zu haben. Denn schon während seiner ersten Ehe hatte er 1766, mit 22 Jahren, die damals 14jährige Wilhelmine Encke, Tochter eines Militärtrompeters und Gastwirts mit bewegter Vergangenheit, kennen- und lieben gelernt. Ihm gebar sie, zuletzt eine Gräfin Lichtenau, fünf Kinder.

Wenn also 1786 Julie von Voss auftauchte, so mußte es zur Katastrophe kommen. Denn trotz der Liebe, die er sichtlich für sie empfand, konnte sich Friedrich Wilhelm von »der Encke«, wie sie in Berlin genannt wurde, nicht trennen. So wird Julie von Voss, die bald darauf zur Gräfin Ingenheim erhöht wird, seine Gemahlin »zur Linken« und von einem Geistlichen aus dem Berliner Konsistorium im Mai 1787 sogar mit ihm getraut. Ihre Tante, der alten Schule angehörig, sieht die Ehre der Familie verletzt, versteht die Welt und versteht die Königin nicht mehr. 1787 schreibt sie zwar: »Die alte Königin weiß nicht, was sie davon denken soll. Trotz allem Vorgefallenen ahnt sie nichts.« Doch 1788 ist auch der alles klar. Da beklagt Frau von Voss die »Schwäche« Elisabeths. Denn sie hat »die Ingenheim« an ihrem Hofe zugelassen. »Ich finde, sie benimmt sich in der Sache so unwürdig und schwach wie möglich dem König gegenüber.« Lange währt dessen extralegales Glück sowieso nicht. Die Gräfin Ingenheim bringt zwar im Januar 1789 einen Sohn zur Welt, doch schon im Februar ist sie, die wegen der Konkurrenz »der Encke« bei den Bällen des Karnevals nicht fehlen wollte, gestorben. Erst Fontane hat der Vergessenen ein Denkmal gesetzt. Von ihrem Geburtsort, Schloß Buch, schreibt er: »Eine Gruft ist da, aber es fehlt der Stein. Aus reichem goldenem Rahmen heraus blickt ein Frauenbild, aber die Kastellanin nennt den Namen nicht und nur das Wappen zu den Füßen des Bildes gibt einen wenigstens andeutungsweisen Aufschluß.«

Elisabeth hat damals wahrscheinlich unter dem gelitten, was sie als Verstoß gegen die guten Sitten empfindet. Aber sie empfängt die Damen zur Rechten wie zur Linken an ihrem Hof, weil die Regierende – nun zweite – Königin zuvor ein gleiches getan hatte. So bezieht sich eines ihrer letzten Lebenszeichen vom 7. Dezember 1796 auf ihre Bereitschaft, »die Encke«, nun Gräfin Lichtenau, zu empfangen. Daß sie endlich Ruhe haben will, ist ihr nicht zu verargen. Zumal sie sich bereits vor dem Tod Friedrichs und noch konsequenter nach seinem Tod eine – auch durch ihre Gesundheit bedingte – Schreibtischexistenz aufgebaut hatte. Schon 1776 ist ihre erste Schrift, eine Übersetzung mit dem beziehungsreichen Titel *Der Christ in der Einsamkeit*, erschienen. Sie ist zwar ihrem damals noch lebenden Bruder Ferdinand gewidmet, doch der Anlaß der Übersetzung war der Tod von Frau von Camas. Diese Arbeit hat sie wohl in Erinnerung daran begonnen, was sie noch in hohem Alter sagte: »Ich betrachte es als ein unschätzbares Glück, daß ich mich gewöhnt habe, immer tätig zu sein und mir manche Kenntnisse zu sammeln und Fertigkeiten zu verschaffen, die mich in den Standt setzten, mich mit mir selbst zu beschäftigen.« Sie kehrt also wieder zurück zum Urgrund ihrer Jugend: zum Luthertum und der lutherischen Kirche, wird ein Mittelpunkt der lutherischen Gemeinde in Berlin. Als Gastgeberin der vielen Konsistorialräte und Domprediger schüttelt sie endgültig die calvinistischen und deistischen Anflüge ab – falls es bei ihr je so etwas ernsthaft gegeben haben sollte.

Sicherlich nimmt die schriftstellerische Tätigkeit, die nach dem Siebenjährigen Krieg eingesetzt hatte, einen großen Teil ihrer Altersbeschäftigung ein. So verdiente sie sich eine Achtung, die auf Mitleid keinen Anspruch erhob. Liest man etwas genauer in ihren Schriften, dann ist im Generellen viel Persönliches zu finden. So etwa in der Überlegung, daß das Gute eine Kraft sei, die seine Belohnung in sich selbst trägt. Dieser Gedanke muß ihr in ihrer Spätzeit die innere Kraft gegeben haben, sich gegen Widerwärtigkeiten zu behaupten, die sie zuweilen zu übermannen drohten. »Es gibt nichts Gutes«, so schreibt sie in einer der vielen Vorreden zu ihren Übersetzungen, »das nicht gleichzeitig ehrenhaft ist.« Daraus folge, daß Tugend genüge, um das Leben glücklich zu machen, da das eine die Konsequenz des anderen sei. »Es ist die Tugend, die uns klarmacht, daß das Gute untrennbar von der Ehrbarkeit sei. Was lehrt das? Daß derjenige, der diesen Gesetzen folgt, für immer vor den Verlockungen des Glückes gefeit ist, daß er in sich alle notwendigen Hilfsmittel finden wird, um gut und glücklich zu leben, und daß schließlich nichts ihn von seiner vollkommenen Glückseligkeit wird abbringen können.«

Man wird den Eindruck nicht los, als liefere sie mit solchen Sätzen eine Art Selbstbeschreibung, an die sich wie selbstverständlich eine Form der Frömmigkeit anschließt, die ihr auch an einem Hof nicht abhanden gekommen ist, in dem der zwischen Gleichgültigkeit und Zynismus schwankende Deismus des Königs seine Spuren hinterlassen hat. In ihrer Vorrede zu *Six Sermons de Monsieur Sack*, den sechs Predigten des Herrn Sack, Oberkonsistorialrat in Berlin, hat sie für ihr Vertrauen in den Willen Gottes einfache, gleichwohl für ihre Gemütsverfassung bezeichnende Sätze gefunden: »Weil ich weiß, daß Gott vermöge seiner unabänderlichen Vollkommenheit handelt und alles lenkt, so bin ich auch davon überzeugt, daß er gegen mich nicht anders handeln konnte ... Aus diesem Grundsatz heraus glaube ich fest, daß meine ganze Lebenslage, in welche die Allweisheit des Herrn der Welt mich unter meinen Zeitgenossen gestellt hat, für seine Ziele die beste und richtige ist ... Daraus habe ich die Überzeugung gewonnen, daß all die besonderen Lagen, in denen ich mich jemals befunden habe ... notwendig für mein wahres Heil waren und unumgänglich für die, welche dazu beitrugen.« Auch das ist ein Baustein zum Verständnis des Nichtverstehens zweier Menschen. Man muß dazu nur das Parfüm der Zeit einatmen, mit dem das 1772/73 von Friedrich geschriebene *Toten-*

gespräch zwischen Madame de Pompadour und der Jungfrau Maria im Himmel durchzogen ist, um danach gewahr zu werden, daß (von allem anderen abgesehen) zwei Menschen auf einer Existenzgrundlage miteinander zu leben versucht hatten, die eigentlich keine Berührungspunkte besaßen:

»Die Jungfrau: ›Ihr seid erstaunlich Madame, wenn Ihr mühelos die Fundamente Eures Glaubens und jener Religion umstürzt, die der Tod meines Sohnes der Welt schenken.‹

Pompadour: ›Genügt es nicht, daß diese albernen Märchen Menschen vierzehn Jahrhunderte lang unterjocht haben? Und ist es nicht endlich Zeit, daß die Menschen aus ihrer Verblendung heraustreten? Das Wunderbare mag für Augenblicke verführend sein; auf Dauer wird es vom Schicksal allen Trugs ereilt, der im Lichte der Wahrheit verschwindet.‹«

Das nun ist immer noch Aufklärung in Reinkultur. Sie dagegen schreibt 1778, also acht Jahre vor Friedrichs Tod, *Reflexionen über den Zustand der öffentlichen Angelegenheiten, gerichtet an die ängstlichen Personen,* eine, wenn man so will, politische Erbauungsschrift. Der Bayerische Erbfolgekrieg – zum letzten Mal vereitelt Friedrich 1778 ein Ausgreifen Österreichs – ist ausgebrochen, und Elisabeth bemüht sich, den Kompatrioten klarzumachen, daß sie angesichts des »Grand roi, vrai père de ses peuples« angesichts dessen, was der »bon et grand roi« für sie getan habe, keine Angst zu haben brauchten. »Seien wir treu darin, daß wir die auf uns zukommenden Pflichten erfüllen und Gott wird den Rest besorgen.«

Diese kleine Schrift von acht Seiten Umfang ist im übrigen das Dokument, aus dem am klarsten hervorgeht, daß sich Elisabeth endgültig von dem Geist von Berlin gelöst hat. Zwar steht auch hier das Genie Friedrichs im Vordergrund, aber es ist eingebunden in ein zutiefst christliches Vertrauen in die Vorsehung. Es wird explizit in Worte gefaßt: Auch der große Mensch vermag nicht über sich hinauszuwachsen, wenn er nicht durch den Willen Gottes auf die richtige Bahn gelenkt wird. Elisabeth sucht sich Vertrauen dadurch zu erschreiben, daß sie alle Argumente für den König von Preußen zusammenfügt. Aber das stärkste ist eben doch, daß er von der Hand Gottes geleitet wird. Das heißt: Sie hat von der fünfzigjährigen Anwesenheit an der Seite ihres skeptischen Mannes nichts gelernt, wenn sie schreibt: »Aber wem verdanken wir das Glück, einen solchen König zu haben? Ist es nicht Gott, der ihn uns in seiner Liebe gegeben hat, und der ihn uns – nicht wahr – durch seine Vorsehung bewahrt, die durch ihn auf eine glänzende Weise verkörpert wird? … Nein, der souveräne Schiedsrichter der Schicksale wird uns nicht verlassen, wenn wir uns ihm anvertrauend, alle Hilfe bei ihm suchen. Er wird uns den König bewahren. Er wird alles zum Guten und zur Glorie des Vaterlandes und ganz Deutschlands wenden.« In diesem Text hat sich die Aufklärung zurückverwandelt in den, noch immer fraglosen, Glauben an Gott. Es ist dies, was ein moderner Begriff »Politische Theologie« nennt.

1789 versucht sie dann – ein wenig grotesk – Christian Fürchtegott Gellert, den sie persönlich getroffen hat, dadurch zum Durchbruch zu verhelfen, daß sie – als Deutsche – seine deutschen Hymnen und Oden, die sie mit christlicher Patina überzieht, ins Französische übersetzt. Sie selbst hat ihre Einleitung mit »Ein wahrer Freund der menschlichen Art« unterschrieben. 1796, ein Jahr vor ihrem Tod, erscheint schließlich als letzter ihrer 13 Titel eine neue Übersetzung der *Stimmen des Menschen* ihres Lieblingstheologen Spalding, die immerhin 13 Auflagen erreicht.

Friedrich hat von all dem bis zu seinem Tode keine Kenntnis genommen. Und Elisabeth hat ihm, soweit man weiß, die Schriften, die bis 1786 erschienen sind, auch nicht geschickt. Sie selbst hat einmal bemerkt, es sei ihr Wunsch gewesen, im Schreiben tiefer in die Dinge einzudringen, die von den Büchern ausgingen. Ob tatsächlich, wie eine Biographin vermutet, seine Ansicht über die geistigen Fähigkeiten seiner Gemahlin nach den abgelegten Proben notwendig eine andere geworden wäre, wenn er sie gelesen hätte, scheint wenig wahrscheinlich. Man muß sich wohl mit der bescheidenen Einsicht begnügen: »Ihr Sinn und Streben war von dem seinigen himmelweit verschieden, so daß zwischen den beiden Ehegatten nie und nimmer eine rechte Einheit entstehen konnte. Namentlich mochten ihre schriftstellerischen Arbeiten, die sich nur mit Erbauungs- und ähnlichen Büchern [was nicht ganz stimmt, d. Verf.] beschäftigen, seinem Geist nicht zusagen.« Sie hatte sich noch vor dem Tode Friedrichs in ihre Arbeit am Schreibtisch versenkt …

Elisabeths literarische Bemühungen sind nicht unbeachtet geblieben. Wäre es anders, hätte ihr der Abbé Denina in seiner 1790 erschienenen, dreibändigen Enzyklopädie über das *Literarische Leben in Preußen* kaum eine dreiseitige Würdigung widmen können. Die Informationen, die er liefert, sind zugegebenerweise lückenhaft. Aber sie weisen darauf hin, daß man schon damals Friedrich und Elisabeth als geistige Antipoden sah. Das drückt sich humorvoll in der von Denina wiedergegebenen Episode aus einer zurückliegenden Zeit aus. La Croze, einer der Gefährten von Rheinsberg, habe Elisabeth den französischen Aufklärer Bayle nahegebracht und sie auf Passagen aufmerksam gemacht, die sie ohne Gewissensbisse lesen könne. »Man sagte zu dieser Zeit, daß Friedrich und seine Gemahlin umschichtig dieses große Werk auswendig gekannt hätten. Denn die Artikel, die die Prinzessin von Preußen am besten kannte, waren die, die der Prinz am wenigsten las. Das Leseerlebnis der Prinzessin war im übrigen ganz konform mit dem, von dem Friedrich Wilhelm am liebsten wollte, daß sie es läse.« So führt die späte Zeit noch einmal auf die Jugend der beiden Hauptpersonen zurück, wobei es keine Rolle spielt, ob der Anekdote ein Wahrheitsgehalt zugrunde liegt.

Elisabeth ist und bleibt eine Erscheinung an der Schnittstelle zweier historischer Welten. In ihren letzten Lebensjahren befindet sie sich in einer Welt, in der das Gottvertrauen, das sie hält, keine Garantie mehr dafür bietet, die Zeitläufte zu verstehen. Einige Briefe von ihr sind erhalten, aus denen hervorgeht, daß die Revolution von 1789 und deren Radikalisierung in den Jahren danach über ihr Begriffsvermögen geht. Sie findet nicht mehr die adäquate Sichtweise für das, was sich in Paris abspielt. Auch die Aufklärung, in deren Dunstkreis sie gelebt hat, liefert keinen Schlüssel dafür, die geschichtliche Bedeutsamkeit der Hinrichtung eines legitimen Herrschers zu erschließen. »Ich bin noch ganz niedergeschmettert von der schrecklichen Katastrophe in Paris«, schreibt sie im Februar 1793 an König Friedrich Wilhelm II. »Es ist unerhört, daß sich Scheusale finden konnten, die ein derartiges Urteil über einen Unschuldigen auszusprechen wagten, der ihr König war.«

Daß sie die Repräsentantin Preußens in einer Übergangszeit war, macht ganz zuletzt die Erinnerung an Königin Luise, die Gemahlin Friedrich Wilhelms III., deutlich. Ein Jahr nach Elisabeths Tod wird sie Königin und in der Folge zum Symbol für das, was man wenig später die deutschen »Freiheitskriege« nennt. Seitdem ist ihre Vorgängerin vergessen, sie, die, wie Günter de Bruyn so schön formuliert hat, »wie im Verborgenen gelebt« hat, am Ende von 46 Jahren, »in denen Preußen praktisch keine Königin« gehabt hatte. Das stimmt zwar so nicht. Aber als der Stern der 1776 geborenen Mecklenburgerin aufging, war eine Figur geboren, dazu bestimmt, eine tragende Rolle im Gewölbe der preußischen Mythologie zu spielen.

1793 hat Elisabeth den Bildhauer Schadow, den aufgehenden Stern des Klassizismus, in dessen Atelier besucht und seine Bildsäule Friedrichs des Großen beurteilt. Die ganze Gezwungenheit des damaligen Vorganges läßt sich aus der Darstellung Hahnkes herauslesen, der davon zu berichten weiß: »Die Königin setzte sich auf einen Fauteuil, die zwei Hofdamen gingen umher; sie sprach deutsch und ›obwohl die hohe Frau‹, dies sind die Worte

Schadows, ›gewiß hätte Bemerkungen machen können, so sagte sie mir doch nur Schmeichelhaftes.‹«

Zumindest in diesem Jahr haben sich die beiden Königinnen gesehen, auch bei der Vermählung Luises mit dem späteren Friedrich Wilhelm III. war Elisabeth Ende Dezember 1793 anwesend. Sie habe, so heißt es, sogar »an dem darauf folgenden Fakkeltanz« teilgenommen. Mit Luise ist die zeitliche Lücke vom Königtum Friedrichs I. zum Kaisertum Wilhelms I. überspannt. Denn Kaiser Wilhelm I. war der zweite Sohn Luises, die schon 1810 gestorben ist.

Elisabeths Lebensumkreis, der immer eng geblieben ist, beschränkt sich in den letzten Jahren ganz auf Berlin und Schönhausen. Wovon sie – niemand hätte sie daran hindern können – endgültig absieht, ist der Besuch Potsdams und Sanssoucis. Sie hat für diesen freiwilligen Verzicht keine Begründung geliefert. Doch was sollte sie in einem Lustschloß, aus dem die Lust gewichen war und mit dem sie keinerlei Erinnerung verband? Nicht einmal die, unter deren Quertreibereien sie so offenbar zu leiden hatte, ist noch vorhanden: Prinzessin Amalie. Aus der geistsprühenden Prinzessin war schon seit Jahren ein bemitleidenswertes Wrack geworden. Ein Jahr nach Friedrich war sie gestorben. Es sind, neben ihrer eigenen literarischen Produktion, vor allem Männer der Kirche, die ihr Seelenruhe vermitteln und die auch nach ihrem Tod dafür sorgen, daß das Andenken an die stille Verkannte in einer aufgebrachten Zeit nicht sofort in Vergessenheit gerät. Jedenfalls war sie ein Mensch, der in den langen Fristen der Ewigkeit ebenso dachte wie an die kurzfristige Tilgung ihrer Schulden. Und sie absolvierte ihre preußische Pflicht bis zum letzten Atemzug. Erst im Jahre 1794 läßt sich die hohe Gestalt »ungebeugt und nur leicht gestützt auf ihren Stock mit der diamantverzierten Krücke von Chrysopas« von ihren Cour-Tagen vom König dispensieren, bleibt aber bei den Festen des Hofes anwesend.

Am Tage nach Neujahr 1797 wird sie so schwer krank, daß sie sich zu Bett legen muß. Noch ihr Tod wird zu einem Symbol für das beiderseitige Leben: Nicht einmal eine gemeinsame Begräbnisstätte war ihr vergönnt. Friedrich hatte seine Ruhe in der Gruft des Potsdamer Domes gefunden, an einem Ort, wo sie schon im Leben nicht zugelassen war. Sie fand ihren Platz in der Gruft des Berliner Domes, auch noch im Tode getrennt von ihren Mann. Und ohne Chance, dies zu ändern.

Ihr Leben endet folgerichtig in der Stille, die seinem Verlauf entspricht. Am 14. Januar 1797 schreibt Friedrich Wilhelm II., der selbst nicht mehr lange zu leben hat, an den regierenden Herzog von Braunschweig-Lüneburg, seinen Neffen, zum Tode von Elisabeth Christine: »Sie, die über ein halbes Jahrhundert eine Zierde des Thrones war und die sich durch ihre seltenen Tugenden und erhabenen Eigenschaften allgemeine Verehrung und Hochachtung erwarb, endigte … ihre rühmlichst geführte irdische Laufbahn gestern abends um $8^{1}/_{2}$ Uhr.«

Worauf dem Herzog Karl Wilhelm Ferdinand von Braunschweig-Lüneburg, dem Sohn ihres Bruders Karl, am 17. Januar gar nichts anderes übrig blieb, als für sein Land anzuordnen, daß für die ihm Unbekannte »14 Tage nacheinander, täglich eine Stunde mittags von 12 bis 1 Uhr in drei Pulsen, mit allen Glocken geläutet werde«.

NACHWORT

DIE UNMENSCHLICHKEIT [FRIEDRICHS] IM MENSCHLICHEN
BEREICH HATTE IHRE ENTSPRECHUNGEN IN POLITISCHEN
HANDLUNGEN.

> RUDOLF AUGSTEIN 1968

Jeder Biograph läuft Gefahr, die Bedeutung des Gegenstands
seiner Aufmerksamkeit zu überschätzen. Wir hoffen, daß wir
dieser natürlichen Neigung nicht unangemessen stark nachge-
geben haben. Denn eines ist klar: Elisabeth Christine wäre eine
vorzügliche Königin geworden; nur an der Seite Friedrichs II.
konnte ihr das nicht gelingen. In jeder Hinsicht normal, hatte sie
die Anomalität ihres Lebens dem Mann an ihrer Seite zu verdanken.

Ihre Lebenszeit umgreift drei preußische Könige, die politische
Wandlung vom Absolutismus zum aufgeklärten Absolutismus,
den ästhetischen Wandel vom Barock und Rokoko zum Klassizismus, die Ablösung des Französischen als Verkehrssprache
durch das Deutsche. Kurz nach ihrem Tod stirbt am 10. November 1797 Friedrich Wilhelm II. Sein Nachfolger, Friedrich Wilhelm III., führt seinen Staat in die napoleonischen Kriege. Was
immer sie erlebte, sie ist stets die lutherische Braunschweigerin
geblieben. Jahrzehntelang vergaßen das die arroganten Hohenzollern. Doch nachdem der Schatten ihres übermächtigen Partners nicht mehr auf ihr lastete, ist sie an ihrem Lebensende wieder zu ihren Anfängen zurückgekehrt. Ihre Nervosität und ihr
fahriger Behauptungswille fielen von ihr ab. So haben sich seit

1786 bis zu ihrem Tod nur noch positive Stimmen über sie erhalten. Das mag auch daran liegen, daß sie nur noch von denjenigen frequentiert wurde, die sie schätzte und von denen sie geschätzt wurde. Und Friedrichs Nachfolger Friedrich Wilhelm II. machte Ernst mit dem, was sein großer Vorgänger ihm aufgetragen, aber selbst nicht exerziert hatte: Er trug sie auf Händen; seine legere Art führte zu einem milden Ausklang eines hart geprüften Lebens.

In Elisabeth Christine steckte mehr, als sie zu zeigen vermochte. In einigen Episoden ihres Lebens, während der Auseinandersetzung Friedrichs mit ihrem Bruder Karl und auch während Friedrichs Bedrohung durch habsburgische Schergen, deutete sich das an. Mit dem genialen Mann an ihrer Seite, dessen Aversion sie nicht zu überwinden vermochte, war sie überfordert, das zu zeigen, was möglicherweise in ihr steckte. Die Demütigungen haben ihren Selbstbehauptungswillen gebrochen. Das, was in ihr an schöner Menschlichkeit verborgen lag, hat er rigoros dadurch zurückgedrängt, daß er sie zeit ihres gemeinsamen Lebens im wörtlichen Sinne als quantité négligeable behandelte.

Auch deswegen muß man diejenigen Fragmente ihres Lebens mühsam zusammensuchen, die sie als eigenständige Person ausweisen. Wie die Dinge liegen, hat sich ihr schönster und ausgeprägtester Charakterzug zur eigentlichen Ursache ihres Unglücks verwandelt. Es ist ihre Liebesfähigkeit. Als sie die seit 1786 nicht mehr einsetzen mußte, wurde zwar kein Genie in ihr offenbar, wohl aber zeigte sie eine gesunde Intelligenz, die durchaus fähig war, die Welt nach eigenem Können und Gutdünken zu ordnen.

So ist Elisabeth, erst in dritter Generation Königin in Preußen, die unauffälligste aller Königinnen. Wenn auch die Hohenzollern als Ehegenossen allesamt schwierig waren, so haben sie doch stets davon profitiert, daß sie ihren Frauen persönliche

Freiheiten nicht versagten. Friedrich jedoch blieb die Vorstellung fremd, sich an der Person der Partnerin zu orientieren. Die Privilegien, die er sich nahm, erdrückten Freiheit und selbständiges Lebensrecht der Frau an seiner Seite. Zieht man Parallelen zu seiner geschichtlichen Leistung als eine auf ein Zwei-Personen-Stück ausgelegte Lebensphilosophie, in der sich am Schluß selbst das Üble zum Guten wandelt, dann läßt sich sagen: »In den Kriegen Friedrich des Großen ist das Recht fast immer auf Seiten seiner Feinde. Und doch ist der Held dieser Kriege Friedrich, und sein Unrecht verblaßt vor seinen Heldentaten. So ungerecht ist die Geschichte manchmal« (Sebastian Haffner).

Jeder seiner Vorfahren und Nachfolger hatte mit ähnlichen Situationen zu kämpfen. Friedrich hat ihnen dann die schärfste Ausprägung verliehen. Natürlich stand die Staatsräson bei den Staatsheiraten immer an erster Stelle. Aber neben den Großen Kurfürsten, den preußischen Visionär, trat mit Luise Henriette von Oranien eine Frau, die es mit Leibniz aufnahm. Neben den ersten preußischen König, Friedrich I., trat Sophie Charlotte, die seine Prunksucht mit dem Odem der Kultur überhauchte. Und neben den höchst pragmatischen Friedrich Wilhelm I., der die Macht, doch nicht deren Glorie schätzte, trat seine »Fieke«, Königin Sophie Dorothea, die sich ihr »Monbijou« erbaute, um sich von ihrem Gemahl zu erholen. Sie hat ihr Profil dadurch geschärft, daß sie sich – zwar stets unterlegen – in ständigem politischen Kampf mit ihrem polternden Gemahl befand. Der Nachfolger Friedrichs wiederum, Friedrich Wilhelm II., trieb es mit seinen Mätressen so arg, daß es seine Frau, Elisabeths Nichte, ihm mit einem Husaren vergalt – und verstoßen wurde. Schließlich leuchtet mit der Königin Luise, der Ehefrau von Friedrich Wilhelm III., eine ihrer Nachfahrinnen aus den Freiheitskriegen auf. Ihrer sanften, fast schon bürgerlichen Schönheit verdankte ihr bedrängter Mann die populäre Unterstützung, derer er so dringend bedurfte.

In diesem Reigen muß Elisabeth Christine nicht am Rande stehen. Daß sie es in den großen Biographien ihres Mannes auf nicht viel mehr als auf ein paar Zeilen bringt, hat nicht sie zu verantworten. Sie steht für eine einzigartige Leistung in der Geschichte der Preußenkönige: Eine Frau, die nicht aufhört, einen Mann zu lieben, der sie nicht als Mensch mit gleichen Rechten anerkennt. Sie ist dazu nur fähig gewesen, weil sie einen Kern von Größe auch in den Augenblicken offenbarte, in denen sie sich eigentlich in schwarzer Trauer oder in roter Wut hätte verzehren müssen.

Nachbemerkung zur Literatur

Es wird mit der folgenden Auflistung keine Vollzähligkeit der Quellen und Studien von und über die Protagonisten dieser Lebensgeschichte angestrebt. Denn wer die Zeit hat, die 46 Bände der (unvollständigen) *Politischen Correspondenz Friedrichs des Großen (1879 bis 1939)* oder die ehrwürdige, von J. D. E. Preuß herausgegebene erste kritische Gesamtausgabe der Werke Friedrichs zu lesen, wird sich nicht solcher bibliographischen Hilfen vergewissern. Vielmehr wird der sich – zumindest was Friedrichs Produktion anbetrifft – z. B. an Herzeleide und Eckart Hennings: *Bibliographie Friedrich des Großen 1786–1986. Das Schrifttum des deutschen Sprachraums und der Übersetzungen aus Fremdsprachen, Berlin/New York 1988*, halten. Maßgeblich für die Aufnahme in unsere Bibliographie ist – neben den Standardwerken –, daß sich die Titel zumindest teilweise auch mit dem persönlichen Leben Friedrichs beschäftigen und daß die Namen, die als Quelle genannt werden, hier gefunden werden können.

Vor einem anderen Problem stehen wir bei der literarischen Behandlung Elisabeth Christines. Denn einen erheblichen Teil der Auskünfte über sie muß man sich als Nebenprodukte aus Friedrich-Studien, archivalischen Quellen und Briefwechseln zusammensuchen.

Die bekanntesten frühen Gesamtdarstellungen, mit Ausnahme der von Poseck, sind:

Friedrich Wilhelm M. von Hahnke: *Elisabeth Christine* – Königin von Preußen – Gemahlin Friedrich des Großen. Berlin 1848. Ihr ist als Anhang eine Sammlung der fast ausschließlich französisch geschriebenen Briefe Elisabeths und ihrer Briefpartner beigegeben.
Eufemia von Adlersfeld-Ballestrem: *Elisabeth Christine* – Königin von Preußen – Herzogin von Braunschweig-Lüneburg. Das Lebensbild einer Verkannten. Berlin 1908. Mit Textauszügen aus dem Archiv in Wolfenbüttel.

Ernst Poseck: *Die Kronprinzessin.* Elisabeth Christine – Gemahlin Friedrichs des Großen, geborene Prinzessin von Braunschweig-Bevern, Berlin 1941. Dies ist die ausführlichste Schilderung der Frühzeit Elisabeth Christines mit ausgiebiger Benutzung der archivalischen Quellen.

Einzelzüge der Person und des Hofes Elisabeth Christines sind behandelt in:

Ernst Heinrich Ahaspherus Lehndorff: *Dreißig Jahre am Hofe Friedrich des Großen (1750–1775)*, Gotha 1907, 2 Bände. Nachträge bis 1787, Gotha 1910 und 1912. Eine einbändige Zusammenfassung: Haug von Kuenheim (Hrsg.): *Aus den Tagebüchern des Grafen Lehndorff*, Berlin 1982.

Fritz Arnheim: *Der Hof Friedrichs des Großen.* 1. Teil: Der Hof des Kronprinzen, Berlin 1912.

Baron v. Bielfeld: *Lettres familières et autres*, La Haye 1763.

Wilhelmine, Markgräfin von Bayreuth: *Denkwürdigkeiten aus dem Leben der Kgl. Markgräfin Sophie Wilhelmine. Markgräfin von Bayreuth aus den Jahren 1709–1733*, erstmals Tübingen/Braunschweig 1810. Viele Ausgaben.

Abbé Denina: *Essai sur la vie et le règne de Frédéric II*, 3 Bände, 1790.

G. B. Volz: Friedrichs Ehedrama, in: *Friedrich d. Gr.* Bilder aus seiner Zeit, Berlin 1927.

Honoré de Mirabeau: *Histoire secrète de la Cour de Berlin*, etc. 1789. Dt.: *Geheime Geschichte des Berliner Hofes*, Berlin 1900.

Ernest Lavisse: *La jeunesse du grand Frédéric*, Paris 1851.

Otto R. Gervais: *Die Frauen um Friedrich den Großen* – Versuch einer Deutung des Liebeslebens Friedrich II., Salzburg 1986.

Was die Literatur zu Friedrich angeht, sei auf die Beurteilung von Pierre Gaxotte verwiesen: »Um der Historiographie gerecht zu werden, müßte hier eine Bibliographie des 18. Jahrhunderts schlechthin erscheinen.«

Wir wollen uns auf Werke beschränken, die sich durch einschlägiges Material oder durch ihre Qualität auszeichnen. Frühe Studien sind:

J. D. E. Preuß: *Friedrich der Große.* Eine Lebensgeschichte, 6 Bände und 6 Urkundenbände, Berlin 1832–1834.

Ders.: *Friedrich der Große mit seinen Verwandten und Freunden*, Berlin 1838.

F. Kugler: *Geschichte Friedrichs des Großen*, Leipzig 1840. Dies ist der Höhepunkt der frühen »Heldenverehrung« Friedrichs.

Thomas Carlyle: *Geschichte Friedrichs II. von Preußen, genannt Friedrich der Große,* 6 Bände, Berlin 1858–1869. Einbändige Ausgaben, u. a. von Hans Eberhard Friedrich, Frankfurt a. M. 1954.

Umfangreiche bibliographische Hinweise finden sich u. a. in den neueren Biographien von

Pierre Gaxotte: *Friedrich der Große.* Frankfurt a. M./Berlin/Wien 1972.

Theodor Schieder: *Friedrich der Große* – Ein Königtum der Widersprüche, Frankfurt a.M./Berlin/Wien 1983.

Edith Simon: *Friedrich der Große.* Das Werden eines Königs, Tübingen 1963.

Sebastian Haffner: *Preußen ohne Legende,* Hamburg 1979, Tb-Ausgabe, 2. Auflage 1998.

Gerhard Ritter: *Friedrich der Große.* Ein historisches Profil, Heidelberg, 3. Auflage 1954.

Geschichte und Gegenwart wurden verbunden in:

Rudolf Augstein: *Preußens Friedrich und die Deutschen,* Frankfurt a. M. 1968.

Grundlagen des Lebensstils des Jahrhunderts, in: Ulrich im Hof: *Das gesellige Jahrhundert* – Gesellschaft und Gesellschaften im Zeitalter der Aufklärung, München 1982.

Die Literatur bis zum Jahre 2000 hat Johannes Kunisch in Frank Lothar Kroll (Hrsg.), *Preußens Herrscher* – Von den ersten Hohenzollern bis Wilhelm II., München 2000, S. 329 f. mit dem Fazit aufgearbeitet: »Eine deutschsprachige Friedrichforschung ist praktisch zum Erliegen gekommen.«

ZEITTAFEL

18. 1. 1701   Kurfürst Friedrich III. von Brandenburg krönt sich zu Friedrich I., König *in* Preußen.

16. 8. 1688   Kronprinz Friedrich Wilhelm, der Vater Friedrichs II., wird geboren.

24. 2. 1712   Friedrich II., genannt der Große, wird als zweiter Sohn von 14 Kindern geboren. Vater: Friedrich Wilhelm I., Mutter: Sophie Dorothea von Hannover (1687–1766).

8. 11. 1715   Elisabeth Christine von Braunschweig-Bevern wird als drittes von 14 Kindern geboren. Vater: Herzog Ferdinand Albert von Braunschweig-Bevern (1680–1735), Mutter: Antoinette Amalie von Braunschweig-Blankenburg (1696–1762).

12. 6. 1733   Hochzeit des Kronprinzen Friedrich mit Elisabeth Christine von Braunschweig-Bevern in Salzdahlum.

1736–1740   »Musenhof« in Rheinsberg.

31. 5. 1740   Tod König Friedrich Wilhelms I. Friedrich wird als Friedrich II. sein Nachfolger.

20. 10. 1740   Thronbesteigung Maria Theresias, der Erzherzogin von Österreich, als Königin von Österreich-Ungarn.

1740   Beginn des Ersten Schlesischen Krieges zwischen Preußen und Österreich-Ungarn.

1742	Ende des Ersten Schlesischen Krieges mit dem Frieden von Breslau. Schlesien wird preußisch.
1744	Beginn des Zweiten Schlesischen Krieges.
25. 12. 1745	Ende des Zweiten Schlesischen Krieges mit dem Frieden von Dresden. Schlesien bleibt preußisch.
1745–1747	Friedrich läßt sich von Knobelsdorff sein Lustschloß Sanssouci in Potsdam bauen.
1756	Beginn des Siebenjährigen Krieges gegen eine »Große Koalition« von Österreich-Ungarn, Frankreich, England und Rußland.
1760	Berlin wird vorübergehend von russischen Truppen besetzt.
1762	Tod der Zarin Elisabeth; der neue Zar Peter wechselt auf die Seite Friedrichs II. über.
15. 2. 1763	Friede von Hubertusburg. Schlesien bleibt bei Preußen.
1772/1793/1795	Drei Teilungen Polens.
1780	Tod Maria Theresias.
17. 8. 1786	Tod Friedrichs des Großen. Sein Nachfolger wird König Friedrich Wilhelm II., ein Neffe Friedrichs.
14. 7. 1789	Beginn der Französischen Revolution.
13. 1. 1797	Tod Elisabeth Christines.
16. 11. 1797	Tod Friedrich Wilhelms II.

Bildnachweis

Abb. 1–6:   Edition Rieger

Abb. 7:   Bildarchiv preußischer Kulturbesitz (bpk); Original: Stiftung Preußische Schlösser und Gärten Berlin-Brandenburg, Schloß Charlottenburg

Abb. 8:   Bildarchiv preußischer Kulturbesitz (bpk)

Abb. 9:   Bildarchiv preußischer Kulturbesitz (bpk) Original: Schloß Charlottenburg, Berlin

Abb. 10:   Bildarchiv preußischer Kulturbesitz (bpk)

Abb. 11:   Bildarchiv preußischer Kulturbesitz (bpk); Original: Stiftung Preußische Schlösser und Gärten Berlin-Brandenburg, Schloß Charlottenburg

Abb. 12:   Stiftung Preußische Schlösser und Gärten Berlin-Brandenburg

Abb. 13:   Herzog August Bibliothek Wolfenbüttel: Top 15a (2.5)

Abb. 14:   Edition Rieger

Abb. 15:   Bildarchiv preußischer Kulturbesitz (bpk) Original: Staatliche Museen zu Berlin – Gemäldegalerie, Foto: Jörg P. Anders

Abb. 16:   Bildarchiv preußischer Kulturbesitz (bpk) Original: Stiftung Preußische Schlösser und Gärten Berlin-Brandenburg, Schloß Charlottenburg

Abb. 17:   Stiftung Preußische Schlösser und Gärten Berlin-Brandenburg

Abb. 18:   Edition Rieger

Abb. 19:   Bildarchiv preußischer Kulturbesitz (bpk)

Abb. 20:   Bildarchiv preußischer Kulturbesitz (bpk); Original: Staatliche Museen zu Berlin, Nationalgalerie, Foto: Jörg P. Anders

Abb. 21:   Stiftung Preußische Schlösser und Gärten, Berlin-Brandenburg, Schloß Charlottenburg; Fotograf: Handrick 1998

PERSONENREGISTER

Adlersfeld-Ballestrem, Eufemia von 115, 138, 202

Adolf Friedrich, König von Schweden 152

Albrecht Friedrich von Brandenburg-Schwedt, Markgraf 152

Albrecht von Braunschweig-Wolfenbüttel, Bruder Elisabeth Christines 156

Alexis, russ. Zarewitsch 16

Algarotti, Francesco 135 f., 198

»Alter Dessauer« *siehe Leopold I.*

Amelia, Tochter des Prince of Wales 31, 37, 56

Amalie, Prinzessin von Preußen 156

Anna Amalie, Herzogin von Weimar 11, 160

Anna Sophie Charlotte, Herzogin von Sachsen-Eisenach 152

Anna Leopoldowna, russ. Zarin 118, 128

Antoinette Amalie von Braunschweig-Wolfenbüttel-Bevern, Elisabeth Christines Mutter 17 f., 44, 98

Anton Ulrich von Braunschweig-Wolfenbüttel-Bevern, Bruder Elisabeth Christines 24, 75, 118, 170

Anton Ulrich, Herzog von Braunschweig-Bevern 14, 60

Augstein, Rudolf 225

August (II.) der Starke, Kurfürst von Sachsen, König von Polen 33, 91, 96, 100, 111, 124, 192

August III., Kurfürst von Sachsen, König von Polen 69, 96

August Wilhelm, Prinz von Bevern 71

August Wilhelm, Prinz von Preußen, Bruder Friedrichs II. 98, 100, 111, 117, 124, 139, 155, 179, 183, 201

Barberina, Gräfin Camparini, Tänzerin 111

Bärtling, Kammerherr 173

Bastiani, Abbé 199

Bayle, Henri 220

Bielfeld, Baron von 86, 108, 200

Borcke, Heinrich von 135

Brand, Frau von 83

Bredow, Frau von 133

Bruyn, Günter de 221

Buddenbrock, Johann Jobst Heinrich von 83

Bülow, Frau von, Hofdame 40

Camas, Gräfin 133, 144, 149 f., 158, 176, 184 f., 202, 216

Cambrey, Sekretär 175

Carl August, Herzog von Weimar 160

Carlyle, Thomas 24, 50, 128

235

Theodore Ziolkowski:
Berlin – Aufstieg einer Kulturmetropole um 1810
326 Seiten, gebunden, mit ausführlichem Namen- und Sachregister, ISBN 3-608-94033-2

Ob heute die aktuelle Rede einer »Berliner Republik« zutreffend ist, wird zur Nebensächlichkeit angesichts der Bedeutung, die Berlin vor etwa 200 Jahren errang: eine Weltmetropole des Geistes und der Kultur. Dieses »andere«, hochkultivierte Berlin und die Geniezeit der deutschen Geistesgeschichte zwischen Spätaufklärung, Klassik und Romantik läßt der amerikanische Literatur- und Kulturwissenschaftler Theodore Ziolkowski vor dem geistigen Auge seiner Leser entstehen.
Theodore Ziolkowski spricht kulturgeschichtlich interessierte Leser an und zeigt am Beispiel von Berlin, daß eine Metropole, die lange Zeit zu einer der führenden Hauptstädte der Welt gehörte, nie ganz aus der Geschichte abtritt, selbst wenn sie – wie während des Kalten Kriegs – im Schlagschatten der Geschichte geistig und kulturell überwintern mußte.

Patrick Bahners/Gerd Roellecke (Hrsg.):
Preußische Stile
Ein Staat als Kunststück
574 Seiten, gebunden, mit farbigem Tafelteil, ISBN 3-608-94290-4

Die Autoren dieses Bandes stellen Preußen in Politik, Religion, Recht, Kunst und Wissenschaft umfassend dar. Sie erzählen nicht nur preußische Geschichte, sondern suchen vor allen Dingen nach dem spezifisch Preußischen in berühmten Personen, bekannten Ereignissen und folgenreichen Entwicklungen.

Klett-Cotta

DIE HOHENZOLLERSCHE LINIE

Friedrich Wilhelm I.,
König von Preußen
* 1688   † 1740

∞

1.
Friedrich Ludwig
* 1708   † 1708

2.
Wilhelmine
* 1709   † 1758
∞ Friedrich Wilhelm von
Brandenburg-Bayreuth

5.
Charlotte
* 1713   † 1714

6.
Friederike,
* 1714   † 1784
∞ Carl von Brandenburg-
Ansbach

9.
Sophie Dorothea
* 1719   † 1765
∞ Friedrich Wilhelm
von Brandenburg

10.
Ulrike
* 1720   † 1782
∞ König Adolf Friedrich
von Schweden

13.
Heinrich
* 1726   † 1802
∞ Wilhelmine v. Hessen-Kassel

14.
Ferdinand
* 1730   † 1813
∞ Luise v. Brandenburg-
Schwedt